中学教科書ワーク　学習カード

ポケットスタディ 英単語カード 1年

アプリ対応

使い方

❶切り離して，リングでとじてください。
❷音声を聞いて，発音しましょう。
❸覚えたら OK! にチェックをつけましょう。
過 過去形
複 複数形

英語音声

1 **about** — a book about science

2 **activity** — club activities

3 **after** — after school

4 **afternoon** — in the afternoon

5 **again** — Let's try again.

6 **against** — against the wind

7 **age** — people over the age of 12

8 **all** — eat all these dishes.

9 **always** — I always walk my dog.

10 **and** — bread and juice

11 **another** — Would you like another piece of cake?

12 **any** — Do you have any ideas?

13 **arm** — in her arms

14 **around** — around the lake

15 **ask** — Can I ask you a question?

16 **at** — at 8 o'clock

17 **bad** — That's too bad.

18 **bathroom** — in the bathroom

JN096450

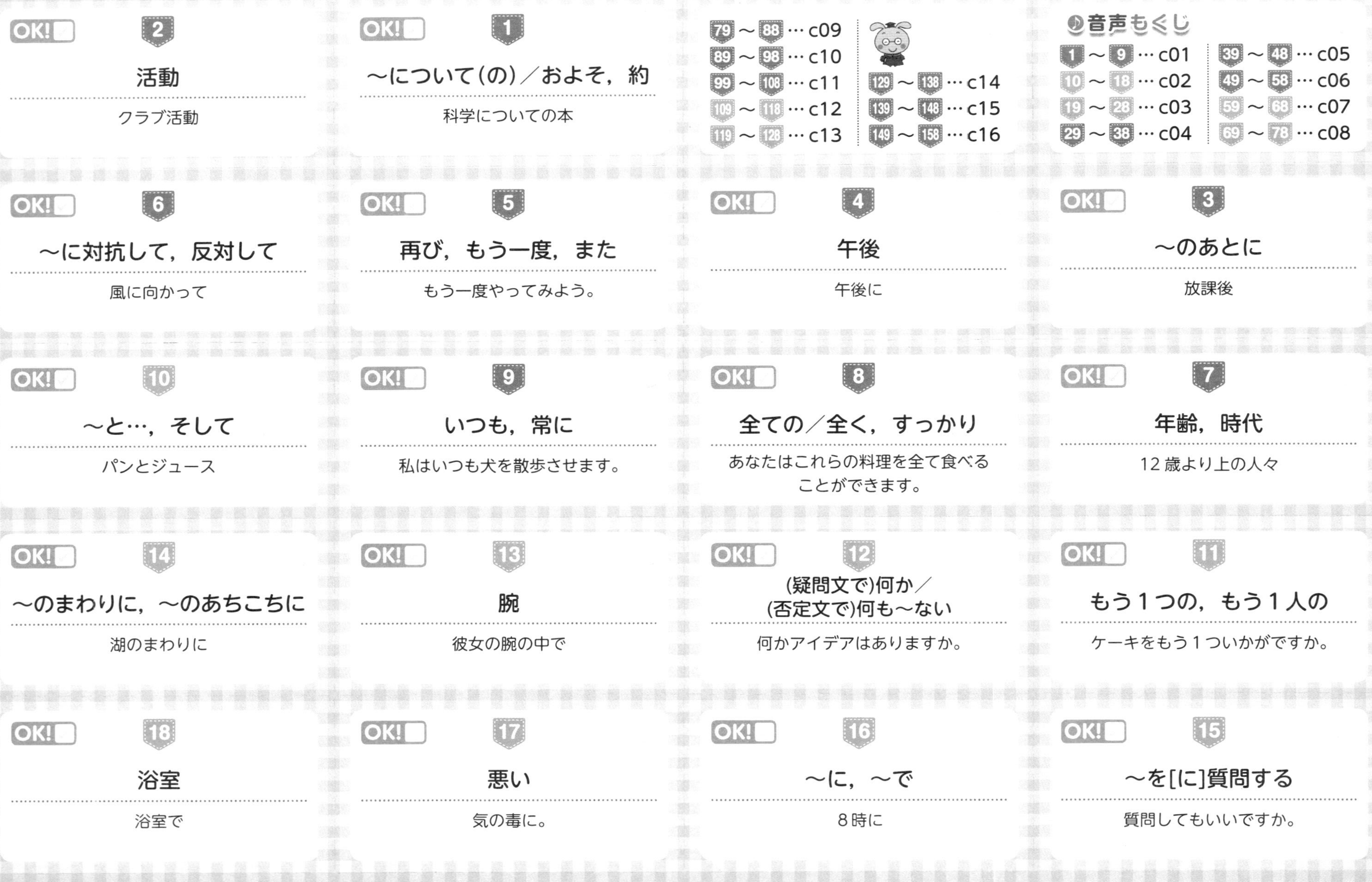

音声もくじ

1 ～ 9 … c01	39 ～ 48 … c05
10 ～ 18 … c02	49 ～ 58 … c06
19 ～ 28 … c03	59 ～ 68 … c07
29 ～ 38 … c04	69 ～ 78 … c08
79 ～ 88 … c09	129 ～ 138 … c14
89 ～ 98 … c10	139 ～ 148 … c15
99 ～ 108 … c11	149 ～ 158 … c16
109 ～ 118 … c12	
119 ～ 128 … c13	

OK! 1
～について(の)／およそ，約
科学についての本

OK! 2
活動
クラブ活動

OK! 3
～のあとに
放課後

OK! 4
午後
午後に

OK! 5
再び，もう一度，また
もう一度やってみよう。

OK! 6
～に対抗して，反対して
風に向かって

OK! 7
年齢，時代
12 歳より上の人々

OK! 8
全ての／全く，すっかり
あなたはこれらの料理を全て食べることができます。

OK! 9
いつも，常に
私はいつも犬を散歩させます。

OK! 10
～と…，そして
パンとジュース

OK! 11
もう 1 つの，もう 1 人の
ケーキをもう 1 ついかがですか。

OK! 12
(疑問文で)何か／(否定文で)何も～ない
何かアイデアはありますか。

OK! 13
腕
彼女の腕の中で

OK! 14
～のまわりに，～のあちこちに
湖のまわりに

OK! 15
～を[に]質問する
質問してもいいですか。

OK! 16
～に，～で
8 時に

OK! 17
悪い
気の毒に。

OK! 18
浴室
浴室で

19
beautiful
a beautiful picture

20
before
before bedtime

21
birthday
Happy birthday!

22
brain
the human brain

23
breakfast
have breakfast

24
bring
bring a newspaper

25
brush
brush my teeth

26
busy
I'm busy with my work.

27
but
It's sunny but cold.

28
by
by the desk

29
camera
buy a new camera

30
child
a little child

31
class
math class

32
classmate
talk with my classmates

33
classroom
clean the classroom

34
climb
climb a mountain

35
come
come from India

36
concert
a school concert

37
cousin
my cousin

38
different
different colors

OK! 19 美しい
美しい絵画

OK! 20 ～の前に[の]／～する前に
就寝前に

OK! 21 誕生日
誕生日おめでとう！

OK! 22 脳，頭脳
人間の脳

OK! 23 朝食
朝食を食べる

OK! 24 (物)を持ってくる，(人)を連れてくる
新聞を持ってくる
過 brought

OK! 25 ～をみがく
歯をみがく

OK! 26 忙しい
私は仕事で忙しいです。

OK! 27 しかし，けれども
晴れているけれど寒いです。

OK! 28 ～のそばに／～によって／～までに
机のそばに

OK! 29 カメラ
新しいカメラを買う

OK! 30 こども
小さなこども
複 children

OK! 31 授業，クラス
数学の授業

OK! 32 クラスメート，同級生
クラスメートと話す

OK! 33 教室
教室をそうじする

OK! 34 ～に[を]のぼる
山をのぼる

OK! 35 来る
インドから来る
過 came

OK! 36 演奏会，コンサート
学校の演奏会

OK! 37 いとこ
私のいとこ

OK! 38 ちがう，異なる
ちがう色

39 **difficult**

a difficult problem

40 **dinner**

enjoy dinner

41 **dish**

wash the dishes

42 **dollar**

I have 60 dollars.

43 **door**

open the door

44 **dream**

my dream

45 **during**

during the summer vacation

46 **easily**

He won the race easily.

47 **English**

an English dictionary

48 **event**

a big event

49 **every**

I play the piano every day.

50 **excited**

I'm excited at the show.

51 **favorite**

my favorite music

52 **feel**

I feel happy.

53 **fire**

make a fire

54 **for**

a present for you

55 **free**

Are you free tomorrow?

56 **from**

I'm from Italy.

57 **full**

full of love

58 **funny**

a funny face

OK! 39
難しい，困難な
難しい問題

OK! 40
夕食
夕食を楽しむ

OK! 41
皿，料理
皿を洗う
複 dishes

OK! 42
ドル
私は 60 ドル持っています。

OK! 43
ドア
ドアを開ける

OK! 44
夢
私の夢

OK! 45
～の間に
夏休みの間に

OK! 46
簡単に，たやすく
彼は簡単にレースに勝ちました。

OK! 47
英語／英語の
英語の辞書

OK! 48
出来事，行事，イベント
大きなイベント

OK! 49
毎～，～ごとに
私は毎日ピアノを弾きます。

OK! 50
わくわくした
私はショーにわくわくしています。

OK! 51
大好きな，お気に入りの
私のお気に入りの音楽

OK! 52
～を感じる，～と感じる
私はうれしいです。
過 felt

OK! 53
火，火事
火をおこす

OK! 54
～への，～のための[に]
あなたへのプレゼント

OK! 55
自由な，ひまな
明日あなたはひまですか。

OK! 56
～から，～出身の
私はイタリア出身です。

OK! 57
いっぱいの
いっぱいの愛

OK! 58
おもしろい，おかしい
おもしろい顔

59 **future**
in the future

60 **get**
get a new bike

61 **give**
give a present

62 **glass**
a glass of juice

63 **go**
go to school

64 **hair**
long hair

65 **here**
Here you are.

66 **home**
I'm at home.

67 **homework**
do my homework

68 **hotel**
stay at a hotel

69 **hour**
about an hour

70 **how**
How is the weather?

71 **in**
in the bag

72 **interested**
I'm interested in math.

73 **kitchen**
in the kitchen

74 **know**
know each other

75 **language**
a foreign language

76 **later**
five years later

77 **left**
Turn left.

78 **letter**
a letter from my grandmother

OK! 59
将来，未来
将来に

OK! 60
～を得る，手に入れる
新しい自転車を手に入れる
過 got

OK! 61
～を与える，
(人)に(もの)を与える
プレゼントをあげる
過 gave

OK! 62
コップ，グラス
1 杯のジュース
複 glasses

OK! 63
行く
学校へ行く
過 went

OK! 64
髪
長い髪

OK! 65
ここに[で，へ]
はい，どうぞ。

OK! 66
家，家庭／家へ，家に
私は家にいます。

OK! 67
宿題
宿題をする

OK! 68
ホテル
ホテルに宿泊する

OK! 69
時間，１時間
約１時間

OK! 70
どんなふうで，どうやって，
どれくらい
天気はどうですか。

OK! 71
～の中に[で，の]
かばんの中に

OK! 72
興味を持っている
私は数学に興味があります。

OK! 73
台所，キッチン
台所で

OK! 74
(～を)知っている，わかる
互いを知っている
過 knew

OK! 75
言語，言葉
外国の言葉

OK! 76
(～より)もっと遅く，あとで
5 年後

OK! 77
左／左に
左に曲がりなさい。

OK! 78
手紙，文字
祖母からの手紙

79 **life**

school life

80 **listen**

listen to music

81 **live**

live in Tokyo

82 **look**

look around

83 **lot**

a lot of coins

84 **lunch**

lunch time

85 **many**

many birds

86 **mean**

What does it mean?

87 **member**

members of the chorus

88 **message**

leave a message

89 **minute**

in three minutes

90 **morning**

in the morning

91 **movie**

an action movie

92 **next**

Next, please.

93 **night**

at night

94 **noon**

at noon

95 **now**

What are you doing now?

96 **often**

I often take out the garbage.

97 **on**

on the bed

98 **open**

open the box

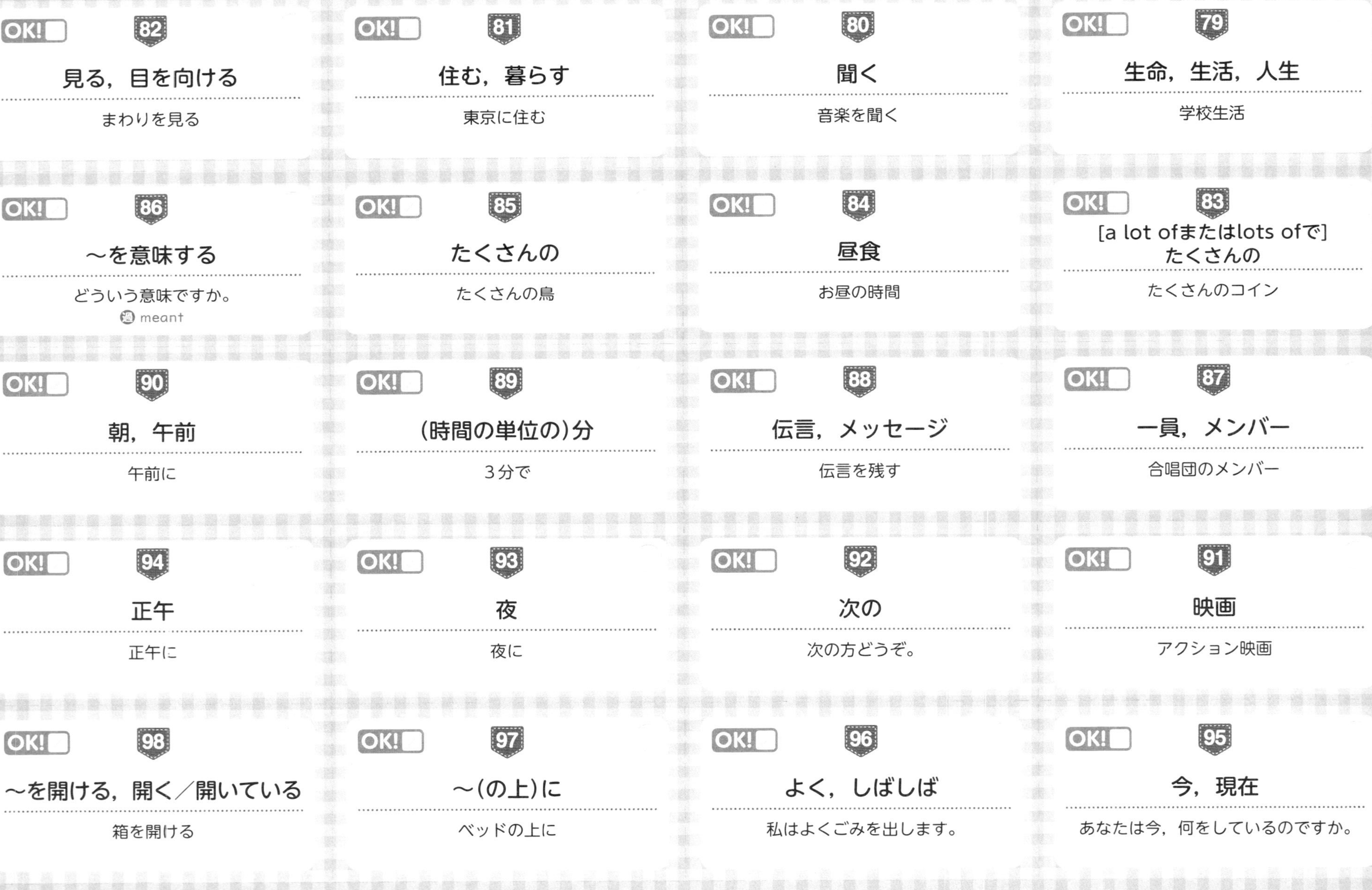

OK! 79
生命，生活，人生
学校生活

OK! 80
聞く
音楽を聞く

OK! 81
住む，暮らす
東京に住む

OK! 82
見る，目を向ける
まわりを見る

OK! 83
[a lot ofまたはlots ofで]
たくさんの
たくさんのコイン

OK! 84
昼食
お昼の時間

OK! 85
たくさんの
たくさんの鳥

OK! 86
～を意味する
どういう意味ですか。
過 meant

OK! 87
一員，メンバー
合唱団のメンバー

OK! 88
伝言，メッセージ
伝言を残す

OK! 89
(時間の単位の)分
3分で

OK! 90
朝，午前
午前に

OK! 91
映画
アクション映画

OK! 92
次の
次の方どうぞ。

OK! 93
夜
夜に

OK! 94
正午
正午に

OK! 95
今，現在
あなたは今，何をしているのですか。

OK! 96
よく，しばしば
私はよくごみを出します。

OK! 97
～(の上)に
ベッドの上に

OK! 98
～を開ける，開く／開いている
箱を開ける

99 **or**

Which do you want, A or B?

100 **other**

One is yellow, and the other is pink.

101 **out**

come out of the lamp

102 **paper**

a sheet of paper

103 **parent**

my parents

104 **people**

Many people are standing in a line.

105 **place**

a good place for camping

106 **practice**

practice hard

107 **put**

Put the coin into this box.

108 **question**

I have a question.

109 **remember**

Do you remember my brother?

110 **rest**

take a rest

111 **right**

Turn right.

112 **say**

Say goodbye.

113 **some**

There are some apples.

114 **sometimes**

I sometimes cook dinner.

115 **song**

sing a song

116 **sorry**

I'm sorry.

117 **sound**

Sounds nice.

118 **special**

a special menu

99 OK!

~か…，~または…

A と B のどちらがほしいですか。

100 OK!

ほかの，もう１つの／ほかの人[もの]

１本は黄色で，もう１本はピンクです。

101 OK!

外へ，外出して

ランプから外に出る

102 OK!

紙

１枚の紙

103 OK!

親

私の両親

104 OK!

人々

たくさんの人々が列に並んでいます。

105 OK!

場所

キャンプによい場所

106 OK!

(~を)練習する

いっしょうけんめい練習する

107 OK!

~を置く，入れる

コインをこの箱の中に入れてください。

過 put

108 OK!

質問

質問があります。

109 OK!

(~を)覚えている，思い出す

私の弟のことを覚えていますか。

110 OK!

休む／休み

休みをとる

111 OK!

右／右に

右に曲がりなさい。

112 OK!

(~と)言う，話す

「さよなら」を言いなさい。

過 said

113 OK!

いくつかの／いくらか

リンゴがいくつかあります。

114 OK!

ときどき

私はときどき夕食を作ります。

115 OK!

歌

歌を歌う

116 OK!

気の毒で，すまなく思って

ごめんなさい。

117 OK!

(~のように)聞こえる／音

いいね（よく聞こえるね)。

118 OK!

特別の[な]

特別なメニュー

119 **speech**
make a speech

120 **stay**
Please stay here.

121 **straight**
Go straight.

122 **street**
across the street

123 **sure**
Can I use this eraser? — Sure.

124 **swim**
swim fast

125 **take**
take a picture

126 **thank**
Thank you.

127 **there**
Look at the star over there.

128 **think**
I think so.

129 **thousand**
two thousand yen

130 **time**
What time is it?

131 **today**
It's cloudy today.

132 **together**
play baseball together

133 **tomorrow**
See you tomorrow.

134 **trip**
a school trip

135 **turn**
Turn left at the corner.

136 **under**
under the chair

137 **use**
use a computer

138 **usually**
I usually clean my room.

OK! 122
通り
通りを横切って

OK! 121
まっすぐに
まっすぐ進みなさい。

OK! 120
とどまる，滞在する／滞在
ここにいてください。

OK! 119
スピーチ，演説
スピーチをする

OK! 126
〜に感謝する／感謝
ありがとうございます。

OK! 125
〜を持って行く，(乗り物など)に乗る，(写真)を撮る
写真を撮る
過 took

OK! 124
泳ぐ
速く泳ぐ
過 swam

OK! 123
確信して／もちろん
この消しゴムを使ってもいいですか。
—もちろん。

OK! 130
時間，時刻
何時ですか。

OK! 129
1000
2000 円

OK! 128
(〜だと)思う，考える
私はそう思います。
過 thought

OK! 127
そこに[で，へ]
向こうの星を見てください。

OK! 134
旅行
修学旅行

OK! 133
明日(は)
また明日。

OK! 132
いっしょに
いっしょに野球をする

OK! 131
今日(は)
今日はくもりです。

OK! 138
たいてい，ふつう
私はたいてい自分の部屋をそうじします。

OK! 137
〜を使う
コンピュータを使う

OK! 136
〜の下に[で]
イスの下に

OK! 135
〜の向きを変える，曲がる
その角を左に曲がってください。

139	vacation	summer vacation
140	wait	I can't wait.
141	wall	on the wall
142	wash	wash my car
143	watch	watch TV
144	water	drink water
145	what	What do you want?
146	when	When is your birthday?
147	where	Where is the library?
148	who	Who is that?
149	whose	Whose bag is this?
150	why	Why do you think so?
151	win	win the game
152	wish	make a wish
153	with	play soccer with my brother
154	world	a world map
155	write	write a letter
156	year	I'm four years old.
157	yesterday	I was at home yesterday.
158	young	a young man

OK! 139
休暇，休日
夏休み

OK! 140
待つ
私は待てません。

OK! 141
かべ
かべに

OK! 142
(～を)洗う
自分の車を洗う

OK! 143
～を見る
テレビを見る

OK! 144
水
水を飲む

OK! 145
何，どんなもの，何の
あなたは何が欲しいですか。

OK! 146
いつ
あなたの誕生日はいつですか。

OK! 147
どこに，どこで，どこへ
図書館はどこですか。

OK! 148
だれ
あれはだれですか。

OK! 149
だれの，だれのもの
これはだれのカバンですか。

OK! 150
なぜ，どうして
あなたはなぜそう考えるのですか。

OK! 151
(～に)勝つ
試合に勝つ
過 won

OK! 152
願い，祈り／～を願う，望む
願い事をする

OK! 153
～といっしょに，～について
兄［弟］とサッカーをする

OK! 154
世界
世界地図

OK! 155
(～を)書く
手紙を書く
過 wrote

OK! 156
年，歳，学年
私は4歳です。

OK! 157
昨日(は)
昨日私は家にいました。

OK! 158
若い，幼い
若い男性

光村図書版

英語 1 年 もくじ

英語音声

この本の特長と使い方

3ステップと予想問題で実力をつける！

- 文法や表現，重要語句を学習します。
- 基本的な問題を解いて確認します。
- 基本文には音声がついています。

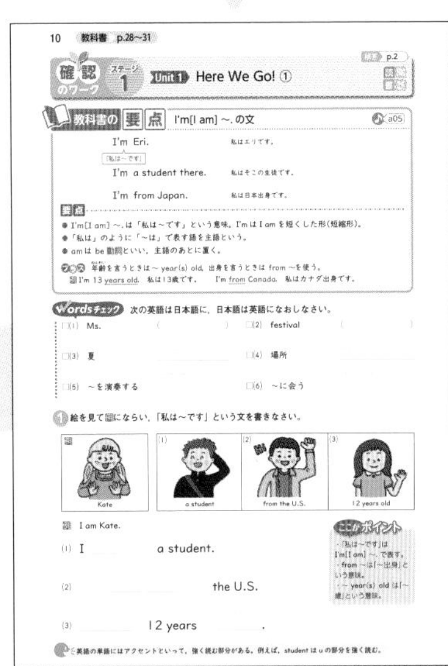

定着のワーク ステージ2

- ステージ１で学習したことを，さらに問題を解くことで定着させます。
- ヒントがついているので学習しやすいです。
- リスニング問題もあります。

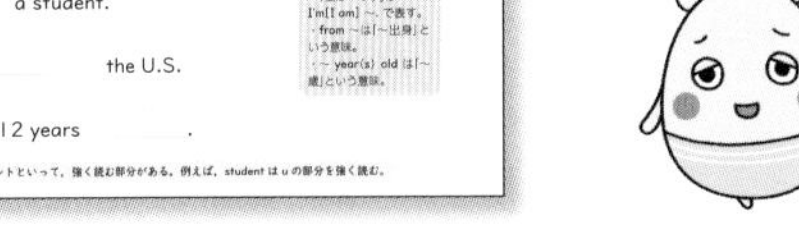

- ここまでに学習した文法をまとめて学習します。

- 教科書の長めの文章に対応するページです。読解力をつけます。

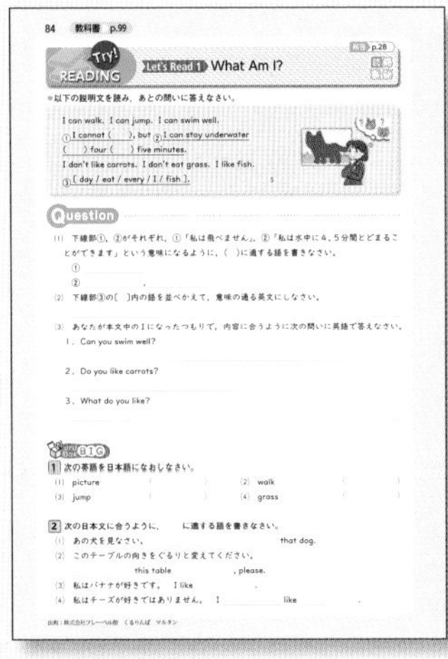

- ステージ1で学習したことが身についたかをテスト形式で確認します。
- リスニング問題もあります。

ホームページテスト

- 文理のウェブサイトからテストをダウンロード。たくさん問題を解いて，実力アップ！　リスニング問題もあります。　くわしくは巻末へ➡

アクセスコード　A064323

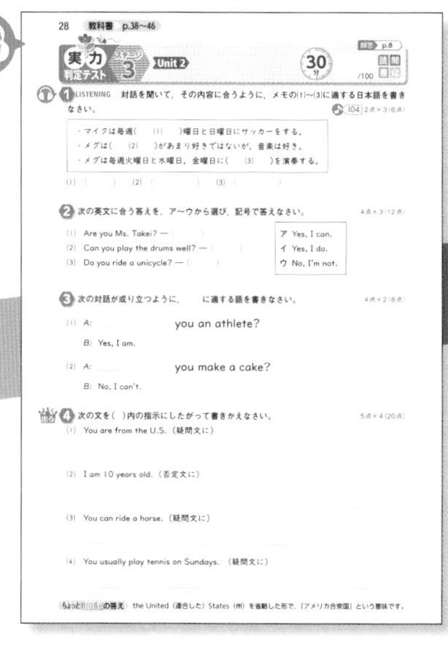

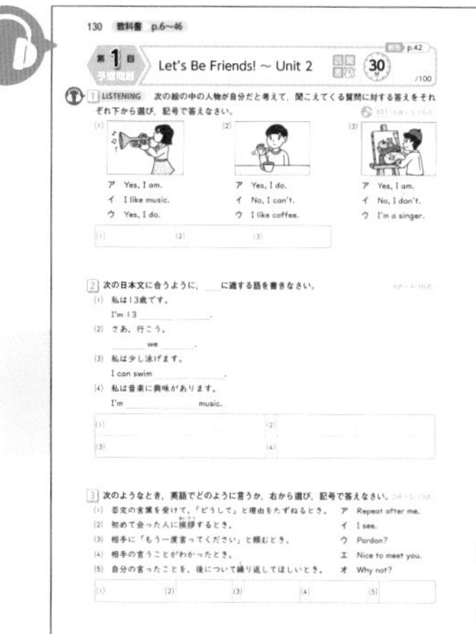

定期テスト対策 予想問題

- 定期テスト前に解いて，実力を確かめます。
- リスニング問題もあります。

Challenge! SPEAKING

- アプリを使って会話表現の発音練習をします。AIが採点！

くわしくはChallenge! SPEAKINGの最初のページへ➡

英語音声について

- 英語音声があるものには a00 がついています。
- 音声はスマートフォン，タブレット，またはパソコンで聞くことができます。
- また文理のウェブサイトから音声ファイルをダウンロードすることもできます。

▶スマホで聞く　[使い方]

▶パソコンで聞く　https://listening.bunri.co.jp/

▶ダウンロードする　[ダウンロード方法]

※この本にはCDはついていません。

音声用アクセスコード　7EFHC

※音声配信サービスおよび「おん達Plus」は無料ですが，別途各通信会社の通信料がかかります。
※お客様のネット環境および端末によりご利用いただけない場合がございます。ご理解，ご了承いただきますよう，お願いいたします。

ステージ0 アルファベット / 英語の書き方

教科書の要点 アルファベット / 英語の書き方

a00

全ていちばん上の線まで

大文字 A B C D E F G H I J K L M N O P Q R S T U V W X Y Z

b, d, f, h, k, l がいちばん上の線まで

いちばん下の線につくものはない

小文字 a b c d e f g h i j k l m n o p q r s t u v w x y z

g, j, p, q, y がいちばん下の線まで

要点1

- アルファベットは**大文字**と**小文字**それぞれ26文字ある。
- 大文字は全ていちばん上の線と３本目の線の間にある。
- 小文字は１本目や２本目，その間の高さのものや，いちばん下の線まで届くものがある。

単語 〈正しい例〉pen 〈正しくない例〉p e n（あけすぎない） 〈人名〉Emi 〈地名〉Tokyo（大文字で始める）

文 My name is Emi. I'm happy.

文の最初は大文字　アポストロフィ　小文字１字分くらい　ピリオド　小文字２字分くらい

Is this your pen? — Yes, it is.

クエスチョンマーク　コンマ

要点2

- 単語は文字の間をあけない。人名，国名，地名などは**大文字**で書き始める。
- 英語の文の最初は**大文字**で書き始める。「私は」の意味の **I はいつも大文字**を使う。
- ふつうの文の終わりには**ピリオド(.)**，たずねる文(疑問文)の終わりには**クエスチョンマーク(?)**をつける。Yes や No などのあとには**コンマ(,)**をつける。
- 単語と単語の間は小文字１字分くらいあける。文と文の間は小文字２文字分くらいあける。
- 単語と単語をくっつけて短くするときは**アポストロフィ(')**をつける。

1 アルファベットの名前を声に出して読みなさい。

(1) A B C D E F G H I J K L M N O P Q R S T U V W X Y Z

(2) a b c d e f g h i j k l m n o p q r s t u v w x y z

ここがポイント

アルファベットの読み方

「名前」の読み方と，「音」の読み方がある。

例 Aa ・名前読み…[ei] April(４月)
・音読み…[æ] apple(りんご)

2 アルファベットの大文字を読みながらなぞって書き，もう一度書きなさい。

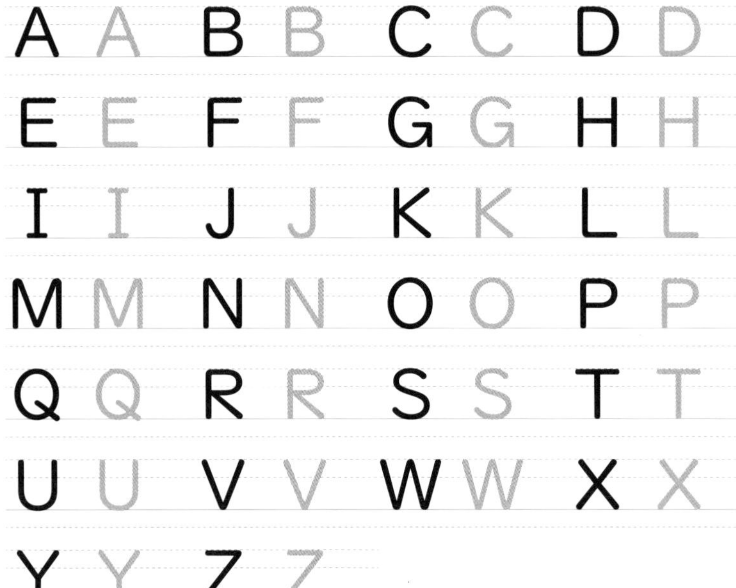

文字の書体
文字の書き方のデザインを書体という。書体はちがっても文字としては同じ文字。

GIJ agt	GIJ agt	GIJ agt

形が似ている大文字
CとG，EとF，OとQ，UとV，SとZ，MとN

3 アルファベットの小文字を読みながらなぞって書き，もう一度書きなさい。

形が似ている小文字
aとo，aとd，bとd，bとh，pとq

よく見て書こうね。

4 次の英文をなぞって書きなさい。

Hello. I'm Taku.
How are you?

ここがポイント

・文の始めは大文字で書き始める。
・人名・地名などは大文字で書き始める。
・文の終わりにはピリオドやクエスチョンマークをつける。

確認のワーク ステージ1 Let's Be Friends! 1・2

教科書の要点 好きなものをたずねる文 a01

What color do you like? あなたは何色が好きですか。
（What color：何の／do you like?：あなたは好きですか）

− I like blue. 私は青色が好きです。
（I like：私は〜が好きです／blue：具体的な内容を答える）

要点

- 「あなたは何の〜が好きですか」とたずねるときは，What 〜 do you like? で表す。
- 「何色」と言うときは What color を使い，そのあとに「あなたは好きですか」という意味の do you like? を続ける。
- 答えるときは，I like 〜. を使って「私は〜が好きです」と具体的な内容を答える。

Wordsチェック 次の英語は日本語に，日本語は英語になおしなさい。

□(1) green （　　）　□(2) fine （　　）
□(3) 茶色(の)　□(4) うれしい
□(5) 赤(い)　□(6) 疲れた
□(7) 悲しい　□(8) 眠い

1 絵を見て，質問に対する答えを下から選び，記号で答えなさい。

(1) What color do you like? （　）
(2) What subject do you like? （　）
(3) What sport do you like? （　）
(4) What season do you like? （　）

ア I like soccer.　イ I like red.　ウ I like baseball.
エ I like science.　オ I like winter.　カ I like summer.

表現メモ
- what 〜「何の〜」
- what subject「何の教科」
- what sport「何のスポーツ」
- what season「何の季節」

What color do you like? のように，What で始まる疑問文は文の最後を下げて発音する。

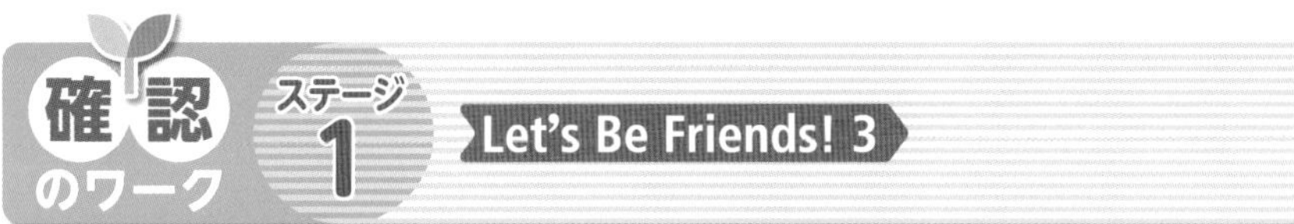

解答 p.1

読 聞 書 話

教科書の要点　行きたい場所をたずねる文

Where do you want to go?　あなたはどこに行きたいですか。

（Where：どこに[へ]　do you want to go?：あなたは行きたいですか）

– I want to go to Australia.　私はオーストラリアに行きたいです。

（I want to go to：私は〜に行きたいです　Australia：具体的な内容を答える）

要点

- 「あなたはどこに行きたいですか」とたずねるときは，Where do you want to go? で表す。
- 答えるときは，I want to go to 〜. を使って「私は〜に行きたいです」と具体的な内容を答える。
- 国の名前を書くときは，最初の文字を常に大文字にする。

プラス　「私は〜したいです」は，I want to 〜. で表す。

Wordsチェック　次の英語は日本語に，日本語は英語になおしなさい。

□(1) Why?　(　　　　　　)　　□(2) go　(　　　　　　)

□(3) 中国　＿＿＿＿＿　　□(4) フランス　＿＿＿＿＿

□(5) イタリア　＿＿＿＿＿　　□(6) 〜が欲しい　＿＿＿＿＿

1 絵を見て例にならい，「私は〜に行きたいです」という文を書きなさい。

例
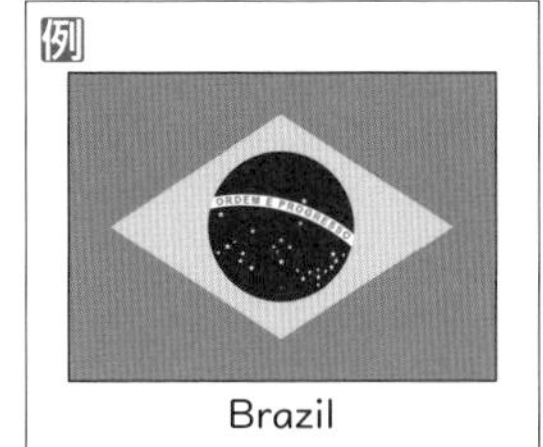
Brazil

(1)
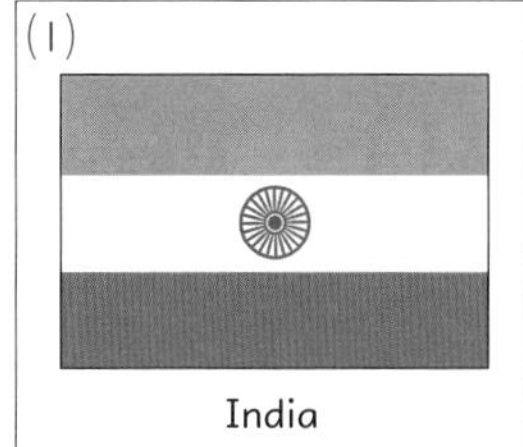
India

(2)
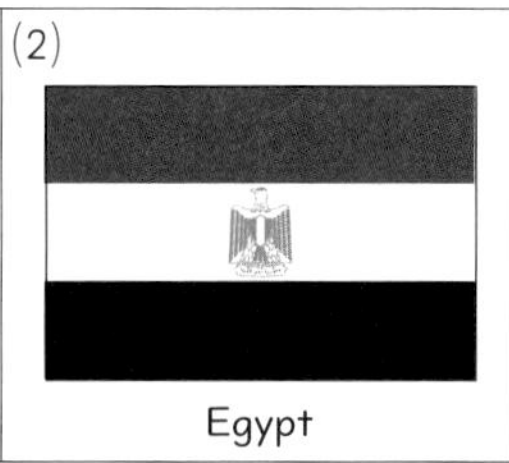
Egypt

(3)
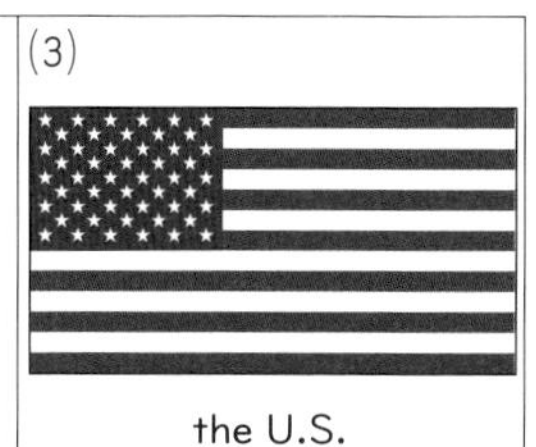
the U.S.

例　I want to go to Brazil.

(1)　I want to go to ＿＿＿＿＿.

(2)　I ＿＿＿＿＿ to go to ＿＿＿＿＿.

(3)　I ＿＿＿＿＿ to ＿＿＿＿＿ to the U.S.

ここがポイント
「私は〜に行きたいです」は I want to go to 〜. で表す。

the U.S. のように the が付く国名には，the U.K.（イギリス），the Philippines（フィリピン）などがある。

解答 p.1

ステージ1 Let's Be Friends! 4

読 聞 書 話

教科書の要点 数字の表し方

a03

0	1	2	3	4	5	6
zero	one	two	three	four	five	six
7	8	9	10	11	12	13
seven	eight	nine	ten	eleven	twelve	thirteen
14	15	16	17	18	19	20
fourteen	fifteen	sixteen	seventeen	eighteen	nineteen	twenty
21	22	23	24	25	26	27
twenty-one	twenty-two	twenty-three	twenty-four	twenty-five	twenty-six	twenty-seven
28	29	30	31			
twenty-eight	twenty-nine	thirty	thirty-one			
40	50	60	70	80	90	100
forty	fifty	sixty	seventy	eighty	ninety	one hundred

要点

- 21以上の数字は，10の位と1の位の間にハイフン(-)を入れ，twenty-one のように書く。
- 100は one hundred，200は two hundred と表す。

Wordsチェック 次の英語は数字に，数字は英語になおしなさい。

□(1) fifteen ( )　□(2) sixty-three ( )

□(3) 12 ______　□(4) 21 ______

□(5) 44 ______　□(6) 52 ______

1 次の ____ に適する数字を英語で書きなさい。

(1) 7+4= ______　(2) 15－2= ______

(3) 9×9= ______　(4) 36÷2= ______

ミス注意

three, thirteen, thirty, four, fourteen, forty, five, fifteen, fifty, eight, eighteen, eighty のつづりに注意。

eight や eighteen，eighty の gh の部分は発音しない（読まない）ことに注意。

解答 p.1

確認のワーク ステージ1 Let's Be Friends! 5

教科書の要点 When is 〜？の文

a04

When is your birthday?　あなたの誕生日はいつですか。
（When：いつ／is your birthday?：あなたの誕生日は〜ですか）

― My birthday is April 2.　私の誕生日は４月２日です。
（My birthday is：私の誕生日は〜です／April 2：日付を答える）

要点

●「〜はいつですか」とたずねるときは，When is 〜? で表す。
●答えるときは，〈〜 is ＋日付.〉を使う。

プラス 日付を表すときは，数字の「〜番目の」という表し方を使う。
first(1日), second(2日), third(3日), fourth 以降は語の終わりに th をつける。ただし，fifth(5日), eighth(8日), ninth(9日), twelfth(12日), twentieth(20日), thirtieth(30日)のつづりに注意。
21日以降は，twenty-first(21日), twenty-second(22日)のように書く。
月の名前を書くときは，最初の文字を常に大文字にする。

1月	2月	3月	4月	5月	6月
January	February	March	April	May	June
7月	8月	9月	10月	11月	12月
July	August	September	October	November	December

Wordsチェック 次の英語は日本語に，日本語は英語になおしなさい。

□(1) February　(　　　　　)
□(2) December　(　　　　　)
□(3) 4月　＿＿＿＿
□(4) 9月　＿＿＿＿

1 絵を見て例にならい，When is your birthday? という質問に対する答えを書きなさい。

例 5月5日

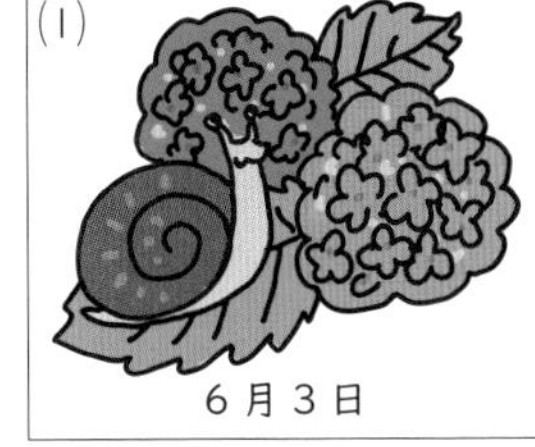
(1) 6月3日

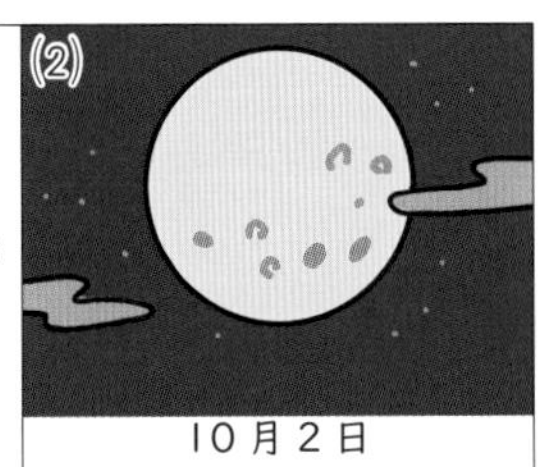
(2) 10月2日

例 My birthday is May fifth.

(1) My birthday is ＿＿＿＿ third.

(2) My ＿＿＿＿ is October ＿＿＿＿.

ここがポイント
日付を表すときは，first, second, third のような表し方を使う。

英語は伝えたいことを強く言う。誕生日を聞かれて答えるときは，月日を特に強く言う。

確認のワーク ステージ1 Unit 1 Here We Go! ①

解答 p.2

読 聞 書 話

教科書の要点 I'm[I am] ～. の文

a05

I'm Eri. 私はエリです。

「私は～です」

I'm a student there. 私はそこの生徒です。

I'm from Japan. 私は日本出身です。

要点

- I'm[I am] ～. は「私は～です」という意味。I'm は I am を短くした形(短縮形)。
- 「私は」のように「～は」で表す語を主語という。
- am は be 動詞といい，主語のあとに置く。

プラス 年齢(ねんれい)を言うときは～ year(s) old，出身を言うときは from ～を使う。

例 I'm 13 years old. 私は13歳です。　I'm from Canada. 私はカナダ出身です。

Wordsチェック 次の英語は日本語に，日本語は英語になおしなさい。

□(1) Ms. (　　　)　□(2) festival (　　　)

□(3) 夏 ＿＿＿＿　□(4) 場所 ＿＿＿＿

□(5) ～を演奏する ＿＿＿＿　□(6) ～に会う ＿＿＿＿

1 絵を見て例にならい，「私は～です」という文を書きなさい。

例 
Kate

(1) 
a student

(2) 

from the U.S.

(3) 
12 years old

例 I am Kate.

(1) I ＿＿＿＿ a student.

(2) ＿＿＿＿ ＿＿＿＿ the U.S.

(3) ＿＿＿＿ 12 years ＿＿＿＿.

ここがポイント

・「私は～です」は I'm[I am] ～. で表す。

・from ～は「～出身」という意味。

・～ year(s) old は「～歳」という意味。

英語の単語にはアクセントといって，強く読む部分がある。例えば，student は u の部分を強く読む。

2 〔 〕内の語を並べかえて，日本文に合う英文を書きなさい。

(1) さあ，行こう［始めよう］。〔 we / here / go 〕!

(2) 私をエリとよんでください。〔 call / Eri / me 〕.

(3) はじめまして。〔 to / you / nice / meet 〕.

ミス注意
文の最初の文字は大文字にし，文の最後には，ピリオド(.)を付ける。

表現メモ
Call me ～.
「私を～とよんでください」

よく出る **3** 次の日本文に合うように，＿＿に適する語を書きなさい。

(1) 私は青山純(あおやまじゅん)です。

＿＿＿＿ Aoyama Jun.

(2) 私をケンとよんでください。

＿＿＿＿ ＿＿＿＿ Ken.

(3) 私は生徒です。

＿＿＿＿ ＿＿＿＿ student.

(4) 私はそこの先生です。

＿＿＿＿ a teacher ＿＿＿＿.

ここがポイント
(3)数えられる語が１つのときには「１つ」「１人」を表すa[an]を置く。
(4)日本文の「そこの」は英語では「そこに，そこで」を表す語になる。

4 Word Box 次のようなとき，英語でどのように言うか，右の□から適する語を選んで＿＿に書きなさい。

(1) 人にお礼を言いたいとき。

＿＿＿＿.

(2) 道に迷ったとき。

I'm ＿＿＿＿.

(3) うれしいとき。

I'm ＿＿＿＿.

thank thanks happy sad lost sleepy

思い出そう
(1) Thanks. は Thank you. を一言で言う語で，Thank you. のほうが少していねい。

まるごと暗記
・happy「うれしい」
・sad「悲しい」
・sleepy「眠い」

解答 p.2

確認のワーク ステージ1 Unit 1 Here We Go! ②

読 聞 書 話

教科書の要点 一般動詞(いっぱん)の文

a06

I like spring. 私は春が好きです。

（一般動詞）

I don't like spring. 私は春が好きではありません。

（一般動詞の前に don't を置く）

要点

- like(～が好きだ)や meet(～に会う)などの，状態や動作を表すことばを**一般動詞**という。
- 一般動詞は**主語のあとに**置く。
- 「私は～しません」と言うときは，**一般動詞の前に don't** を置く。
- **don't** は **do not** の短縮形。

プラス I'm や don't の「'」はアポストロフィという。
「!」はエクスクラメーションマーク，「?」はクエスチョンマークという。

Wordsチェック 次の英語は日本語に，日本語は英語になおしなさい。

□(1) not （　　　　）　□(2) much （　　　　）

□(3) 見る ＿＿＿＿　□(4) 美しい ＿＿＿＿

□(5) ～について ＿＿＿＿　□(6) なぜ，どうして ＿＿＿＿

1 絵を見て例にならい，「私は～が好きです」という文を書きなさい。

例

winter

(1)
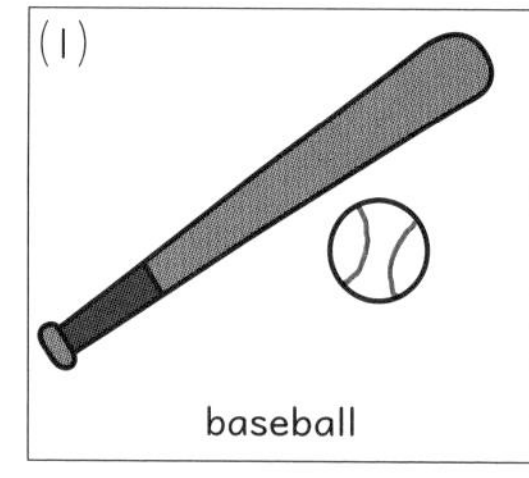
baseball

(2)

juice

(3)

apples

例 I like winter.

(1) I ＿＿＿＿ baseball.

(2) ＿＿＿＿ ＿＿＿＿ juice.

(3) ＿＿＿＿ like ＿＿＿＿.

ことばメモ

appleのように1つ，2つと数えられる語がlikeのあとにくるときは，applesというように，語の終わりに-sを付ける。このように-sの付いた形を複数形という。

baseball：野球，juice：ジュース，apple：リンゴ

2 次の英文を「私は～ではありません」という文に書きかえなさい。

(1) I like black.

(2) I like milk.

(3) I like carrots.

(4) I play the trumpet.

ことばメモ

black「黒(い)」や milk「牛乳」は1つ，2つと数えられないので，複数形にはしない。

よく出る **3** 次の日本文に合うように，＿＿に適する語を書きなさい。

(1) 私はサッカーが好きです。

I ＿＿ soccer.

(2) 私は冬が好きではありません。

I ＿＿ ＿＿ winter.

(3) 私はジュースがあまり好きではありません。

＿＿ ＿＿ ＿＿ juice so much.

ここがポイント

(1)～(3)「私は～が好きです」は I like ～.，「私は～が好きではありません」は I don't like ～. で表す。
(3) not ～ so much は「あまり～でない」という意味。

4 次の英文を日本語になおしなさい。

(1) Look!
(　　　　　　　　　　)

(2) I don't like soccer so much.
(　　　　　　　　　　)

(3) Why not?
(　　　　　　　　　　)

(4) How about you?
(　　　　　　　　　　)

表現メモ

(3) Why not? は否定の言葉を受けて，その理由をたずねるときに使う。

確認のワーク ステージ1 Unit 1 Here We Go! ③

教科書の要点 canの文

a07

I play the drums. 私はドラムを演奏します。

I can play the drums. 私はドラムを演奏できます。

主語 「〜できる」

I can't play the drums. 私はドラムを演奏できません。

動詞の前にcan'tを置く

要点

- I can 〜.は「私は〜できます」という意味。canは「〜できる」という意味で，**助動詞**とよばれる。
- 「私は〜できません」と言うときは，**動詞の前にcan't**を置く。can'tはcannotの短縮形。

プラス 〜, but …と書くときの「,」をコンマという。

Wordsチェック 次の英語は日本語に，日本語は英語になおしなさい。

□(1) basketball （　　　　）　□(2) but （　　　　）

□(3) やあ，こんにちは ＿＿＿＿　□(4) フルート ＿＿＿＿

□(5) 上手に ＿＿＿＿　□(6) かっこいい ＿＿＿＿

□(7) 走る，駆ける ＿＿＿＿　□(8) 野球 ＿＿＿＿

1 絵を見て例にならい，「私は〜ができます」という文を書きなさい。

例 play the piano　(1) do judo　(2) play tennis　(3) swim fast

例 I can play the piano.

(1) I ＿＿＿＿ do judo.

(2) ＿＿＿＿ ＿＿＿＿ play tennis.

(3) ＿＿＿＿ ＿＿＿＿ ＿＿＿＿ fast.

ここがポイント
「私は〜できます」はI can 〜.で表す。canのあとには動詞がくる。

英語の文は強弱のリズムをつけて読む。特に伝えたい部分は強く読む。

2 〔　〕内の語を並べかえて，日本文に合う英文を書きなさい。

(1) 私は速く走れません。〔 run / I / fast / can't 〕.

(2) 私は空手ができません。〔 can't / I / karate / do 〕.

(3) 私は上手に踊れません。〔 I / dance / can't / well 〕.

(4) 私はラグビーができません。〔 rugby / can't / play / I 〕.

ここがポイント

「私は～できません」はI can't ～. で表す。can'tのあとには動詞がくる。

よく出る **3** 次の日本文に合うように，＿＿に適する語を書きなさい。

(1) 私はピアノを上手に演奏できます。

I ＿＿ ＿＿ the piano well.

(2) 私は剣道と柔道ができます。

＿＿ ＿＿ do *kendo*

＿＿ judo.

(3) 私は速く泳げませんが，速く走れます。

I ＿＿ swim fast, ＿＿

I ＿＿ run fast.

ミス注意

日本語をそのまま英語にするときは斜体(イタリック)にする。
judoなどすでに英語でも定着している言葉はそのまま使われる。

ことばメモ

(2) 2つの語をつなぐときは，andを使う。
(3) 2つの文を「しかし，だが」と逆接でつなぐときは，butを使う。

WRITING Plus

次の質問に，あなた自身の答えを３語以上の英語で書きなさい。

(1) 好きなものは何ですか。

(2) できることは何ですか。

Let's Be Friends! 〜 Unit 1

1 LISTENING 自己紹介(しょうかい)を聞いて，内容に合う絵を選び，記号で答えなさい。 l01

(　　　)

2 次の日本文に合うように，(　)内から適する語句を選んで，○で囲みなさい。

(1) 私は田中由美(たなかゆみ)です。　(I like / I can / I'm) Tanaka Yumi.

(2) 私は剣道をします。　I (am / do / like) *kendo*.

(3) 私は速く走れません。　I (am / don't / can't) run fast.

よく出る **3** 〔　〕内の語句を並べかえて，日本文に合う英文を書きなさい。

(1) 私は10歳です。〔 old / I'm / years / 10 / . 〕

(2) 私はカナダ出身です。〔 am / from / I / Canada / . 〕

(3) 私はドラムを上手に演奏できます。
〔 the drums / play / can / I / well / . 〕

(4) 私はそこでサッカーをしません。
〔 don't / there / I / soccer / play / . 〕

(5) 私は夏が好きですが，冬は好きではありません。
I 〔 I / , / summer / like / like / but / don't 〕 winter.

I

winter.

重要ポイント

1 can と can't の発音に注意する。

2 (2) do は「〜をする」という意味。

3

テストに◎出る!
(2)「〜出身」は from 〜。
(3)「私は〜できます」は I can 〜. で表す。

(4) don't は一般(いっぱん)動詞の前に置く。

(5) but は２つの文を逆接でつなぐときに使う。

得点力をUP

「スポーツ」を表す語
soccer(サッカー)
basketball
(バスケットボール)
baseball(野球)
volleyball
(バレーボール)
tennis(テニス)

4 次の対話文を読んで，あとの問いに答えなさい。

Tina: ①(　　　)!　②Beautiful.
Eri: I like spring.
Kota: I don't like spring.
Tina: ③(　　　)(　　　)?

レベルUP (1) 下線部①が「見て」，③が「どうして」という意味になるように，(　)に適する語を書きなさい。

① ＿＿＿＿

③ ＿＿＿＿ ＿＿＿＿

(2) 下線部②を日本語になおしなさい。

(　　　　　　　　　　)

(3) 春が好きなのは誰(だれ)ですか。英語で書きなさい。

＿＿＿＿

よく出る **5** 次の日本文に合うように，＿＿に適する語を書きなさい。

(1) はじめまして。

＿＿＿＿ to ＿＿＿＿ you.

(2) あなたはどうですか。

＿＿＿＿ ＿＿＿＿ you?

(3) 私はタマネギがあまり好きではありません。

I don't like onions ＿＿＿＿ ＿＿＿＿.

レベルUP **6** 下のメモの人物になったつもりで，自己紹介の英文を3つ書きなさい。ただし，(1)はIの続きから始めること。

(1)名前：クミ
(2)出身：日本
(3)好きな
　スポーツ：野球

(1) I ＿＿＿＿.

(2) ＿＿＿＿

(3) ＿＿＿＿

重要ポイント

4 (1)③ コウタが「春は好きではありません」と言っているので，その理由をたずねていると考える。

(3) 2行目の文を参照。

テストに出る!

(1)③ why は理由をたずねる語。

5 (1)初めて会った人への挨拶(あいさつ)。

(2)「～はどうですか」は How about ～?。

(3)「あまり～でない」は not ～ so much。

得点力をUP

大文字で始める語

人名や国名などは最初の文字は常に大文字で書く。

Japan(日本)
Australia
(オーストラリア)
Canada(カナダ)
India(インド)
Brazil(ブラジル)
China(中国)

ちょっとBREAK　ball が付くスポーツ名には何があるでしょうか？

➡答えは次のページ

1 LISTENING 対話を聞いて，内容に合う絵を選び，記号で答えなさい。 ♪ l02 (5点)

ア	イ	ウ	エ
China / India	Italy / China	China / Italy	India / Italy

(　　　)

よく出る **2** 〔　〕内の語句を並べかえて，日本文に合う英文を書きなさい。 5点×4(20点)

(1) 私をサチとよんでください。〔 call / Sachi / me / . 〕

(2) 私は北海道出身です。〔 from / am / Hokkaido / I / . 〕

(3) 私は数学が好きではありません。〔 math / like / don't / I / . 〕

(4) 私はピアノとトランペットを演奏できます。
〔 and / can / the piano / I / play 〕 the trumpet.

______________________ the trumpet.

3 次の日本文に合うように，____に適する語を書きなさい。 5点×3(15点)

(1) 私はそこでは泳ぎません。

I ______ ______ there.

(2) 私はネコがあまり好きではありません。

I ______ ______ cats ______ ______.

レベルUP (3) 私はスポーツが好きですが，速くは走れません。

I ______ sports, ______ I ______ ______ fast.

ちょっとBREAKの答え baseball「野球」，volleyball「バレーボール」，basketball「バスケットボール」など。

目標 ● I am ～., I like ～., I don't like ～., I can ～., I can't ～. などを使って自己紹介(しょうかい)ができるようにしましょう。

自分の得点まで色をぬろう!
がんばろう! もう一歩 合格!
0 60 80 100点

4 次の英文を読んで，あとの問いに答えなさい。 (計21点)

Hello. I'm Tina.
I'm from New York.
I like music and sports.
I can (①) and (②) the drums.

Christina Rios

(1) ティナの出身はどこですか。日本語で書きなさい。 (5点)

( )

(2) ティナが好きなものは何ですか。日本語で2つ書きなさい。 3点×2(6点)

( ) ( )

(3) 下線部が「私は泳げて，ドラムを演奏できます」という意味になるように，①，②の( )に適する語を書きなさい。 5点×2(10点)

① ②

5 次の日本文を英語になおしなさい。 6点×3(18点)

(1) 私は12歳です。

(2) 私は赤と黄色が好きです。

レベルUP (3) 私はフルートを上手に演奏できます。

よく出る **6** あなた自身の(1)名前，(2)好きな季節，(3)できるスポーツについて英文を3つ書きなさい。ただし，(1)はIから始めること。 7点×3(21点)

(1) 〈名前〉

(2) 〈好きな季節〉

(3) 〈できるスポーツ〉

定期テスト対策 予想問題 第1回 p.130～131

解答 p.5

Unit 2 Club Activities ①

読 聞 書 話

教科書の要点 be動詞の疑問文 /「～ではありません」の文 a08

I am a new student. 私は新入生です。

You are a new student. あなたは新入生です。

主語がyouのときbe動詞はare

疑問文 Are you a new student? あなたは新入生ですか。

主語の前にareを置く　疑問文の終わりにはクエスチョンマーク（?）を付ける

― Yes, I am. / No, I'm not. はい，そうです。／いいえ，違(ちが)います。

Iとamを使って答える　Yes, Noのあとにはコンマ（,）を付ける

否定文
I am not a new student. 私は新入生ではありません。

be動詞のあとにnotを置く

You are not a new student. あなたは新入生ではありません。

要点

- areはamと同じbe動詞で，「～です」という意味を表す。主語がyouとweのときに使う。
- 「あなたは～ですか」(疑問文)は **Are you ～?** とし，**Yes, I am.** か **No, I'm[I am] not.** で答える。

プラス be動詞の文を「～ではありません」と否定するとき(否定文)は，**be動詞のあとにnot**を置く。

Wordsチェック 次の英語は日本語に，日本語は英語になおしなさい。

□(1) activity (　　　　)　□(2) athlete (　　　　)

□(3) チーム，選手団 ＿＿＿＿　□(4) 科学，理科 ＿＿＿＿

1 絵を見て例にならい，「あなたは～です」という文を書きなさい。

例

(1)

(2)

例 You are Kumi.

(1) ＿＿＿＿ ＿＿＿＿ Mr. Tanaka.

(2) ＿＿＿＿ ＿＿＿＿ ＿＿＿＿ artist.

ここがポイント
・「あなたは～です」はYou are ～.で表す。
・anは，母音で始まる数えられる語が1つのとき，その語の前に付く。

Areで始まる疑問文の最後は，上げ調子で読む。Are you a new student?↗となる。

よく出る **2** 次の文を（　）内の指示にしたがって書きかえるとき，＿＿に適する語を書きなさい。

(1) You are a chef.（「あなたは～ですか」とたずねる文に）

＿＿＿＿ ＿＿＿＿ a chef?

(2) I am 14 years old.（「～ではありません」の文に）

I ＿＿＿＿ ＿＿＿＿ 14 years old.

(3) You are a teacher.（「～ではありません」の文に）

You ＿＿＿＿ ＿＿＿＿ a teacher.

(4) You are from Japan.（「あなたは～ですか」とたずねる文に）

＿＿＿＿ ＿＿＿＿ ＿＿＿＿ Japan?

ここがポイント

(1)(4)「～ですか」という意味の文は，主語の前にbe動詞を置く。
(2)(3)「～ではありません」という意味の文は，be動詞のあとにnotを置く。

3 次の（　）内から適する語句を選んで，○で囲みなさい。

(1) You (am / are) a baseball fan.
(2) (Am / Are) you Shota?
(3) You are (new student / new students).
(4) I (am / are) not Miki.

ミス注意

youには「あなた」「あなたたち」という２つの意味がある。「あなた」という１人の意味なら，new studentの前にaを付ける。

よく出る **4** 次の質問に（　）内の語を使って答えるとき，＿＿に適する語を書きなさい。

(1) Are you Ms. Kimura?（Yes）

— Yes, ＿＿＿＿ ＿＿＿＿.

(2) Are you a musician?（No）

— No, ＿＿＿＿ ＿＿＿＿.

ここがポイント

Are you ～?「あなたは～ですか」にYesまたはNoで答えるときは，Iとamを使う。Noのときはamのあとにnotを置く。

5 Word Box 次の日本文に合うように，＿＿に適する語を書きなさい。

(1) ここが美術部です。

＿＿＿＿ the art club.

(2) 入りなさい。

Come ＿＿＿＿.

確認のワーク ステージ1 Unit 2 Club Activities ②

教科書の要点 一般動詞の疑問文 a09

I play the trumpet. 私はトランペットを演奏します。

疑問文 Do you play an instrument? あなたは楽器を演奏しますか。

主語の前に Do を置く

— Yes, I **do.** / No, I **don't.** はい，演奏します。／いいえ，演奏しません。

I と do を使って答える

要点

- 「あなたは〜しますか」とたずねるときは，主語の前に Do を置き，Do you 〜? で表す。
- 答えるときは，Yes, I do. や No, I don't[do not]. を使う。

Wordsチェック 次の英語は日本語に，日本語は英語になおしなさい。

□(1) instrument (　　　)　□(2) running (　　　)

□(3) 普通は ＿＿＿＿　□(4) 練習する ＿＿＿＿

□(5) ときどき ＿＿＿＿　□(6) 木曜日 ＿＿＿＿

よく出る 1 例にならい，「あなたは〜します」の文を疑問文に書きかえなさい。

例 You like red. → Do you like red?

(1) You play the flute. （あなたはフルートを演奏します。）

＿＿＿＿ ＿＿＿＿ play the flute?

(2) You do karate. （あなたは空手をします。）

＿＿＿＿ ＿＿＿＿ ＿＿＿＿ karate?

(3) You like lemons. （あなたはレモンが好きです。）

＿＿＿＿＿＿＿＿＿＿＿＿

ここがポイント
一般動詞の文を「〜しますか」という疑問文にするには，主語の前に Do を置く。

ミス注意
(3)疑問文の最後にはクエスチョンマーク(?)を付ける。

2 次の疑問文に答えるとき，＿＿に適する語を書きなさい。

(1) Do you like cheese? — Yes, I ＿＿＿＿.

(2) Do you play tennis? — No, I ＿＿＿＿.

ここがポイント
Do you 〜?「あなたは〜しますか」に Yes で答えるときは，I と do を使う。No で答えるときは，I と don't[do not] を使う。

red：赤（い），lemon：レモン，tennis：テニス

3 絵を見て，日本文に合うように，＿＿に適する語を書きなさい。

(1) 私は決して海では泳ぎません。

I ＿＿＿＿ swim in the sea.

(2) 私はいつも公園で走ります。

I ＿＿＿＿ ＿＿＿＿ in the park.

(3) 私はときどきラグビーをします。

＿＿＿＿ ＿＿＿＿ ＿＿＿＿ rugby.

まるごと暗記

・always
「いつも，常に」
・usually
「普通は，いつもは」
・sometimes
「ときどき，ときには」
・never
「決して～ない」

※下へいくほど頻度(ひんど)が低くなる。

4 次の日本文に合うように，＿＿に適する語を書きなさい。

よく出る

(1) 私たちは毎週木曜日に野球をします。

We play baseball ＿＿＿＿ Thursdays.

(2) 私は，青，ピンク，そして白が好きです。

I like blue, pink, ＿＿＿＿ white.

(3) 私はピアノを少し演奏します。

I play the piano ＿＿＿＿ ＿＿＿＿.

ミス注意

(1)「～曜日に」と言うときは，〈on＋曜日〉で表す。曜日の最後に-sを付けると，「毎週～曜日」という意味になる。
(2)「AとBとC」のように，3つ以上のものをつなぐときは，〈A, B, and C〉のように書く。

5 Word Box 次のカレンダーが完成するように，(1)～(6)に適する語を書きなさい。

(1)	(2)	(3)	(4)	Thursday	(5)	(6)
1	2	3	4	5	6	7
8	9	10	11	12	13	14

(1) ＿＿＿＿ (2) ＿＿＿＿ (3) ＿＿＿＿

(4) ＿＿＿＿ (5) ＿＿＿＿ (6) ＿＿＿＿

思い出そう

曜日を表す語の最初の文字は，常に大文字で書く。

解答 p.6

Unit 2 Club Activities ③

読 聞 書 話

教科書の要点 Can you ～？の文

a10

	I can read it.	私はそれを読めます。
疑問文	Can you read it?	あなたはそれを読めますか。
	主語の前に Can を置く	
	― Yes, I **can**. / No, I **can't**.	はい，読めます。／いいえ，読めません。
	can't = cannot	

要点

- 「あなたは～できますか」とたずねるときは，**Can you ～?** で表す。
- 答えるときは，**Yes, I can.** か **No, I can't[cannot].** を使う。

Wordsチェック 次の英語は日本語に，日本語は英語になおしなさい。

- □(1) this （　　　　）
- □(2) cow （　　　　）
- □(3) ～を読む ＿＿＿＿
- □(4) ～を言う ＿＿＿＿
- □(5) ～を作る ＿＿＿＿
- □(6) ～を食べる ＿＿＿＿
- □(7) 図書室 ＿＿＿＿
- □(8) 芸術家 ＿＿＿＿

1 絵を見て例にならい，「あなたは～できますか」とたずねる文を書きなさい。

say a tongue twister

(1) make rice balls　(2) drink coffee　(3) eat fish

例 Can you say a tongue twister?

(1) ＿＿＿＿ ＿＿＿＿ make rice balls?

(2) ＿＿＿＿ ＿＿＿＿ ＿＿＿＿ coffee?

(3) ＿＿＿＿ ＿＿＿＿ ＿＿＿＿ fish?

ここがポイント
「あなたは～できますか」の文は，主語の前にCanを置いて表す。主語のあとには動詞が続く。

rice ball：おにぎり，coffee：コーヒー，fish：魚

よく出る **2** 次の文を疑問文に書きかえ，（　）内の語を使って答えるとき，＿＿に適する語を書きなさい。

(1) You can write *kanji*.（Yes）

＿＿＿＿＿＿＿＿＿＿＿＿ *kanji*?

— Yes, I ＿＿＿＿.

(2) You can dance well.（No）

＿＿＿＿＿＿＿＿＿＿＿＿ well?

— No, I ＿＿＿＿.

ここがポイント

Can you ～?「あなたは～できますか」に Yes で答えるときは，I と can を使う。No で答えるときは，I と can't [cannot] を使う。

3 次の日本文に合う英文になるように，右の［　］から適する語を選んで，記号で答えなさい。

(1) 私は自転車に乗ります。　I（　　　）a bicycle.

(2) 私はリンゴの絵を上手に描けます。

I can（　　　）an apple well.

(3) あなたは本を読みますか。

Do you（　　　）a book?

ア	read
イ	draw
ウ	ride

ことばメモ

draw は「（絵など）を描く」，write は「（文字など）を書く」という意味。

4 次の英文を日本語になおしなさい。

(1) Repeat after me.

（　　　　　　　　　　　　　　　　　　　　）

(2) What's this?

（　　　　　　　　　　　　　　　　　　　　）

(3) Are you interested in movies?

（　　　　　　　　　　　　　　　　　　　　）

思い出そう

(2) What's は What is の短縮形。what は「何」を表す語。

WRITING Plus

次の質問に対して，あなた自身の答えを(1) Yes か No を使って書きなさい。また，(2) Yes の場合は具体的にできることを，No の場合はほかにできることを書きなさい。

Can you play an instrument?

(1) ＿＿＿＿＿＿＿＿＿＿＿＿＿＿＿＿

(2) ＿＿＿＿＿＿＿＿＿＿＿＿＿＿＿＿

解答 p.7

定着のワーク ステージ2 Unit 2

読 聞 書 話

1 LISTENING 英文を聞いて，テツヤが演奏できる楽器を次から２つ選び，記号で答えなさい。 ♪ l03

ア	イ	ウ	エ

(　　　) (　　　)

2 次の(　)内から適する語を選んで，○で囲みなさい。

(1) (Are / Can) you eat sushi?

(2) I (am / do) not read a book.

(3) (Are / Can) you 11 years old?

よく出る **3** 次の文を(　)内の指示にしたがって書きかえるとき，＿＿に適する語を書きなさい。

(1) You drink milk.　(疑問文に)

＿＿ ＿＿ ＿＿ milk?

(2) I am a teacher.　(否定文に)

＿＿ ＿＿ ＿＿ teacher.

(3) You can draw flowers.　(疑問文に)

＿＿ ＿＿ ＿＿ flowers?

4 〔　〕内の語を並べかえて，日本文に合う英文を書きなさい。

(1) あなたは走ることが好きですか。

〔 running / you / like / do 〕?

(2) あなたは幸せですか。

〔 happy / are / you 〕?

重要ポイント

1 can と can't の違い(ちが)を聞き取る。

2 (1)(2) eat「～を食べる」，read「～を読む」は一般(いっぱん)動詞なので，be動詞といっしょには使わない。

3 (1) drink は一般動詞。
(2) am は be 動詞。

テストに出る!
(1)一般動詞の疑問文は，主語の前にDoを置く。
(2)be動詞の否定文は，be動詞のあとにnotを置く。
(3)canの疑問文は，主語の前にCanを置く。

4 (1) 一般動詞の疑問文なので，主語の前に Do を置く。running は「走ること」という意味。
(2) be 動詞の疑問文は，主語の前に be 動詞を置く。happy は「幸せな」という意味で，人の気持ちを説明する語。

5 次の対話文を読んで，あとの問いに答えなさい。

Mr. Utada: Do you play an instrument?

Kota: ①(　　　), (　　　)(　　　).
I play the trumpet a little.

Mr. Utada: We usually practice (　②　) Mondays, Wednesdays, and Fridays.

(1)　下線部①がウタダ先生からの質問への答えになるように，(　)に適する語を書きなさい。

______, ______ ______.

(2)　②の(　)に適する語を書きなさい。　______

(3)　次の文が本文の内容と合っていれば○，異なっていれば×を書きなさい。

1．ウタダ先生はコウタが楽器を演奏できることをはじめから知っていた。　(　　)

2．コウタはトランペットを少し演奏する。　(　　)

3．ウタダ先生たちの練習日は，月曜日，木曜日，金曜日である。　(　　)

重要ポイント

5 (1) 下線部①の直後のコウタの発言をもとに考える。

(2)「～（曜日）に」を表す語を書く。

(3) 1．ウタダ先生の最初の発言を参照。

得点力をUP

曜日を表す語
Monday(月曜日)
Tuesday(火曜日)
Wednesday(水曜日)
Thursday(木曜日)
Friday(金曜日)
Saturday(土曜日)
Sunday(日曜日)

よく出る 6 次の日本文に合うように，___に適する語を書きなさい。

(1)　ここが化学部です。

______ the ______ club.

(2)　私のあとについて言ってください。

______ ______ me.

(3)　あれは何ですか。

______ ______?

(4)　あなたは美術に興味がありますか。

______ you ______ in art?

6 (1)「ここが～です」はHere's ～. で表す。

(4)「～に興味がある」はbe interested in ～で表す。

得点力をUP

部活動を表す語句
art club(美術部)
drama club(演劇部)
swim team(水泳部)
track team(陸上部)
table tennis team (卓球部)
soccer team (サッカー部)
brass band (吹奏楽部)

レベルUP 7 相手に速く泳げるかどうかたずねる文を英語で書きなさい。

______

ちょっとBREAK　the U.S. は何を省略したものでしょうか？　➡答えは次のページ

解答 p.8

実力判定テスト ステージ3 Unit 2

30分 /100 読 聞 書 話

1 LISTENING 対話を聞いて，その内容に合うように，メモの(1)～(3)に適する日本語を書きなさい。 l04 2点×3（6点）

・マイクは毎週(　(1)　)曜日と日曜日にサッカーをする。
・メグは(　(2)　)があまり好きではないが，音楽は好き。
・メグは毎週火曜日と水曜日，金曜日に(　(3)　)を演奏する。

(1) (　　　)　(2) (　　　　)　(3) (　　　　)

2 次の英文に合う答えを，ア～ウから選び，記号で答えなさい。 4点×3（12点）

(1) Are you Ms. Takei? — (　　　)
(2) Can you play the drums well? — (　　　)
(3) Do you ride a unicycle? — (　　　)

ア Yes, I can.
イ Yes, I do.
ウ No, I'm not.

3 次の対話が成り立つように，＿＿に適する語を書きなさい。 4点×2（8点）

(1) A: ＿＿＿＿ you an athlete?
B: Yes, I am.

(2) A: ＿＿＿＿ you make a cake?
B: No, I can't.

4 よく出る 次の文を(　)内の指示にしたがって書きかえなさい。 5点×4（20点）

(1) You are from the U.S.（疑問文に）

(2) I am 10 years old.（否定文に）

(3) You can ride a horse.（疑問文に）

(4) You usually play tennis on Sundays. （疑問文に）

ちょっとBREAKの答え　the United（連合した）States（州）を省略した形で，「アメリカ合衆国」という意味です。

目標 ● Are you ～?, Do you ～?, Can you ～? を使って，好きなことや得意なことをたずねることができるようにしましょう。

自分の得点まで色をぬろう!
がんばろう! もう一歩 合格!
0 60 80 100点

5 次の対話文を読んで，あとの問いに答えなさい。 (計24点)

Tina: ① What's this? ②〔 you / it / can / read 〕?
Eri: Oh, it's a tongue twister. Can you say ③ it?
Tina: No, ④ (　　) (　　).

(1) 下線部①を日本語になおしなさい。 (7点)
(　　　　　　　　　　)

(2) 下線部②の〔　〕内の語を並べかえて，意味の通る英文にしなさい。 (7点)

(3) 下線部③が指すものは日本語で何と言いますか。漢字４字で書きなさい。 (5点)
(　　　　　　　　　　)

(4) 下線部④の(　)内に適する語を書きなさい。 (5点)

6 次の日本文を英語になおしなさい。 6点×3(18点)

(1) 私はダンスが少しできます。

よく出る (2) 私は音楽に興味があります。

(3) あなたは芸術家ですか。

レベルUP 7 次の質問にあなた自身の答えを英語で書きなさい。 6点×2(12点)

(1) Do you like dogs?

(2) Can you play soccer well?

定期テスト対策 予想問題 第1回 p.130～131

解答 p.9

Unit 3 Enjoy the Summer ①

教科書の要点 whatの疑問文

a11

Do you visit your grandparents? あなたは祖父母を訪ねますか。
— Yes, I do. / No, I don't. はい，訪ねます。／いいえ，訪ねません。

What do you do during the summer vacation? あなたは夏休みの間に何をしますか。
（What：「何」／do：「〜をする」／do you do：一般動詞の疑問文の語順）

— I usually visit my grandparents. 私は普通，祖父母を訪ねます。
（visit my grandparents：「夏休みに何をするか」を具体的に答える）

要点

- 「あなたは何を〜しますか」とたずねるときは，What do you 〜? で表す。
- What は疑問詞とよばれ，What の後ろは疑問文の語順を続ける。
- 答えるときは，yes や no ではなく，「〜します」と具体的な内容を答える。

Wordsチェック 次の英語は日本語に，日本語は英語になおしなさい。

□(1) boring （　　　）　□(2) grandfather （　　　）
□(3) 〜を楽しむ ＿＿＿＿　□(4) 〜を試みる ＿＿＿＿
□(5) 家族 ＿＿＿＿　□(6) 公園 ＿＿＿＿

1 絵を見て例にならい，What do you usually do on Sundays? に答える文を書きなさい。

例 practice the piano

(1) do my homework

(2) play baseball

(3) go to the library

例 I usually practice the piano.

(1) I usually ＿＿＿＿ my homework.

(2) I usually ＿＿＿＿ ＿＿＿＿.

(3) I usually ＿＿＿＿ to the ＿＿＿＿.

ここがポイント
What do you usually do on Sundays? は「あなたは普通，日曜日に何をしますか」という意味。

library は [láibrèri] と発音するよ。

よく出る **2** 〔　〕内の語を並べかえて，日本文に合う英文を書きなさい。

(1) あなたは毎週末に何をしますか。

〔 you / on / what / weekends / do / do 〕?

(2) ((1)に答えて)私はただ家にいるだけです。

〔 stay / just / home / I 〕.

(3) ((1)に答えて)私は普通，映画を見に行きます。

I usually 〔 movie / to / a / go 〕.

I usually ＿＿＿＿＿＿＿＿＿＿.

ミス注意

(1) weekend は「週末」という意味なので，weekends で「毎週末」となる。「毎週末に」は weekends の前に on を置いて表す。

3 次の日本文に合うように，＿＿に適する語を書きなさい。

よく出る

(1) 楽しそう。

Sounds ＿＿＿＿.

(2) 私はときどきキャンプに行きます。

I sometimes ＿＿＿＿ ＿＿＿＿.

(3) 私は毎年，浜辺に行きます。

I go to the beach ＿＿＿＿ ＿＿＿＿.

ミス注意

(3)「毎～」は every ～ で表すことができる。その場合，every に続く語は「1つ」のときの形にする。

○ every day「毎日」

× every days

Unit 3

4 Word Box 次のようなとき，英語でどのように言うか，下の□から適する語を選んで＿＿に書きなさい。

(1) 毎週土曜日はインターネットを見て回ると言うとき。

I ＿＿＿＿ the Internet on Saturdays.

(2) 毎週月曜日は犬を散歩させると言うとき。

I ＿＿＿＿ my dog on Mondays.

(3) ときどき山登りをすると言うとき。

I sometimes ＿＿＿＿ mountains.

climb	surf	walk

ことばメモ

・climb ～
「～に登る」
・surf ～
「（インターネットなど）を見て回る」
・walk ～
「～を散歩させる」

Unit 3 Enjoy the Summer ②

読 聞 書 話

教科書の要点 動詞の -ing 形の文

a12

I like music. 私は音楽が好きです。

名詞

I like dancing. 私は踊ることが好きです。

名詞と同じ働きをする動詞の -ing 形

Do you like dancing? あなたは踊ることが好きですか。

動詞の語尾に -ing を付ける

要点

●動詞の語尾(ごび)に -ing を付けると「〜すること」という意味になり，名詞と同じような働きをする。

●動詞の -ing 形の作り方

そのまま -ing を付ける	例 play → playing	read → reading
語尾の e をとって -ing を付ける	例 take → taking	use → using
語尾の文字を重ねて -ing を付ける	例 run → running	swim → swimming

Wordsチェック 次の英語は日本語に，日本語は英語になおしなさい。

□(1) picture ( )　□(2) badminton ( )

□(3) 聞く　□(4) 鳥

□(5) 〜を使う　□(6) コンピュータ

1 絵を見て例にならい，「私は〜することが好きです」という文を書きなさい。

例 surf the Internet

(1) do kendo

(2) play the piano

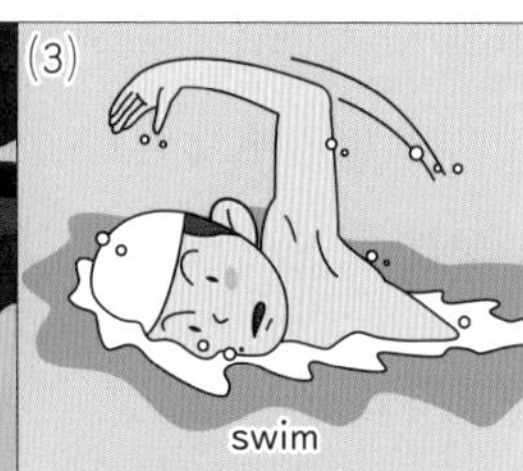
(3) swim

例 I like surfing the Internet.

(1) I like ______ *kendo*.

(2) I ______ ______ the piano.

(3) I ______ ______.

ここがポイント

・likeのあとの動詞を-ing形にして，「〜すること」という意味にする。

・swimの-ing形は，語尾のmを重ねて-ingを付ける。

dance → dancing，surf → surfing　-ing が付いたときの発音に気をつける。

2 次の日本文に合うように，＿＿に（　）内の語を適する形にかえて書きなさい。

(1) 私は山登りをすることが好きです。

I like ＿＿＿＿ mountains.（climb）

よく出る (2) 私たちはそこで走ることが好きです。

We like ＿＿＿＿ there.（run）

(3) あなたは本を読むことが好きですか。

Do you like ＿＿＿＿ books?（read）

(4) 私は一輪車に乗ることを楽しみます。

I enjoy ＿＿＿＿ a unicycle.（ride）

ミス注意

(2) run に -ing を付けるときは，語尾の n を重ねて -ing を付ける。
(4) ride に -ing を付けるときは，e をとって -ing を付ける。

ことばメモ

(4) enjoy「～を楽しむ」のあとにくる動詞は -ing 形にする。「～することを楽しむ」という意味になる。

Unit 3

よく出る **3**〔　〕内の語句を並べかえて，日本文に合う英文を書きなさい。

(1) 私はコンピュータを使うことが好きです。

〔 like / I / a computer / using 〕.

＿＿＿＿＿＿＿＿＿＿＿＿＿＿＿＿

(2) あなたは写真を撮ることが好きですか。

Do〔 taking / you / pictures / like 〕?

Do ＿＿＿＿＿＿＿＿＿＿＿＿＿＿＿＿ ?

(3) 私は映画を見ることを楽しみます。

〔 seeing / I / movies / enjoy 〕.

＿＿＿＿＿＿＿＿＿＿＿＿＿＿＿＿

表現メモ

- take a picture (take pictures)「写真を撮る」
- see a movie (see movies)「映画を見る」

4 次の日本文に合うように，＿＿に適する語を書きなさい。

(1) 本当ですか。

＿＿＿＿?

(2) もちろん。

Of ＿＿＿＿.

まるごと暗記

- Really?「本当ですか。」
- of course「もちろん」

Unit 3 Enjoy the Summer ③

読 聞 書 話

教科書の要点 〈to+ 動詞の原形〉の文

a13

I want that blue balloon. 私はあの青いゴム風船が欲しいです。
代名詞＋形容詞＋名詞

I want **to get** that blue one. 私はあの青いものを手に入れたいです。
〈to ＋動詞の原形〉＝「～すること」

Do you want **to try** it? あなたはそれをやってみたいですか。

要点

- 動詞が変化していない，元の形のことを**動詞の原形**という。
- to のあとに動詞の原形を続けると**「～すること」**という意味になり，名詞と同じような働きをする。
- **〈want to ＋動詞の原形〉**で「**～したい**」という意味になる。

Wordsチェック 次の英語は日本語に，日本語は英語になおしなさい。

□(1) those （　　　）　□(2) aquarium （　　　）

□(3) ～を得る ＿＿＿＿　□(4) 重い ＿＿＿＿

□(5) 博物館，美術館 ＿＿＿＿　□(6) スキー ＿＿＿＿

□(7) 水泳，泳ぐこと ＿＿＿＿　□(8) 花 ＿＿＿＿

1 絵を見て例にならい，「私は～したいです」という文を書きなさい。

例 I want to run in the park.

(1) I want ＿＿＿＿ ＿＿＿＿ gorillas.

(2) I ＿＿＿＿ ＿＿＿＿ go camping.

(3) I ＿＿＿＿ ＿＿＿＿ ＿＿＿＿ yogurt.

ここがポイント
「～したい」は〈want to ＋動詞の原形〉で表す。

gorilla：ゴリラ，yogurt：ヨーグルト

よく出る **2** 〔 〕内の語を並べかえて，日本文に合う英文を書きなさい。

(1) 私は空手がしたいです。

I〔 karate / to / want / do 〕.

I ______________________________.

(2) 私は中国に行きたいです。

I〔 China / want / go / to / to 〕.

I ______________________________.

(3) あなたはコーヒーが飲みたいですか。

Do〔 to / want / coffee / drink / you 〕?

Do ______________________________?

まるごと暗記

・want to go to ～
「～へ行きたい」

3 次の日本文に合うように，＿＿に適する語を書きなさい。

よく出る (1) この帽子は大きすぎます。

This cap is ＿＿＿＿ ＿＿＿＿.

(2) あれらはゴム風船ですか。

Are ＿＿＿＿ balloons?

(3) ((2)に答えて)はい。それらはボールに似ています。

Yes. ＿＿＿＿ are ＿＿＿＿ balls.

ことばメモ

(2)「あれら」はthoseで表す。
(3) thatを受けるにはit，thoseを受けるにはtheyを使う。like ～で「～に似た，～のような」という意味。

4 次の英文を日本語になおしなさい。

(1) I want to climb a mountain this weekend.

(　　　　　　　　　　　　　　　　)

(2) Anything else?

(　　　　　　　　　　　　　　　　)

まるごと暗記

・this weekend
「今週末」
・Anything else?
「ほかに何かありますか」

WRITING Plus

あなたが夏休みにしたいことを１つ，英語で書きなさい。

World Tour 1 世界の中学生

読 聞 書 話

教科書の要点 How ～？の文 / How many ～？の文

a14

How do you visit the museum? あなたはどのようにして美術館に行きますか。

「どのようにして～」 方法・手段を表す「～で」

— I visit the museum by bicycle. 私は自転車で美術館に行きます。

要点1

- 「どのようにして」と方法や手段をたずねるときは，How を文頭に置き，疑問文の語順を続ける。
- 答えるときは，方法や手段を具体的に答える。

How many pens do you have? あなたはペンを何本持っていますか。

「いくつの～」 名詞の複数形

— I have three pens. 私は３本ペンを持っています。

要点2

- ２つ[２人]以上のもの[人]を表すときは，数えられる名詞の語尾(ごび)に -s または -es を付ける。
- １つ[１人]のときの形を単数形，２つ[２人]以上のときの形を複数形という。
- 「いくつの～」と数をたずねるときは，〈How many ＋名詞の複数形〉に疑問文の語順を続ける。
- 答えるときは，数を具体的に答える。

プラス 名詞の複数形の作り方

普通の語	語尾に -s を付ける	例 pet → pets
語尾が s, x, sh, ch, o	語尾に -es を付ける	例 box → boxes
語尾が〈子音字(しいん)＋ y〉	y を i に変えて -es を付ける	例 activity → activities

※その他，不規則に変化する語もある。

Wordsチェック 次の英語は日本語に，日本語は英語になおしなさい。

□(1) the U.K. (　　　)　□(2) on foot (　　　)

□(3) pet (　　　)　□(4) car (　　　)

□(5) 学校，校舎 ＿＿＿＿　□(6) 地下鉄 ＿＿＿＿

よく出る 1 次の質問に対する答えを( )内の語を使って書きなさい。

(1) How do you go skiing? (car)

— I go skiing ＿＿＿＿ ＿＿＿＿.

(2) How many cats do you have? (two)

— I have ＿＿＿＿ ＿＿＿＿.

(1)「～で」と移動の手段を言うときは，〈by＋乗り物〉の形を使う。乗り物の前に a[an] は付けない。

How many ～? の文は，文の終わりを下げて読む。How many pens do you have?↘

2 絵を見て例にならい,「あなたはいくつの〜を…ですか」の文とその答えの文を書きなさい。

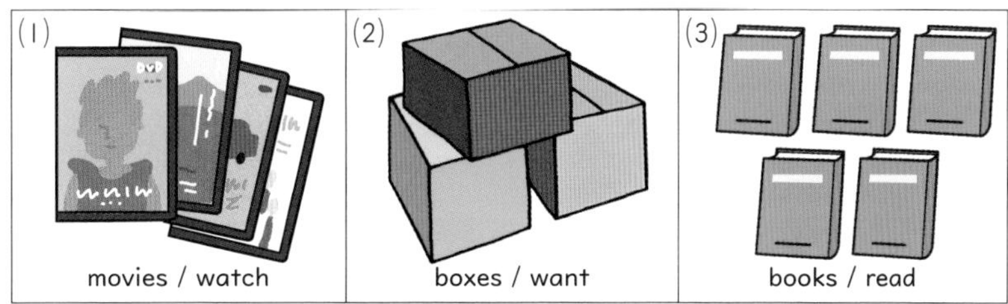

例 How many dogs do you have? — I have two dogs.

(1) How many ＿＿＿＿ do you watch?

— I watch ＿＿＿＿ movies.

よく出る (2) How ＿＿＿＿ ＿＿＿＿ do you want?

— I want ＿＿＿＿ ＿＿＿＿.

(3) ＿＿＿＿＿＿＿＿＿＿＿＿＿＿＿＿?

— I read ＿＿＿＿ ＿＿＿＿.

ここがポイント

「いくつの〜」と数をたずねるときは〈How many＋名詞の複数形＋疑問文〜?〉を使う。

よく出る **3** 〔 〕内の語を並べかえて，日本文に合う英文を書きなさい。

(1) あなたはどのようにしてたこ焼きを作りますか。

〔 you / how / make / do 〕 *takoyaki*?

＿＿＿＿＿＿＿＿＿＿＿＿＿＿＿＿ *takoyaki*?

(2) あなたはこの漢字をどのようにして書きますか。

〔 write / how / this / you / do 〕 *kanji*?

＿＿＿＿＿＿＿＿＿＿＿＿＿＿＿＿ *kanji*?

ことばメモ

(2) thisには「この」という意味があり，「この漢字」はthis *kanji*で表す。

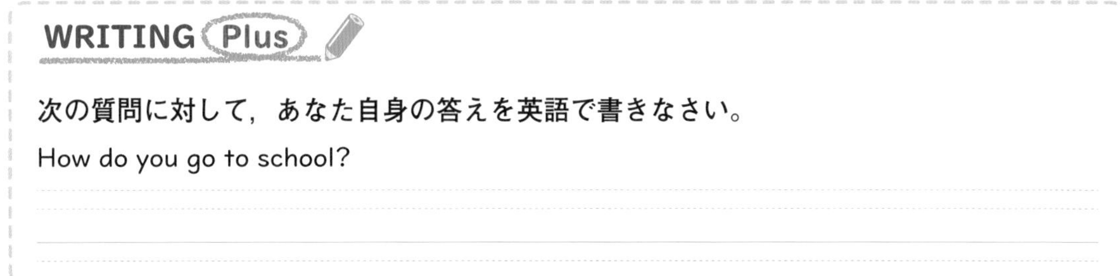

WRITING Plus

次の質問に対して，あなた自身の答えを英語で書きなさい。

How do you go to school?

World Tour 1

解答 p.12

Active Grammar ① am, are ／一般動詞／ can

まとめ

① be 動詞の文（I am 〜. / You are 〜.）

- be 動詞とは，主語について「〜である」と説明するときに使う動詞。
- 主語が I のとき be 動詞は **am**，主語が you のとき be 動詞は **are** を使う。
- 「〜は…です」という意味の文を肯定文（こうてい）といい，〈**主語＋ be 動詞〜.**〉で表す。
- 「〜は…ですか」という意味の文を疑問文といい，〈**be 動詞＋主語〜?**〉で表す。
- 「〜は…ではありません」という意味の文を否定文といい，〈**主語＋ be 動詞＋ not〜.**〉で表す。

肯定文　I **am** a tennis fan.　[I am = I'm]
　　　　You **are** a tennis fan.　[You are = You're]
（are を主語の前に置く）
疑問文　**Are** you a tennis fan? — Yes, I **am**. / No, I **am not**.　[I am not = I'm not]
否定文　I **am not** a tennis fan.
（am のあとに not を置く）

② 一般動詞の文

- play, like, have などの，be 動詞以外の動詞を一般動詞という。
- 「〜は…します」という肯定文は〈**主語＋一般動詞〜.**〉で表す。
- 「〜は…しますか」という疑問文は〈**Do ＋主語＋一般動詞〜?**〉で表す。
- 「〜は…しません」という否定文は〈**主語＋ don't[do not] ＋一般動詞〜.**〉で表す。

肯定文　I **play** the piano.
疑問文　**Do** you **play** the piano? — Yes, I **do**. / No, I **do not**.　[do not = don't]
（主語の前に Do）（do を使って答える）
否定文　I **do not play** the piano.
（一般動詞の前に do not を置く）

③ can の文

- can は助動詞とよばれ，「〜できる」という意味を動詞に加える働きをする。
- 「〜は…できます」という肯定文は〈**主語＋ can ＋動詞の原形〜.**〉で表す。
- 「〜は…できますか」という疑問文は〈**Can ＋主語＋動詞の原形〜?**〉で表す。
- 「〜は…できません」という否定文は〈**主語＋ can't[cannot] ＋動詞の原形〜.**〉で表す。

肯定文　I **can play** the piano.
疑問文　**Can** you **play** the piano? — Yes, I **can**. / No, I **cannot**.　[cannot = can't]
（主語の前に Can）（can を使って答える）
否定文　I **cannot play** the piano.
（動詞の原形の前に cannot を置く）

練習

1 次の文の(　)内から適する語句を選び，○で囲みなさい。

文の意味を考えてみよう。

(1) I (am / are) 12 years old, and you (am / are) 15 years old.

(2) (Am / Are) you Kumi? — No, (I'm / you're) not.

(3) I (am / like) music, but I (am not / can't) play the guitar.

よく出る **2** 次の文を(　)内の指示にしたがって書きかえなさい。

(1) I am from Canada.（I を you にかえて）

(2) You are an athlete.（疑問文に）

(3) I run in the park.（否定文に）

3 〔　〕内の語を並べかえて，日本文に合う英文を書きなさい。

(1) あなたは速く泳ぐことができますか。

〔 swim / can / fast / you 〕?

(2) 私はこの映画があまり好きではありません。

I 〔 this / don't / movie / like 〕 so much.

I ______________ so much.

よく出る (3) あなたは日曜日に何がしたいですか。

What 〔 you / do / to / do / want 〕 on Sunday?

What ______________ on Sunday?

4 次の日本文に合うように，____に適する語を書きなさい。

(1) 私は動物の絵を上手に描くことができます。

I ______ ______ animals well.

(2) 私はスポーツに興味をもっていません。

I'm ______ ______ ______ sports.

You Can Do It! ① 自己紹介(しょうかい)で共通点・相違(そうい)点を見つけよう

教科書の要点 isの文 / be good at 〜の文

♪ a15

My favorite sport **is** soccer.　私のいちばん好きなスポーツはサッカーです。

主語が I, you 以外の単数のとき be 動詞は is

要点 1

● **is** は am や are と同じ **be 動詞**で，主語が I, you 以外の単数(１つ[１人])のときに使われる。

I'm **good at playing** soccer.　私はサッカーをすることが上手です。

at のあとの動詞は -ing 形

要点 2

● **be good at** 〜で「〜が上手だ」という意味。

● be good at に動詞が続くときは，動詞を -ing 形にする。「〜することが上手だ」という意味になる。

Wordsチェック 次の英語は日本語に，日本語は英語になおしなさい。

□(1) hobby　(　　　　)
□(2) talk　(　　　　)
□(3) travel　(　　　　)
□(4) vet　(　　　　)
□(5) 人々　＿＿＿＿
□(6) 世界　＿＿＿＿
□(7) 日本(人)の　＿＿＿＿
□(8) 動物　＿＿＿＿

1 絵を見て例にならい，「私は〜することが上手です」という文を書きなさい。

play the drums

sing

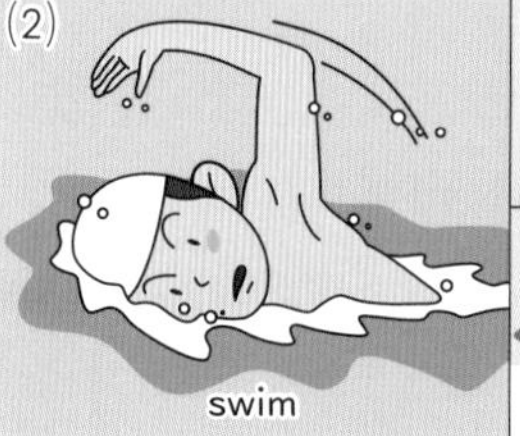

swim

take pictures

例 I'm good at playing the drums.

(1) I'm good at ＿＿＿＿.

(2) I'm good ＿＿＿＿ ＿＿＿＿.

(3) I'm ＿＿＿＿ at ＿＿＿＿ ＿＿＿＿.

ここがポイント
「〜することが上手です」は，be good at 〜で表す。atのあとに動詞がくる場合は動詞を-ing形にする。

favorite [féivərit] の発音に注意しよう。

2 次の文の( )内から適する語句を選び，◯で囲みなさい。

(1) I (am / are / is) Yukiko.

(2) My name (am / are / is) Yukiko.

(3) My favorite color (am / are / is) white.

(4) I'm good at (draw / to draw / drawing) mountains.

(5) Are you good at (do / to do / doing) karate?

ここがポイント

be動詞は主語に合わせて使い分ける。
- I⇒am
- you, we, they⇒are
- I, you以外の単数⇒is

よく出る **3** 〔 〕内の語を並べかえて，日本文に合う英文を書きなさい。

(1) 私はフルートを演奏することが好きです。

〔 playing / I / the / flute / like 〕.

(2) あなたはアメリカ合衆国へ行きたいですか。

〔 want / do / go / to / to / you 〕 the U.S.?

______ the U.S.?

(3) 私は先生になりたいです。

〔 be / teacher / I / to / a / want 〕.

ミス注意

(1)「～することが好きです」は，likeに動詞の-ing形を続けて表すことができる。

(2)「～したいですか」はwant toを使った疑問文にする。

(3)「～になりたい」はwant to be ～で表す。

4 次の日本文に合うように，______に適する語を書きなさい。

(1) 私は加藤(かとう)先生と話したいです。

I want to ______ to Mr. Kato.

(2) 私は日曜日に音楽を聞きます。

I ______ ______ music on Sunday.

(3) 私は世界中の美術館に行きたいです。

I want to visit the museums ______

______ the world.

(4) 私は将来，芸術家になりたいです。

I want to be an artist ______

______ ______.

まるごと暗記

- talk to ～
「～と話をする，～に話しかける」
- listen to ～
「～を聞く」
- all over the world
「世界中の[で]」
- in the future
「将来(において)」

解答 p.13

定着のワーク ステージ2 Unit 3 〜 You Can Do It! ①

読 聞 書 話

1 LISTENING 対話を聞いて，チャイムのところに入れるのに適するものを一つ選び，記号で答えなさい。 l05

(1) ア Yes, I do. I can play baseball well. イ Yes, I am. I'm a baseball player.
ウ I don't play baseball. ( )

(2) ア Yes, I do. I go to the library. イ I don't like going to the library.
ウ I usually go to the library. ( )

(3) ア I like school. イ Yes, I do. I go to school.
ウ I go to school by bicycle. ( )

2 次の日本文に合うように，( )内から適する語句を選んで，○で囲みなさい。

(1) 私は花火を見ることが好きです。
I like (see / seeing) fireworks.

(2) あなたは公園で走りたいですか。
Do you want (run / to run) in the park?

(3) 私は泳ぐことが上手です。
I'm good at (swim / swimming).

よく出る **3** 次の日本文に合うように，____に適する語を書きなさい。

(1) あなたはネコを何匹飼っていますか。
How ____ ____ do you have?

(2) 私はラーメンを作りたいです。
I ____ ____ make *ramen*.

4 〔 〕内の語を並べかえて，日本文に合う英文を書きなさい。

(1) あなたはこの卵をどのように料理しますか。
〔 egg / do / how / cook / this / you 〕?

(2) 私はピアノを演奏することを楽しみます。
〔 piano / I / the / playing / enjoy 〕.

重要ポイント

1 疑問文が何で始まっているかをしっかり聞き取る。

2 (3) be good at に動詞が続く場合，-ing 形にする。

3 (2)「〜したい」は〈want to＋動詞の原形〉で表す。

テストに出る!
(1)「何匹〜ですか」と数をたずねるときは，〈How many＋名詞の複数形＋疑問文〜?〉で表す。

4 (1)「どのように」と方法や手段をたずねるときは，How を文頭に置く。
(2) enjoy「〜を楽しむ」のあとに「演奏すること」という意味の語を続ける。

5 次の対話文を読んで，あとの問いに答えなさい。

Nick: What's that?
Eri: *Bon-odori*. ①It's a summer festival dance.
Tina: ②本当に？ I like ③(dance).
Kota: Do you like ③(dance), Nick?
Nick: Of course.

(1) 下線部①の It が指すものを日本語で答えなさい。
(　　　　　　　　　　)

(2) 下線部②を1語の英語になおしなさい。
＿＿＿＿＿＿＿?

(3) ③の(　)内の動詞を1語の適する形にかえなさい。
＿＿＿＿＿＿＿

(4) 踊りが好きなのは誰(だれ)と誰ですか。名前を英語で書きなさい。
＿＿＿＿＿＿＿ と ＿＿＿＿＿＿＿

6 次のようなとき，英語でどのように言うか書きなさい。

(1) 相手の話を聞いて「楽しそうですね」と言うとき。
＿＿＿＿＿＿＿ fun.

(2) 写真を撮ることが好きかどうか相手にたずねるとき。
Do you like ＿＿＿＿＿＿＿ ＿＿＿＿＿＿＿?

レベルUP (3) 趣味は音楽を聞くことだと相手に伝えるとき。
My hobby ＿＿＿＿＿＿＿ ＿＿＿＿＿＿＿ to music.

7 次の日本文を英語になおしなさい。

よく出る (1) あなたは土曜日に何をしますか。
＿＿＿＿＿＿＿＿＿＿＿＿＿＿＿＿＿＿＿＿

レベルUP (2) 私は将来，先生になりたいです。
＿＿＿＿＿＿＿＿＿＿＿＿＿＿＿＿＿＿＿＿

重要ポイント

5 (1) it は「それは」という意味を表し，前に出たものやことがらを指す。
(3)「踊ること」という意味にする。
(4) Of course. は「もちろん」という意味。

6 (2)「写真を撮る」は take a picture または take pictures で表すことができる。
(3) 主語は I, you 以外の単数。

得点力をUP

動詞の-ing形の作り方
・そのまま-ingを付ける。
(例 sing → singing)
・語尾(ごび)のeをとって-ingを付ける。
(例 make → making)
・語尾の文字を重ねて-ingを付ける。
(例 run → running)

7 (1)「何」を表す語で文を始める。
(2)「将来」は future を使って表す。

ちょっとBREAK 「未来」は future ですが，「過去」は英語で何と言うでしょうか？ ➡答えは次のページ

解答 p.14

実力判定テスト ステージ3 Unit 3 ～ You Can Do It! ① 30分

読 聞 書 話 /100

1 LISTENING 対話を聞いて，絵の中の人物になったつもりで質問に答えるとき，＿＿に適する語を書きなさい。 l06 5点×2（10点）

(1) I have ＿＿ ＿＿.

(2) I go there ＿＿ ＿＿.

2 次の対話が成り立つように，右の□から適する語を選んで＿＿に書きなさい。 6点×3（18点）

(1) *A:* I usually play *shogi* with my grandfather on Sunday.
B: ＿＿ fun.

(2) *A:* Do you want to go to the zoo?
B: ＿＿ ＿＿.

(3) *A:* How can I use this computer?
B: ＿＿ ＿＿.

course
watch
of
sounds
me

よく出る **3** 次の文を（ ）内の指示にしたがって書きかえるとき，＿＿に適する語を書きなさい。 6点×3（18点）

(1) You visit your grandparents by bus.（下線部をたずねる疑問文に）
＿＿ do you ＿＿ your grandparents?

(2) You go skiing during the winter vacation.（下線部をたずねる疑問文に）
＿＿ do you ＿＿ during the winter vacation?

(3) You have five pencils.（下線部をたずねる疑問文に）
＿＿ you have?

ちょっとBREAKの答え 「過去」は英語でpastといいます。「現在」はpresentです。

目標

●動詞の -ing 形や want to ～, what や how を使った疑問文の使い方を理解しましょう。

自分の得点まで色をぬろう!

がんばろう! もう一歩 合格!

0 60 80 100点

4 次の対話文を読んで，あとの問いに答えなさい。 (計26点)

Nick: ① What are those? Balloons?

Kota: Yeah. ② They're like yo-yos.

Tina: Do you want to try it?

Nick: Yes. I want to get that blue ③ one.

Oh, no. ④ It's (　　) heavy.

(1) 下線部①を日本語になおしなさい。 (7点)

(　　　　　　　　　　　　　　　　)

(2) 下線部②の like と同じ意味の like をふくむ文の記号を○で囲みなさい。 (6点)

ア I like apples.　　イ Do you like dogs?　　ウ It's like a lion.

(3) 下線部③が指すものを日本語で書きなさい。 (7点)

(　　　　　　　　)

(4) 下線部④が「それは重すぎます」という意味になるように，(　)に適する語を書きなさい。 (6点)

よく出る **5** 次の日本文を英語になおしなさい。 (7点)

私は走ることが得意です。(5語で)

レベルUP **6** 下のメモは，アキラが自己紹介(しょうかい)を英語でするために書いたメモです。メモの内容をもとに，＿＿に適する語を書き，自己紹介の文を完成させなさい。 7点×3(21点)

・好きなこと：音楽(特にドラムの演奏。週末は普通，ドラムの練習をしている。)
・行きたい国：イギリス

I'm Akira. (1) I like music, and I like ＿＿＿＿ the drums.

(2) I ＿＿＿＿ ＿＿＿＿ the drums on ＿＿＿＿ .

(3) I ＿＿＿＿ ＿＿＿＿ ＿＿＿＿ to the U.K.

Unit 3 ～ You Can Do It! ①

定期テスト対策 予想問題 第2回 p.132～133

確認のワーク ステージ1 Unit 4 Our New Friend ①

読 聞 書 話

教科書の要点 This[That] is 〜. の文 / He[She] is 〜. の文 a16

This is Ms. Brown. こちらはブラウン先生です。
「こちらは〜です」 Ms. は女性を表す

She's an English teacher. [She's = She is] 彼女は英語の先生です。
「彼女は〜です」

That's Mr. Hoshino. [That's = That is] あちらはホシノ先生です。
「あちらは〜です」 Mr. は男性を表す

He's our P.E. teacher. [He's = He is] 彼は私たちの体育の先生です。
「彼は〜です」

要点

- is は be 動詞で，主語が this や he などの，I, you 以外の単数(１つ[１人])のときに使われる。
- 「こちらは〜です」と近くにいる人を紹介(しょうかい)するときは This is 〜. を使う。
- 「あちらは〜です」と少し離れたところにいる人を紹介するときは That's[That is] 〜. を使う。
- 既(すで)に話題に上っている人を説明するとき，女性には she(彼女は)を男性には he(彼は)を使う。
- 「彼女は〜です」は She's[She is] 〜. を，「彼は〜です」は He's[He is] 〜. を使う。

Wordsチェック 次の英語は日本語に，日本語は英語になおしなさい。

□(1) social studies (　　　)　□(2) interesting (　　　)
□(3) 厳しい，厳格な ＿＿＿　□(4) 授業 ＿＿＿

1 絵を見て例にならい，人を紹介する文を書きなさい。

例 This is Sae. She's my friend.

(1) This is Mr. Kato. ＿＿＿ a music teacher.

(2) This is ＿＿＿. ＿＿＿ from Kyoto.

(3) This ＿＿＿. ＿＿＿ strong.

人を紹介する文
- This is 〜. 「こちらは〜です」
- He's 〜. 「彼は〜です」
- She's 〜. 「彼女は〜です」

2 次の英文を日本語になおしなさい。

(1) That's our teacher. (　　　)です。

(2) He is funny. (　　　)です。

friend：友達，father：父親

よく出る **3** 次の文の＿＿に，He，She，It の中で適する語を書きなさい。

(1) This is Ms. Kinoshita. ＿＿＿＿＿ is our art teacher.

(2) This is my grandfather. ＿＿＿＿＿ is 76 years old.

(3) That is Ms. Kaneko. ＿＿＿＿＿ is a nice chef.

(4) This is my book. ＿＿＿＿＿ is interesting.

ここがポイント

男性を指して「～は」と言うときはheを，女性を指して「～は」と言うときはsheを，1つのものを指して「～は」と言うときはitを使う。

4 次の日本文に合うように，＿＿に適する語を書きなさい。

(1) 待ちきれません。

I ＿＿＿＿＿ ＿＿＿＿＿ .

(2) 私は犬が好きです。それで私は1匹飼いたいです。

I like dogs. ＿＿＿＿＿ I want to have one.

(3) 彼女のいちばん好きな色はピンクです。

＿＿＿＿＿ favorite color is pink.

(4) 彼の音楽はすばらしいです。

＿＿＿＿＿ ＿＿＿＿＿ is nice.

まるごと暗記

・I can't wait.
「待ちきれない。」

表現メモ

・「彼女の～」
〈her＋名詞〉
・「彼の～」
〈his＋名詞〉
his favorite movie(彼のいちばん好きな映画)のように名詞の前に形容詞がくることもある。

Unit 4

よく出る **5** 〔 〕内の語を並べかえて，日本文に合う英文を書きなさい。

(1) 彼は私たちの理科の先生です。

〔 is / he / teacher / our / science 〕.

＿＿＿＿＿＿＿＿＿＿＿＿＿＿＿＿

(2) 彼女は新しい先生です。 〔 a / is / teacher / new / she 〕.

＿＿＿＿＿＿＿＿＿＿＿＿＿＿＿＿

6 Word Box 次の表には，先生の名前と教える教科，先生の特徴(とくちょう)が書かれています。例にならい，先生を紹介する文を書きなさい。

先生の名前	教える教科	先生の特徴
Mr. Okamoto	Japanese	kind
Ms. Nakayama	P.E.	friendly
Ms. Tanaka	math	popular
Mr. White	English	cool

例 Mr. Okamoto is a Japanese teacher. He's kind.

(1) ① Ms. Nakayama ＿＿＿＿＿＿＿＿＿＿ .

② ＿＿＿＿＿＿＿＿＿＿＿＿＿＿ .

(2) ① Ms. Tanaka ＿＿＿＿＿＿＿＿＿＿ .

② ＿＿＿＿＿＿＿＿＿＿＿＿＿＿ .

(3) ① Mr. White ＿＿＿＿＿＿＿＿＿＿ .

② ＿＿＿＿＿＿＿＿＿＿＿＿＿＿ .

表現メモ

・主語が1人のとき，「～です」はisを使う。
Miki is a student.
(ミキは生徒です)
・English teacherの前にはanが付く。

Unit 4 Our New Friend ②

解答 p.16

読 聞 書 話

教科書の要点 Who's [Who is] ～? の文

a17

That's Kota. あちらはコウタです。

Who's that? [Who's = Who is] あちらは誰ですか。

「誰」

— He's a new student. 彼は新入生です。

話題にしているのが男の人のとき → he で答える

要点

- 「～は誰ですか」と人についてたずねるときは，Who's [Who is] ～? で表す。
- 答えの文では，その人について具体的に答える。

Wordsチェック 次の英語は日本語に，日本語は英語になおしなさい。

□(1) maybe ( )　□(2) dancer ( )
□(3) 選手 ＿＿＿　□(4) 宇宙飛行士 ＿＿＿
□(5) たくましい ＿＿＿　□(6) 作家 ＿＿＿

1 絵を見て例にならい，「～は誰ですか」の文とその答えの文を書きなさい。

例 Who's that? — She's Akiko.

(1) ＿＿＿＿ this? — ＿＿＿＿

(2) ＿＿＿＿ — ＿＿＿＿

(3) ＿＿＿＿ — ＿＿＿＿

ここがポイント
Who's ～?(～は誰ですか)とたずねられたら，名前やその人との関係などを具体的に答える。

2 次の日本文に合うように，＿＿に適する語を書きなさい。

(1) *A:* ＿＿＿＿ that? (あちらは誰ですか。)
B: ＿＿＿＿ my mother. (彼女は私の母親です。)

(2) *A:* Who's your ＿＿＿＿ singer?
(あなたのいちばん好きな歌手は誰ですか。)
B: It's Ben White. (それはベン・ホワイトです。)

who's は [hú:z] と発音するよ。

よく出る **3** 次の問いに合う答えを下から選び，記号で答えなさい。ただし，同じものは一度しか使えません。

(1) Are you a writer? (　　)
(2) Do you like Natsume Soseki? (　　)
(3) Who's that girl? (　　)
(4) What do you do on Sundays? (　　)
(5) Who's your favorite writer? (　　)

ア Yes, I do.　イ It's Natsume Soseki.　ウ No, I'm not.
エ I usually read books.　オ She's my sister.

ミス注意
Are you ～? や Do you ～? の疑問文には，Yes / No で答え，Who ～? や What ～? の疑問文には Yes / No ではなく，具体的な内容を答える。

4 次の(　)内から適する語を選んで，◯で囲みなさい。

(1) Mr. Kato is an athlete. (He / She) is tough.
(2) (Let's / Let) go to the park.
よく出る (3) I want to see (he / him).
(4) She's a kind teacher, (is / isn't) she?
(5) ((4)に答えて) Yes, she (is / isn't) .

表現メモ
(4)(5)「～ですよね」と相手に同意を求めたり，確認する言い方。〈～,「be 動詞＋not」の短縮形＋主語?〉の形にする。is not の短縮形は isn't。
He's a good singer, isn't he?
「彼はよい歌手ですね」
— Yes, he is.
「はい，そうです」
— No, he isn't.
「いいえ，違(ちが)います」

5 〔　〕内の語句を並べかえて，日本文に合う英文を書きなさい。

(1) 彼はよいダンサーです。
〔 good / is / he / dancer / a 〕.

(2) あの生徒は誰ですか。
〔 student / that / is / who 〕?

(3) このサッカー選手は誰ですか。
〔 player / is / who / soccer / this 〕?

(4) あなたはブラウン先生に質問したいですか。
〔 to / do / Ms. Brown / ask / want / you 〕?

ことばメモ
・～ player
「～の選手」
・ask ～
「～にたずねる，～に質問する」

Unit 4

WRITING Plus

次のようなとき，英語でどのように言うか書きなさい。

(1) 相手のいちばん好きな先生は誰かたずねるとき。

(2) 彼は俳優ですと紹介(しょうかい)するとき。

Unit 4 Our New Friend ③

教科書の要点 isの疑問文と否定文 a18

He's a classmate. 彼は同級生です。

疑問文 Is he your friend? 彼はあなたの友達ですか。

主語の前にIsを置く

— Yes, he **is.** / No, he **isn't.** はい，そうです。／いいえ，違います。

isを使って答える [isn't = is not]

否定文 He's **not** in the brass band. 彼は吹奏楽部に入っていません。

isのあとにnotを置く

要点

- 「彼は〜ですか」は Is he 〜? で，「彼女は〜ですか」は Is she 〜? で表す。
- 答えるときは，Yes, he[she] is. か No, he[she] isn't[is not]. を使う。
- 「彼は〜ではありません」は He's not[He isn't] 〜. で，「彼女は〜ではありません」は She's not[She isn't] 〜. で表す。

Wordsチェック 次の英語は日本語に，日本語は英語になおしなさい。

□(1) neighbor （ ） □(2) cheerful （ ）

□(3) 試合，勝負 ＿＿＿＿ □(4) 勇敢な ＿＿＿＿

1 絵を見て例にならい，「彼[彼女]は〜ですか」の文とその答えの文を書きなさい。

your teacher / Yes

(1) an artist / No

(2) shy / Yes

(3) from the U.S. / No

例 Is he your teacher? — Yes, he is.

(1) Is she an artist? — No, she ＿＿＿＿.

(2) ＿＿＿＿ she shy? — Yes, she ＿＿＿＿.

(3) ＿＿＿＿＿＿＿＿? — No, he ＿＿＿＿.

ここがポイント

「彼[彼女]は〜ですか」とたずねるときは，Is he[she] 〜? を使う。Yes, he[she] is. / No, he[she] isn't. で答える。

2 次の英文を日本語になおしなさい。

(1) Is he your teammate? （ ）

(2) She's not an art teacher. （ ）

neighbor[néibər] の下線部は発音しないことに注意。

よく出る **3** 次の質問に( )内の語を使って答えるとき，＿＿に適する語を書きなさい。

(1) Is Mr. Ito a music teacher? (Yes)
— Yes, ＿＿＿＿ ＿＿＿＿.

(2) Is your sister a student? (No)
— No, ＿＿＿＿ ＿＿＿＿.

(3) Is Ms. Kawai popular? (Yes)
— Yes, ＿＿＿＿ ＿＿＿＿.

(4) Is your brother tough? (No)
— No, ＿＿＿＿ ＿＿＿＿.

ここがポイント
文の主語が男性ならheを，女性ならsheを使って答える。

よく出る **4** 次の文を( )内の指示にしたがって書きかえなさい。

(1) She is eight years old. （疑問文に）

＿＿＿＿＿＿＿＿＿＿＿＿＿＿＿＿

(2) Mr. Brown is a good dancer. （疑問文に）

＿＿＿＿＿＿＿＿＿＿＿＿＿＿＿＿

(3) He is my favorite actor. （否定文に）

＿＿＿＿＿＿＿＿＿＿＿＿＿＿＿＿

(4) Sachiko is your neighbor. （否定文に）

＿＿＿＿＿＿＿＿＿＿＿＿＿＿＿＿

ここがポイント
・疑問文はIsを主語の前に出す。
・否定文はisのあとにnotを置く。isn't と短縮形にしてもよい。

Unit 4

5 次の日本文に合うように，＿＿に適する語を書きなさい。

(1) タロウは野球選手ではありません。
Taro ＿＿＿＿ a baseball player.

(2) リサは美術部には入っていません。
Lisa ＿＿＿＿ ＿＿＿＿ the art club.

(3) あなたのお姉さんは優しいですか。
＿＿＿＿ ＿＿＿＿ ＿＿＿＿ friendly?

(4) 彼はマモルと言って，私の友達です。
＿＿＿＿ Mamoru, ＿＿＿＿ ＿＿＿＿.

(5) 彼はアツシの兄です。
He's ＿＿＿＿ ＿＿＿＿.

ミス注意
(1)(2)is not(～ではない)はisn'tに短縮できる。

表現メモ
(4)「Aと言って，B」などとAに説明を加えるときは，AとBの間にコンマを置いてAとBを並べる。

ことばメモ
・〈名前＋'s〉「～の(もの)」

WRITING Plus

次の質問に対して，あなた自身の答えを英語で書きなさい。
Is your English teacher kind?

＿＿＿＿＿＿＿＿＿＿＿＿＿＿＿＿

解答 p.17

定着のワーク ステージ2 Unit 4

読 聞 書 話

1 LISTENING ある生徒が４人の人物を紹介(しょうかい)しています。英文を聞いて，それぞれの人物に合う絵を選び，記号で答えなさい。 l07

(1) (　　) (2) (　　) (3) (　　) (4) (　　)

2 次の文の＿＿に適する語を書きなさい。

(1) This is my father. ＿＿＿＿ is a musician.

(2) That's my sister. ＿＿＿＿ fifteen years old.

(3) This is Mr. Suzuki. ＿＿＿＿ a math teacher.

(4) That is Ms. Ueda. ＿＿＿＿ can play tennis well.

よく出る **3** 次の対話が成り立つように，＿＿に適する語を書きなさい。

(1) Is your brother a student?
— Yes, ＿＿＿＿ ＿＿＿＿.

(2) Is Mike your classmate?
— No. He ＿＿＿＿ my classmate.

(3) ＿＿＿＿ that?
— She's my sister.

(4) ＿＿＿＿ is your favorite baseball player?
— It's Otani Shohei. He's popular.

よく出る **4** 次の文を(　)内の指示にしたがって書きかえなさい。

(1) He is a singer.（疑問文に）

＿＿＿＿＿＿＿＿＿＿＿＿＿＿＿＿

(2) She's your sister.（疑問文に）

＿＿＿＿＿＿＿＿＿＿＿＿＿＿＿＿

(3) My father is an actor.（否定文に）

＿＿＿＿＿＿＿＿＿＿＿＿＿＿＿＿

(4) Sumire is shy.（否定文に）

＿＿＿＿＿＿＿＿＿＿＿＿＿＿＿＿

レベルUP (5) This is <u>our new teacher</u>.（下線部をたずねる文に）

＿＿＿＿＿＿＿＿＿＿＿＿＿＿＿＿

重要ポイント

1 He や She のあとに続く語句を聞き取る。

2 解答欄に入る語は，前の文の人物を指す。男性か女性かを考える。
(2)(3)解答欄が１つなので，短縮形を使う。

3 (1) brother は男性を表す語。
(2) No. と答えていることから考える。
(3)「彼女は私の姉［妹］です」と答えていることから考える。
(4)人について答えていることから考える。

4 (5)人をたずねる文にする。

テストに出る!

isの疑問文と否定文
・疑問文：isを主語の前に置き，文末に?を付ける。
・否定文：isのあとにnotを置く。isn'tと短縮形にしてもよい。

5 次の対話文を読んで，あとの問いに答えなさい。

Kota: That's Mr. Hoshino. He's our P.E. teacher. ①He's strict, (　　) his class is fun. ②So he's popular.

Hajin: ③なるほど。

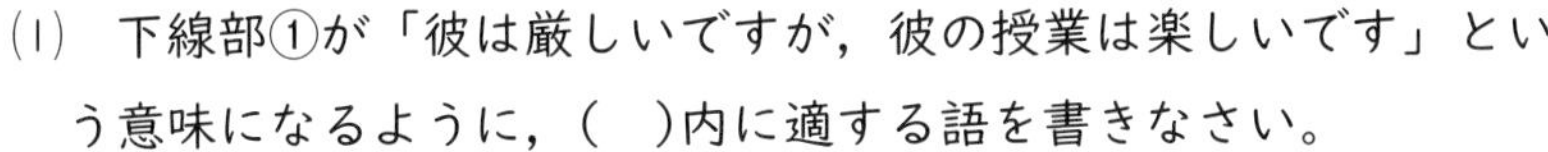

(1) 下線部①が「彼は厳しいですが，彼の授業は楽しいです」という意味になるように，(　)内に適する語を書きなさい。

______

(2) 下線部②を日本語になおしなさい。

(　　　　　　　　　　　　　　　　　　　　　　　　)

(3) 下線部③を２語の英語になおしなさい。

______

(4) 本文の内容に合うように，次の質問に英語３語で答えなさい。

1．Is Mr. Hoshino a math teacher?

______

2．Is Mr. Hoshino's class fun?

______

6 次の日本文に合うように，____に適する語を書きなさい。

よく出る (1) あなたは彼に会いたいですか。

Do you want to see ______?

(2) サッカーをしよう。

______ ______ soccer.

(3) 待ちきれません。

I ______ ______.

よく出る (4) これはマリコのかばんです。

This is ______ ______.

(5) 佐藤さんは芸術家ですよね。

Ms. Sato is an artist, ______ ______?

レベルUP 7 次の絵を見て，質問に２文の英語で答えます。それぞれの文を完成させなさい。

(1) Who's this?

① She ______.

② ______ astronaut.

(2) Is she from the U.S.?

① ______, she ______.

② ______ Japan.

重要ポイント

5 (1)「しかし，だが」を表す語を入れる。

(2) so は「だから」という意味。

(4) 1．コウタが「彼は私たちの体育の先生です」と言っている。

2．「ホシノ先生の授業」は「それ」と言いかえることができる。

6 (1)「彼に」を表す語を入れる。

(2)「～しよう」は Let's ～. で表す。

(3)「私は待つことができません」と読みかえる。

(4)「～(名前)の…」は名前のあとに 's を付ける。

得点力をUP

「～ですよね」の表し方

〈～,「be動詞＋not」の短縮形＋主語？〉

You are a student, aren't you?

7 (1)質問は「こちらは誰ですか」という意味。

(2)質問は「彼女はアメリカ合衆国出身ですか」という意味。

Unit 4

ちょっとBREAK 「担任の先生」は英語で何と言うでしょうか？

➡答えは次のページ

Unit 4

解答 p.18

/100 読 聞 書 話

1 LISTENING 英文と質問を聞いて，その答えとして適するものを一つ選び，記号で答えなさい。 l08 2点×4（8点）

(1) ア He's Ken. イ She's Akemi.
ウ Akemi can play the piano. エ Ken is ten years old. (　　)

(2) ア Yes, I can. イ No, I can't.
ウ Yes, she can. エ No, she can't. (　　)

(3) ア Yes, I am. イ No, I'm not.
ウ Yes, she is. エ No, she isn't. (　　)

(4) ア It's P.E. イ It's Japanese.
ウ It's English. エ It's music. (　　)

よく出る **2** 次の対話が成り立つように，(　)内から適する語句を選んで，○で囲みなさい。3点×4（12点）

(1) Is your sister shy? — No, (he isn't / she isn't).
(2) Who is this? — She's our art teacher. (She / Her) class is fun.
(3) Is Kenta your friend? — Yes. I like (he / him).
(4) He is interested in music, isn't he? — Yes, (he is / he isn't).

3 次の日本文に合うように，＿＿に適する語を書きなさい。 2点×3（6点）

(1) あちらはブラウン先生です。
＿＿＿＿ ＿＿＿＿ Mr. Brown.

(2) アキラ(Akira)の姉は宇宙飛行士です。
＿＿＿＿ sister is ＿＿＿＿ ＿＿＿＿.

(3) 私はサッカーが好きです。それで週末は普通，サッカーの練習をします。
I like soccer. ＿＿＿＿ I usually ＿＿＿＿ soccer on weekends.

4 次の文を(　)内の指示にしたがって書きかえなさい。 3点×5（15点）

(1) He is your brother.（疑問文に）
＿＿＿＿＿＿＿＿＿＿＿＿＿＿＿＿

(2) Masako is your teammate.（否定文に）
＿＿＿＿＿＿＿＿＿＿＿＿＿＿＿＿

(3) This music is popular.（否定文に）
＿＿＿＿＿＿＿＿＿＿＿＿＿＿＿＿

レベルUP (4) Ms. Kato is <u>my neighbor</u>.（下線部をたずねる疑問文に）
＿＿＿＿＿＿＿＿＿＿＿＿＿＿＿＿

レベルUP (5) Tomoki is a good baseball player.（can を使ってほぼ同じ内容の文に）
＿＿＿＿＿＿＿＿＿＿＿＿＿＿＿＿

ちょっとBREAKの答え homeroom teacher と言います。

目標 ●This is[That's] ~., He's[She's] ~., Who's ~? を使い，人物を紹介(しょうかい)したりたずねたりできるようにしましょう。

自分の得点まで色をぬろう！
がんばろう！ 0 / もう一歩 60 / 合格！ 80 / 100点

5 次の対話文を読んで，あとの問いに答えなさい。（計27点）

After the game:

Eri: ①Is he your friend?

Kota: Yes. That's Hajin. He's from Korea.

Tina: ②Is he (　　) the brass band?

Kota: ③No, (　　) (　　). He's a classmate.

(1) 下線部①を日本語になおしなさい。（6点）

(　　　　　　　　　　　　　　　　　　　　)

(2) 下線部②，③の(　)に適する語を書きなさい。ただし，②は「吹奏楽部(すいそうがく)に入っていますか」という意味の文にすること。3点×2（6点）

② ＿＿＿＿＿　③ ＿＿＿＿＿ ＿＿＿＿＿

(3) 本文の内容に合うように，(　)に適する日本語を書きなさい。5点×3（15点）

1．エリ，コウタ，ティナの3人は(　　　　　)のあとで話をしています。

2．ハジンは(　　　　　)出身で，コウタの友達であり(　　　　　)でもあります。

Unit 4

よく出る **6** 次の日本文を英語になおしなさい。5点×4（20点）

(1) 彼は厳しい先生です。

＿＿＿＿＿＿＿＿＿＿＿＿＿＿＿＿＿＿＿＿

(2) 私をケン(Ken)とよんでください。

＿＿＿＿＿＿＿＿＿＿＿＿＿＿＿＿＿＿＿＿

(3) あなたのいちばん好きな歌手は誰(だれ)ですか。

＿＿＿＿＿＿＿＿＿＿＿＿＿＿＿＿＿＿＿＿

(4) この本は興味深くありません。

＿＿＿＿＿＿＿＿＿＿＿＿＿＿＿＿＿＿＿＿

7 下の絵は伊藤(いとう)先生（Mr. Ito）です。あなたが考える伊藤先生の(1)できること，(2)性格を英語で書きなさい。ただし，(2)は下の□の中の語を使って書きなさい。6点×2（12点）

Mr. Ito

(1) 伊藤先生のできること

＿＿＿＿＿＿＿＿＿＿＿＿＿＿＿＿＿＿＿＿

(2) 伊藤先生の性格

＿＿＿＿＿＿＿＿＿＿＿＿＿＿＿＿＿＿＿＿

kind	popular	tough	strong

定期テスト対策 予想問題 第3回 p.134～135

解答 p.19

Unit 5 This Is Our School ①

読 聞 書 話

教科書の要点 Where 〜？の文

♪a19

Where's the cafeteria?　カフェテリアはどこにありますか。
[どこにありますか] [Where's = Where is]

— On the second floor.　2階にあります。
[〜（の上）に] [場所を表す語句]

Where do you have lunch?　あなたはどこで昼食をとりますか。
[どこ]

— In the classroom.　教室の中です。
[〜の中で] [場所を表す語句]

要点

- 「〜はどこにありますか[いますか]」とたずねるときは，**Where's[Where is] 〜?** で表す。
- 「あなたはどこで〜しますか」とたずねるときは，**Where do you 〜?** で表す。
- **Where 〜?** の文に答えるときは，場所を表す語句を使って答える。

プラス 上の答えの文では，(It's) on the second floor.　(I have lunch) in the classroom. のように，「主語・動詞」が省略されている。

Wordsチェック 次の英語は日本語に，日本語は英語になおしなさい。

□(1) hallway　(　　　　)　　□(2) restroom　(　　　　)
□(3) 〜の後ろに　＿＿＿＿　　□(4) 共に，一緒に　＿＿＿＿
□(5) 門　＿＿＿＿　　□(6) (食べ物)を出す　＿＿＿＿

1 絵を見て例にならい，「〜はどこにありますか／〜はどこで…しますか」「〜にあります／〜で…します」という文を書きなさい。

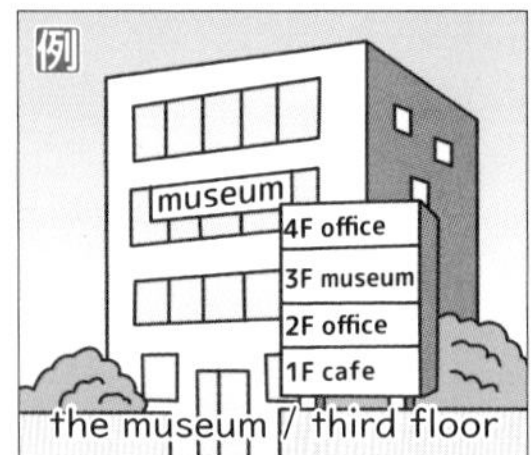

よく出る 例 Where's the museum? — On the third floor.

(1) ＿＿＿＿ the apple? — ＿＿＿＿ the box.

(2) ＿＿＿＿ ＿＿＿＿ you swim?
— ＿＿＿＿ the sea.

(3) ＿＿＿＿ ＿＿＿＿ you read a book?
— ＿＿＿＿ the ＿＿＿＿.

ここがポイント
・Where's[Where is] 〜?「〜はどこにありますか」
・Where do you 〜?「あなたはどこで〜しますか」

Where do you have lunch? と場所を聞かれて答えるときは，In the classroom. の下線部を強く言う。

2 次の英文を日本語になおしなさい。

(1) Where's the nurse's office?

(　　　　　　　　　　　　　　　　　　　　　　　　　　)

(2) Where can I take pictures?

(　　　　　　　　　　　　　　　　　　　　　　　　　　)

ことばメモ

(1) the nurse's office 「保健室」

3 次の対話文が成り立つように，＿＿に適する語を書きなさい。ただし，答えの文は(　)内の日本語に合わせること。

よく出る (1) Where's your school? — (公園の前です。)

— ＿＿＿＿ in ＿＿＿＿ of the park.

(2) Where's Mr. Saito? — (校長室です。)

— ＿＿＿＿ is ＿＿＿＿ the school principal's office.

(3) Where do you see penguins? — (動物園です。)

— I ＿＿＿＿ penguins ＿＿＿＿ the zoo.

(4) Where is the cafeteria? — (1階で，玄関の隣です。)

— It's ＿＿＿＿ the ＿＿＿＿ ＿＿＿＿,

＿＿＿＿ to the ＿＿＿＿.

(5) Where can we see birds? — (山です。)

— You ＿＿＿＿ ＿＿＿＿ them in the mountains.

まるごと暗記

・in front of ～
「～の正面の[で・に]」
・next to ～
「～の隣の」

表現メモ

(1) 答えの文ではyour schoolはitにする。
(2) 答えの文ではMr. Saitoは男性なので，heにする。

4 次の日本文に合うように，＿＿に適する語を書きなさい。

(1) いいですね。

That's ＿＿＿＿.

(2) 私は普通，あそこの体育館でバスケットボールの練習をします。

I usually practice basketball ＿＿＿＿ the gym

＿＿＿＿ ＿＿＿＿.

よく出る (3) コンピュータ室は図書室と調理室の間にあります。

The computer room is ＿＿＿＿ the library

＿＿＿＿ the ＿＿＿＿ room.

まるごと暗記

・over there
「あそこ，あちら」
・between ～ and ...
「～と…の間に[で・を・の]」

WRITING Plus

次の質問に対して，あなた自身の答えを英語で書きなさい。

Where do you usually do your homework?

＿＿＿＿＿＿＿＿＿＿＿＿＿＿＿＿＿＿＿＿＿＿＿＿＿＿＿＿＿＿

＿＿＿＿＿＿＿＿＿＿＿＿＿＿＿＿＿＿＿＿＿＿＿＿＿＿＿＿＿＿

解答 p.19

Unit 5 This Is Our School ②

読 聞 書 話

教科書の要点 命令文

a20

Watch your step. 足元に気を付けて。
動詞で文を始める

Don't use the phone. 電話を使わないで。
動詞の前にDon'tを置く

Let's go to the classroom. 教室に行きましょう。
動詞の前にLet'sを置く

Please write your name. あなたの名前を書いてください。
ていねいな言い方に

要点

- 「～しなさい」と相手に指示をする文は，主語を省略して動詞で文を始める。
- 「～してはいけません」と相手の行為を禁止する文は，**Don't** で始めて動詞を続ける。
- 「～しましょう」と相手を誘(さそ)う文は，〈**Let's** ＋動詞～.〉で表す。

プラス 「～して［しないで］ください」とていねいに言うときは，please を文頭か文末に置く。

Wordsチェック 次の英語は日本語に，日本語は英語になおしなさい。

□(1) slipper （　　　　）　□(2) follow （　　　　）
□(3) 電話機，電話 ＿＿＿＿　□(4) 考え ＿＿＿＿
□(5) (物)を置く ＿＿＿＿　□(6) お母さん，ママ ＿＿＿＿

1 絵を見て例にならい，「～しなさい」と「～してはいけません」という文を書きなさい。

例 run fast

(1) play tennis

(2) look at that bird

(3) eat the cake

よく出る 例 Run fast. / Don't run fast.

(1) ＿＿＿＿＿＿＿＿

(2) ＿＿＿＿＿＿＿＿

(3) ＿＿＿＿＿＿＿＿

ここがポイント

指示する文
〈動詞～.〉「～しなさい」
禁止する文
〈Don't＋動詞～.〉
「～してはいけません」

Let's ～. の文は，文の終わりを下げて読む。Let's go to the classroom.↘

2 次の日本文に合うように，____に適する語を書きなさい。

(1) サッカーをしましょう。

______ ______ soccer.

(2) ここで写真を撮りましょう。

______ ______ a picture here.

(3) 馬の絵を描いてください。

______ ______ a horse.

(4) このコンピュータを使ってはいけません。

______ ______ this computer.

レベルUP (5) ここでは泳がないでください。

______ ______ here, ______.

表現メモ

(1)(2)「～しましょう」は〈Let's＋動詞～.〉

(3)(5)「～ください」と，ていねいに言っているので，pleaseを使う。

pleaseを文末に置くときは，前にコンマを置く。

3 〔 〕内の語句を並べかえて，日本文に合う英文を書きなさい。

(1) 毎週日曜日は犬の散歩をしなさい。

〔 Sundays / walk / on / your dog 〕.

____

(2) この山に登ってはいけません。

〔 climb / don't / this mountain 〕.

____

(3) 夏祭りを楽しみましょう。

〔 the summer festival / let's / enjoy 〕.

____

(4) どうぞ，入ってください。〔 come / please / in 〕.

____

(5) 学校にはバスで行きなさい。

〔 bus / go / by / to / school 〕.

____

表現メモ

(2)「～してはいけません」はDon'tで文を始める。

(3)「～しましょう」はLet'sで文を始める。

ミス注意

(4)コンマが与えられていないので，pleaseは文頭に置く。

4 次の日本文に合うように，____に適する語を書きなさい。

(1) 靴を脱いでください。

Please ______ ______ your shoes.

(2) 鉛筆を取り出しなさい。

______ ______ your pencil.

(3) それを身に着けなさい。

Put ______ ______.

まるごと暗記

- take off ～
  「（衣服・靴など）を脱ぐ」
- take out ～
  「（物）を取り出す」
- put on ～
  「（服など）を身に着ける」
  身に着けるものをitやthemで表すときは，put it on, put them onとする。

解答 p.20

確認のワーク ステージ1 Unit 5 This Is Our School ③

読 聞 書 話

教科書の要点 When 〜？の文

a21

When's the school open day? 学校公開日はいつですか。

[When's = When is] be動詞の疑問文の語順

— On Saturday, October 29. 10月29日，土曜日です。

〜（日）に

When do you have drama club? 演劇部はいつありますか。

一般動詞の疑問文の語順

— After clean-up time. 掃除の時間の後です。

〜の後に[で]

要点

- 「〜はいつですか」とたずねる文は，When「いつ」を文頭に置いて，〈When ＋疑問文の語順〜?〉で表す。
- 答えるときは，Yes や No を使わずに，具体的な時を答える。

Wordsチェック 次の英語は日本語に，日本語は英語になおしなさい。

- □(1) tidy （　　　）
- □(2) main （　　　）
- □(3) 後で，後ほど ＿＿＿＿
- □(4) 家 ＿＿＿＿
- □(5) (物)を持ってくる ＿＿＿＿
- □(6) 〜を勉強する ＿＿＿＿
- □(7) 校庭 ＿＿＿＿
- □(8) 自分自身の ＿＿＿＿

よく出る 1 〔　〕内の語句を並べかえて，日本文に合う英文を書きなさい。

(1) あなたの誕生日はいつですか。

〔 your / when's / birthday 〕?

＿＿＿＿＿＿＿＿

(2) 夏祭りはいつですか。

〔 the summer / when / festival / is 〕?

＿＿＿＿＿＿＿＿

(3) あなたはいつテレビを見ますか。

〔 watch / when / TV / you / do 〕?

＿＿＿＿＿＿＿＿

(4) あなたはいつ部屋の掃除をしますか。

〔 when / you / clean / your room / do 〕?

＿＿＿＿＿＿＿＿

ここがポイント

「いつ〜」とたずねる文
- When's[When is] 〜? 「〜はいつですか」
- When do you 〜? 「あなたはいつ〜しますか」

疑問文の形でなくても，質問をするときは上げ調子で言う。After the game?↗「試合後？」

2 次の対話文が成り立つように，＿＿に合う語を書きなさい。ただし，答えの文は（　）内の日本語に合わせること。

(1) When ＿＿＿＿ your school festival?
— ＿＿＿＿ October 15.（10月15日です。）

(2) When ＿＿＿＿ you play the piano?
— ＿＿＿＿ lunch.（昼食後です。）

表現メモ
・「～曜日に，～日に」は〈on＋曜日名，日にち〉で表す。
・after ～「～の後で」
・before ～「～の前に」

よく出る **3** 次の文を，下線部をたずねる文に書きかえなさい。

(1) The sports day is <u>on September 15</u>.

＿＿＿＿＿＿＿＿＿＿＿＿＿＿＿＿

(2) *Hinamatsuri* is <u>in March</u>.

＿＿＿＿＿＿＿＿＿＿＿＿＿＿＿＿

4 次の日本文に合うように，＿＿に適する語を書きなさい。

(1) 私は毎日，犬の散歩をします。
I walk my dog ＿＿＿＿ ＿＿＿＿.

(2) 私は夕食前に入浴します。
I ＿＿＿＿ a ＿＿＿＿ ＿＿＿＿ dinner.

(3) 私は授業の合間に友達と話をします。
I talk with my friends ＿＿＿＿ ＿＿＿＿.

(4) あなたはいつ寝ますか。
When do you ＿＿＿＿ ＿＿＿＿ ＿＿＿＿?

(5) 私たちは感心しています。
We ＿＿＿＿ ＿＿＿＿.

まるごと暗記
・every day「毎日」
・take a bath「入浴する」
・between ～「～の間に」
・go to bed「寝る」

Unit 5

レベルUP **5** Word Box 次の表はリサ（Lisa）の夏休みの予定の一部です。リサになったつもりで下の質問に答えなさい。

	Monday	Tuesday	Friday
morning	study	clean my room	practice the piano
lunch			
afternoon	play basketball	go to the library	go shopping
dinner			
night	read a book	study, read a book	watch TV, read a book

(1) When do you go shopping? ＿＿＿＿＿＿＿＿＿＿＿＿

(2) When do you read a book? ＿＿＿＿＿＿＿＿＿＿＿＿

Daily Life Scene 2 落とし物

読 聞 書 話

教科書の要点 Whose ～？の文

a22

A: Whose cap is that?（誰の） あれは誰(だれ)の帽子ですか。

B: Cap? Where?（どこ） 話題が何かわかっていれば，Whereだけで「どこ？」という文になる。 帽子ですか。どこにありますか。

A: It's on my bed. Is it yours?（あなたのもの） cap を it に言いかえ 私のベッドの上にあります。あなたのものですか。

B: Maybe it's Tetsuya's.（「～のもの」と持ち主を答える） ～'s ＝「～のもの」 もしかしたら，それはテツヤのものかもしれません。

要点

- 「あれは［これは］誰の～ですか」と持ち主をたずねるときは，**Whose ～ is that[this]?** で表す。
- 答えるときは，It's と，持ち主を表す代名詞 **mine**(私のもの)，**yours**(あなた(たち)のもの)，**his**(彼のもの)，**hers**(彼女のもの)などを使って答える。Tetsuya's のように，〈名前＋'s〉で持ち主を表すこともできる。

Wordsチェック 次の英語は日本語に，日本語は英語になおしなさい。

□(1) pencil case （　　　　）　□(2) eraser （　　　　）
□(3) ～の(真)下に ＿＿＿＿　□(4) 定規 ＿＿＿＿
□(5) 教科書 ＿＿＿＿　□(6) 机 ＿＿＿＿

1 絵を見て例にならい，「これは誰の～ですか」の文と「それは～のものです」と答える文を書きなさい。

例

guitar / mine

(1)

book / yours

(2)

cat / Misaki's

(3)
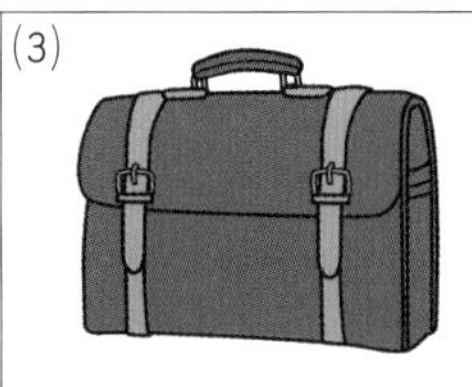
bag / Mr. Ito's

よく出る 例 Whose guitar is this? — It's mine.

(1) ＿＿＿＿＿＿＿＿
— It's ＿＿＿＿＿＿＿＿.

(2) ＿＿＿＿＿＿＿＿
— ＿＿＿＿＿＿＿＿

(3) ＿＿＿＿＿＿＿＿
— ＿＿＿＿＿＿＿＿

「～のもの」を表す語
- mine「私のもの」
- yours「あなた(たち)のもの」
- 〈名前＋'s〉「〈名前〉のもの」

textbook は e の部分を，eraser は a の部分を強く発音する（e，a にアクセントがある）ことに気をつけよう。

2 次の文を並べかえて，一連の意味の通る文章にしなさい。答えは記号で書きなさい。ただし，最初はアの文で始まります。

ア　Whose shoes are those?
イ　They are in the box.
ウ　Her shoes are cool. I also want shoes like them.
エ　Shoes? Where?
オ　Maybe they're Junko's.

ア → （　　） → （　　） → （　　） → （　　）

ことばメモ
・whose ～「誰の～」
・in ～「～の中に」
・like ～「～のような」
・maybe「もしかしたら」

3 次の質問に対する答えを下の□の中から選び，記号で答えなさい。

(1) Whose bicycle is this?　（　　）
(2) Whose pencils are those?　（　　）
(3) Is this dog yours?　（　　）
(4) Is that your brother?　（　　）
(5) Is that Akira's bag?　（　　）
(6) Are those notebooks Ms. White's?　（　　）

ア　Yes, they are.　They are new.	
イ　It's Keiko's.	ウ　Yes, he is.
エ　No, it's not mine.　It's Ken's.	
オ　They are mine.	カ　Yes, it's his bag.　It's nice.

表現メモ
疑問文の主語が，答えるときにどう変わるかに気をつける。
this/that（ものの場合）
→it
this/that（人の場合）
→heまたはshe
these/those
→they

レベルUP **4** 次の日本文に合うように，＿＿に適する語を書きなさい。

(1) あれは誰の自転車ですか。— それはヒロシのです。

＿＿＿＿ bicycle ＿＿＿＿ ＿＿＿＿?
— It's ＿＿＿＿.

(2) これは誰のケーキですか。— それはあなたのです。

＿＿＿＿ cake ＿＿＿＿ ＿＿＿＿?
— It's ＿＿＿＿.

(3) これは彼の一輪車ですか。
— いいえ，違(ちが)います。それは私のです。

＿＿＿＿ this ＿＿＿＿ unicycle?
— No, it ＿＿＿＿. It's ＿＿＿＿.

(4) これは私のコーヒーですか。
— いいえ。あなたのは，あなたのかばんのそばにあります。

＿＿＿＿ ＿＿＿＿ ＿＿＿＿ coffee?
— No. ＿＿＿＿ is by your bag.

まるごと暗記
・my ～「私の～」
・mine「私のもの」
・your ～「あなたの～」
・yours「あなたのもの」
mineやyoursのあとに，名詞は置かない。

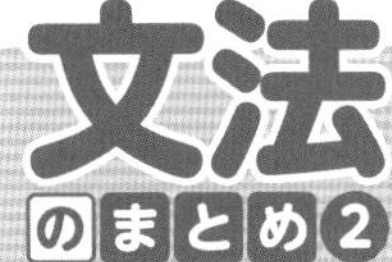

Active Grammar ② 代名詞

解答 p.21

まとめ

① 人称(にんしょう)とは

- 1人称：自分，または自分をふくむもの。 例 I(私は)，we(私たちは)
- 2人称：相手，または相手をふくむもの。 例 you(あなたは，あなたたちは)
- 3人称：自分と相手以外の人やもの(第三者) 例 Tom(トム)，she(彼女は)，it(それは)

② 代名詞

① 人称代名詞

			主語になる形	名詞の前に置いて持ち主を示す形	目的語になる形	誰(だれ)の持ち物かを示す形
			～は[が]	～の	～を[に]	～のもの
単数形	1人称	私	I	my	me	mine
	2人称	あなた	you	your	you	yours
	3人称	彼	he	his	him	his
		彼女	she	her	her	hers
		それ	it	its	it	—
複数形	1人称	私たち	we	our	us	ours
	2人称	あなたたち	you	your	you	yours
	3人称	彼ら〔それら〕	they	their	them	theirs

② 指示代名詞

	近くのもの[人]	遠くのもの[人]
単数形	this	that
複数形	these	those

例 This is a bag. It is Rika's.
これはかばんです。それはリカのものです。
These are birds. They are beautiful.
これらは鳥です。それらは美しいです。

練習

よく出る **1** 次の日本文に合うように，＿＿に適する語を(　)内から選んで書きなさい。

(1) 私は自分の机が気に入っています。
I like ＿＿＿＿ desk. (my, me, mine)

(2) あなたは彼を訪問しますか。
Do you visit ＿＿＿＿? (his, him, he)

(3) あれは私たちの学校です。
That is ＿＿＿＿ school. (we, our, us)

人称代名詞のいろいろな形を使い分けられるようにしよう。

2 次の日本文に合うように，＿＿に適する語を書きなさい。

(1) 彼は私たちの先生です。

He is ＿＿＿＿＿＿ teacher.

(2) それらを試しましょう。

Let's try ＿＿＿＿＿＿.

(3) これは彼女の車です。

This is ＿＿＿＿＿＿ car.

(4) 彼らは親切で人なつこいです。

＿＿＿＿＿＿ are kind and friendly.

(5) あれはあなたの筆箱ですか。

Is that ＿＿＿＿＿＿ pencil case?

3 次の文を，主語を複数にかえて書きかえなさい。

(1) I am in New York with Ayako.

(2) She is a good tennis player.

(3) This is Ken's notebook.

(4) I am a teacher.

(5) That is a beautiful flower.

4 次の文を（　）内の指示にしたがって書きかえなさい。

(1) That is his house. （下線部を「タク(Taku)の」にかえて）

(2) The desk is my sister's. （下線部を代名詞にかえて）

(3) I want to meet Eri and Hiroshi. （下線部を代名詞にかえて）

5 次の各組の文がほぼ同じ内容を表すように，＿＿に適する語を書きなさい。

(1) This is my pen.
This pen is ＿＿＿＿＿＿.

(2) Those are her bags.
Those bags are ＿＿＿＿＿＿.

定着のワーク ステージ2 Unit 5 ～ Active Grammar ②

1 LISTENING 読まれる英文を聞いたとおりにそのまま書くとき，＿＿に入る語を書きなさい。

♪ l09

(1) ＿＿＿＿ the ＿＿＿＿ festival?

(2) ＿＿＿＿ ＿＿＿＿ him.

(3) ＿＿＿＿ the cooking ＿＿＿＿?

(4) It's ＿＿＿＿ the ＿＿＿＿ floor.

(5) ＿＿＿＿ take ＿＿＿＿ here.

重要ポイント

1 when と where の違い(ちが)や，fifth の th の音に注意して聞き取る。

よく出る 2 次の対話が成り立つように＿＿に適する語を書きなさい。

(1) ＿＿＿＿ desk is this? — It's mine.

(2) ＿＿＿＿ do they clean their classroom?
— After lunch.

(3) ＿＿＿＿ is your textbook? — It's on my desk.

(4) ＿＿＿＿ is your favorite subject? — It's math.

(5) ＿＿＿＿ do you use a computer? — At the library.

(6) ＿＿＿＿ is your favorite athlete? — It's Kazu.

(7) ＿＿＿＿ phone is that? — It's Mayu's.

2 答えが，「～の（もの）」なら whose，「場所」なら where，「時」なら when，「人」なら who で始まる疑問文になる。

3 次の文の( )内の語を文に合う形に書きかえなさい。

(1) (He) dog is under the desk. ＿＿＿＿

(2) I like (she). ＿＿＿＿

(3) Please ask (he). ＿＿＿＿

(4) That school is (our). ＿＿＿＿

3 テストに出る！
代名詞の「主語になる形」「持ち主を示す形」「目的語になる形」「誰(だれ)の持ち物かを示す形」と，その使い方をしっかり覚える。

よく出る 4 次の文を( )内の指示にしたがって書きかえなさい。

(1) You go to the nurse's office. （「～しなさい」の文に）

＿＿＿＿＿＿＿＿

(2) We dance together. （「～しましょう」の文に）

＿＿＿＿＿＿＿＿

(3) Your bag is <u>by the desk</u>. （下線部をたずねる文に）

＿＿＿＿＿＿＿＿

(4) You swim <u>before dinner</u>. （下線部をたずねる文に）

＿＿＿＿＿＿＿＿

(5) Play basketball here. （「～するな」の文に）

＿＿＿＿＿＿＿＿

4 (1)命令文なので，動詞で文を始める。
(2)「～しましょう」は〈Let's＋動詞〉の形を使う。
(3)下線部は「机のそばに」と場所を表す。
(4)下線部は「夕食の前に」と時を表す。
(5)「～するな」は〈Don't＋動詞〉の形を使う。

解答 p.22

5 次の対話文を読んで，あとの問いに答えなさい。

Ms. Rios: (①) do you have drama club?
Tina: After clean-up time.
Ms. Rios: Clean-up time?
Eri: Yes, we clean our classroom and hallway ②(　　)(　　).

(1) ①の(　)の中に適当な１語を書いて，意味の通る英文にしなさい。

______

(2) 下線部②が「毎日」という意味になるように，(　)に適する語を書きなさい。

______ ______

(3) 本文の内容に合うように，次の質問に３語の英語で答えなさい。
Do Eri and Tina clean their classroom?

______

(4) 次の文が本文の内容と合っていれば○，異なっていれば×を書きなさい。
1．ティナは掃除の時間の後に演劇部の活動がある。 (　　)
2．エリとティナは廊下の掃除はしない。 (　　)

6 次の日本文に合うように，____に適する語を書きなさい。

(1) 帽子を脱いでください。
Please ______ ______ your hat.

(2) 私は普通，日曜日に買い物に行きます。
I usually ______ ______ on Sundays.

(3) 私たちは放課後サッカーを練習します。
We practice soccer ______ ______.

よく出る (4) ここで靴をはくのですか。
______ ______ ______
______ my shoes here?

(5) あそこにたくさんの鳥が見えますか。
Can you see many birds ______ ______?

レベルUP 7 次の質問に対する自分の答えを４語以内の英語で書きなさい。

(1) When do you take a bath? ______
(2) Where is your classroom? ______

重要ポイント

5 (1)ティナが「After ～.」と「時」を答えている。
(3)「エリとティナは自分たちの教室を掃除しますか」という質問。
(4)「演劇部」は drama club，「廊下」は hallway。

6 (1)(4)「(衣類，靴など)を脱ぐ」は take off ～，「(服など)を身に着ける」は put on ～。
(2) go ～ing で「～しに行く」。
(5)「あそこ」は there よりもさらに離れたところを指す。

得点力をUP
put on ～，take off ～の「～」に代名詞がくるときは，put ～ on，take ～ offとなる。
例 put on a hat「帽子をかぶる」，put it on「それをかぶる」，take off a hat「帽子を脱ぐ」，take it off「それを脱ぐ」

7 (2)「～階に」や「～教室の隣に」などと答える。

ちょっとBREAK　Sunday は略して Sun. です。では September（9月）の略語は？

➡答えは次のページ

解答 p.23

実力判定テスト ステージ3 Unit 5 ～ Active Grammar ② 30分

/100 読 聞 書 話

1 LISTENING 次の絵についての対話を聞いて，その内容について次の問いに答えなさい。ただし，(1)は絵の中の記号で，(2)(3)は3語の英語で答えなさい。 l10 4点×3(12点)

(1) エミリーのネコはどれですか。 (　　　)

(2) What color is Emily's cat?

______

(3) Is Emily's cat big?

______

よく出る **2** 次の対話文が成り立つように，＿＿に適する語を書きなさい。 4点×5(20点)

(1) Is that Mr. Tanaka's car? — No, it isn't. It's not ______.

(2) Do you sometimes visit your grandfather?
— Yes, I visit ______ on weekends.

(3) Is that your computer? — Yes, it is. I use ______ every day.

(4) Is Ms. Sato their art teacher? — Yes, ______ is.

(5) Do you like those singers? — Yes. Do you like ______, too?

3 次の日本文に合うように，〔 〕内の語句を並べかえ，英文を完成させなさい。ただし，それぞれ使わない語句が1つあります。 4点×4(16点)

(1) 夕食前にお風呂に入りなさい。〔 bath / you / take / before / a / dinner 〕.

______

(2) 教科書を開いてはいけません。〔 your / don't / yours / textbook / open 〕.

______

(3) 一緒にキャンプに行きましょう。〔 together / go / let's / we / camping 〕.

______

(4) 自分の買い物袋を持ってきてください。
〔 a / own / please / shopping bag / bring / your 〕.

______

よく出る **4** 次の日本文に合うように，＿＿に適する語を書きなさい。 3点×3(9点)

(1) 私の家は図書館の正面にあります。
My house is ______ ______ ______ the library.

(2) あなたの机はビルの隣です。
Your desk is ______ ______ Bill's.

(3) 博物館は私の学校と水族館の間にあります。
The museum is ______ my school ______ the aquarium.

ちょっとBREAKの答え Sep. または Sept. です。

目標 ●When ～? Where ～? Whose ～? などを使い,「時」「場所」「持ち主」などについて,やりとりできるようにしましょう。

自分の得点まで色をぬろう!
がんばろう! もう一歩 合格!
0 60 80 100点

5 次の対話文を読んで，あとの問いに答えなさい。 (計23点)

Tina: Here's the entrance. ①足元に気を付けて。
Ms. Rios: ②Do I take ( ) my shoes?
Tina: Yes, take out your slippers. ③Put them on.
Ms. Rios: ④This is a good ( ).

(1) 下線部①を３語の英語になおしなさい。 (5点)

(2) 下線部②，④がそれぞれ次のような意味になるように，( )内に適する語を書きなさい。
②靴を脱ぎますか。④これはいい考えですね。 3点×2(6点)
② ④

よく出る (3) 下線部③を them が何を指しているかわかるようにして，日本語になおしなさい。(6点)
( )

レベルUP (4) 本文の内容について，次の問いに５語の英語で答えなさい。 (6点)
Where are Tina and Ms. Rios?

6 次の表は，ある市立体育館のスポーツ教室の予定表です。それについてＡさんとＢさんが電話で話しています。予定表はＢさんだけが見ています。対話の中の ( ) に入る適切な語を１語の英語で書きなさい。 4点×5(20点)

	Friday	Saturday	Sunday
10：00～ 11：30	Tennis Room 1	Dance Room 2	Badminton Room 3
13：00～ 14：30	Dance Room 2	Tennis Room 4	Volleyball Room 1

A: I want to practice dance. ((1)) is the dance class?
B: It's on Friday afternoon and on Saturday ((2)).
A: I see. I want to practice dance on Saturday ((2)). ((3)) is the class?
B: It's in Room 2. Please bring water.
A: OK. I'm also interested in ((4)). Do you have a ((4)) class?
B: Yes. We have it on Sunday afternoon.
A: Oh, I practice the piano on Sunday afternoon. I ((5)) go to the gym on Sunday afternoon. Thank you.

(1) (2)
(3) (4) (5)

定期テスト対策 予想問題 第4回 p.136～137

解答 p.23

確認のワーク ステージ1 Unit 6 Cheer Up, Tina ①

一般動詞の文（主語が3人称単数のとき） a23

I like singing and dancing. 私は歌うことと踊ることが好きです。

主語が I, you, 複数

She likes singing and dancing. 彼女は歌うことと踊ることが好きです。

主語が3人称単数 動詞に s を付ける

要点

- 主語が3人称(I, you 以外)で単数のとき，一般動詞の文では動詞に **-s** または **-es** を付ける。
  例 Aki likes music. / She goes to the library.
- study(～を勉強する)は，語尾の y を i に変えて **-es** を付ける。 例 Ken **studies** English.
  have(～を持っている)は，**has** になる。 例 Ken **has** many books.

プラス sometimes などの頻度を表す語は普通，be 動詞があるときはそのあとに，一般動詞があるときはその前に置く。
例 Erika is sometimes funny. / Kenta sometimes plays soccer after school.

Wordsチェック 次の英語は日本語に，日本語は英語になおしなさい。

□(1) aunt （　　　）　□(2) active （　　　）
□(3) 叔父，伯父 ＿＿＿　□(4) いとこ ＿＿＿
□(5) 料理をする ＿＿＿　□(6) 新聞 ＿＿＿

1 絵を見て例にならい，文を完成させなさい。

例 She likes dogs.
(1) Yuka ＿＿＿＿＿＿＿＿.
(2) Kenta ＿＿＿＿＿＿＿＿.
(3) My sister ＿＿＿＿＿＿＿＿.

ここがポイント
主語が3人称単数のとき，一般動詞に -(e)s を付ける。

2 次の文の＿＿に，( )内の語を適する形にかえて書きなさい。

(1) Makoto ＿＿＿＿ a book every day. (read)
(2) Ms. Wada ＿＿＿＿ a nice bag. (have)

Makoto も Ms. Wada も3人称単数であることに注意。

動詞に -(e)s が付くとき，動詞によって発音が違うので注意しよう。例 comes[z], likes[s], teaches[iz]

よく出る **3** 次の日本文に合うように，＿＿に適する語を書きなさい。

(1) 私はたくさんの鉛筆を持っています。
I have a ＿＿＿＿ ＿＿＿＿ pencils.

(2) その生徒はとても静かです。
The student is ＿＿＿＿ ＿＿＿＿.

(3) 最近，私は10時に寝ます。
＿＿＿＿ ＿＿＿＿ I go to bed at ten.

(4) 私は普通，6時に起きます。
I ＿＿＿＿ ＿＿＿＿ ＿＿＿＿ at six.

表現メモ
(1)a lot ofのあとに数えられる名詞がくるときは，複数形にする。

まるごと暗記
・these days
「近頃では，最近」
・get up
「起きる，起床する」

よく出る **4** 次の下線部を( )内の語句にかえて，全文を書きかえなさい。

(1) I run every morning. (he)

(2) You dance in the gym on Sundays. (Bob)

(3) We use this computer every day. (she)

(4) Jane goes to school at eight. (Cathy and Ami)

ここがポイント
主語が3人称単数のとき，一般動詞の文では動詞に-(e)sを付ける。

ミス注意
(4)主語になるCathy and Amiは複数なので，動詞に-(e)sが付かないことに注意。

5 〔 〕内の語を並べかえて，日本文に合う英文を書きなさい。
ただし，1語不要な語があります。

(1) 彼は懸命(けんめい)に泳ぎます。 〔 hard / she / he / swims 〕.

(2) アキは英語を話します。
〔 speak / speaks / English / Aki 〕.

(3) ケンはいつも早起きです。
〔 up / Ken / get / gets / early / always 〕.

WRITING Plus
自分の身の回りの人を一人取りあげ，その人の(1)好きなことや好きなもの，(2)毎日していることについて英文を2つ書きなさい。
(1)〈好きなこと・もの〉
(2)〈毎日していること〉

Unit 6

解答 p.24

Unit 6 Cheer Up, Tina ②

教科書の要点 一般動詞の疑問文(主語が3人称単数のとき) a24

Do you have a cold? あなたは風邪をひいていますか。
主語がI, you, 複数→主語の前にDo

肯定文 She has a cold. 彼女は風邪をひいています。

疑問文 Does she have a cold? 彼女は風邪をひいていますか。
主語の前にDoesを置く 動詞は原形にする

— Yes, she does. / No, she doesn't. はい，ひいています。／いいえ，ひいていません。
doesを使って答える [doesn't = does not]

要点

- 主語が3人称単数のとき，一般動詞の疑問文は，主語の前に **Does** を置き，動詞は原形にする。
- 答えの文もdoesを使い，〈**Yes, 主語＋ does.**〉か〈**No, 主語＋ doesn't[does not].**〉で答える。

Wordsチェック 次の英語は日本語に，日本語は英語になおしなさい。

□(1) ball ( ) □(2) station ( )
□(3) 働く ______ □(4) 病院 ______

1 絵を見て例にならい，「～は…しますか」とたずねる文とその答えの文を書きなさい。

例 Miko / play tennis

(1) Tom / eat *natto*

(2) Ms. Ito / play the piano

(3) your brother / sing well

例 Does Miko play tennis? — Yes, she does.
(1) Does ______ *natto*? — No, ______.
(2) Does ______? — No, ______.
(3) ______? — Yes, ______.

ここがポイント
「～(3人称単数)は…しますか」とたずねるときは，〈Does＋主語＋動詞の原形～?〉の形にする。〈Yes, 主語＋does.〉または〈No, 主語＋doesn't[does not].〉で答える。

2 次の英文を日本語になおしなさい。

(1) Does your sister watch TV every day?
( )

(2) Does your uncle play baseball?
( )

Doesで始まる疑問文は，文末を上げ調子で言う。例 Does she like dogs? (↗)

3 次の( )内から適する語を選んで，○で囲みなさい。

(1) (Do / Does) Makoto cook dinner every day?
— (Yes / No), he does. He's good at cooking.

(2) (Do / Does) Emiko and Kei speak English well?

ミス注意
(1)Makotoは３人称単数。
(2)Emiko and Keiは複数。

よく出る **4** 例にならい，次の文を疑問文に書きかえ，答えの文も書きなさい。

例 He plays music. → Does he play music?
— Yes, he does. / No, he doesn't.

(1) She likes milk.

____

— ______________ / ______________

(2) Your brother studies science hard.

____

— ______________ / ______________

(3) Mr. Sato goes to the park every day.

____

— ______________ / ______________

ミス注意
疑問文に書きかえるときは，動詞を原形にする。
(2) studies の原形は study。
(3)goesの原形はgo。

5 〔 〕内の語句を並べかえて，日本文に合う英文を書きなさい。

(1) 彼女は風邪をひいています。 〔 cold / a / has / she 〕.

____

(2) 私のお母さんはベッドで寝ています。
〔 in / is / bed / my mom 〕.

____

(3) 彼のおばさんは東京に住んでいます。
〔 lives / his / Tokyo / aunt / in 〕.

____

(4) あなたは誕生日に何が欲しいですか。
〔 your / do / for / want / birthday / you / what 〕?

____

まるごと暗記
· have a cold
「風邪をひいている」
· in bed
「(ベッドで)寝ている」
· live in ～
「～に住んでいる」

Unit 6

6 Word Box 次のようなとき，英語でどのように言うか，右の□から適する語を選んで＿に書きなさい。

(1) 相手の説明を聞いて，納得したとき。
All ______________.

(2) 相手に謝るとき。 ______________.

(3) お店でリンゴを１つくださいと言うとき。
An apple, ______________.

sorry
please
right
thanks

確認のワーク ステージ1 Unit 6 Cheer Up, Tina ③

教科書の要点 一般動詞の否定文(主語が3人称単数のとき) a25

I don't go to school. 私は学校に行きません。
主語が I, you, 複数→ don't が動詞の前

肯定文 She [ ] goes to school. 彼女は学校に行きます。

否定文 She doesn't go[ ] to school. 彼女は学校に行きません。

動詞の前に doesn't を置く　動詞は -(e)s の付かない形(原形)にする

要点

● 主語が3人称単数のとき，一般動詞の否定文は，動詞の前に **doesn't** を置き，動詞は原形にする。

Wordsチェック 次の英語は日本語に，日本語は英語になおしなさい。

□(1) worry (　　　　)　□(2) easily (　　　　)
□(3) 眠る ＿＿＿＿　□(4) ～を必要とする ＿＿＿＿
□(5) 同じ ＿＿＿＿　□(6) 与える，あげる ＿＿＿＿

1 絵を見て例にならい，「～は…しません」という文を書きなさい。

例 he / like yogurt　(1) she / read a book　(2) Mika / play the piano　(3) Mr. Brown / have a car

例 He doesn't like yogurt.
(1) She ＿＿＿＿＿＿＿＿.
(2) Mika ＿＿＿＿＿＿＿＿.
(3) ＿＿＿＿＿＿＿＿

ここがポイント
「～(3人称単数)は…しません」と否定するときは，動詞の前に doesn't [does not] を置き，動詞は原形にする。

2 〔 〕内の語句を並べかえて，日本文に合う英文を書きなさい。

(1) 彼女は中国出身ではありません。
〔 China / come / she / doesn't / from 〕.

＿＿＿＿＿＿＿＿

(2) 私の弟は食事の後片づけをしません。
〔 brother / the table / clear / my / doesn't 〕.

＿＿＿＿＿＿＿＿

China：中国，table：食卓，テーブル

よく出る **3** 次の文を否定文に書きかえなさい。

(1) He takes a Japanese class.

______

(2) Steve watches TV.

______

(3) Yukari has a cat.

______

ミス注意
否定文に書きかえるときは，動詞を原形にする。
(2) watches の原形は watch。
(3) has の原形は have。

4 次の日本文に合うように，＿＿に適する語を書きなさい。

(1) 私は少し空腹です。
I'm a ______ ______ hungry.

(2) 私は諦めたくありません。
I don't want to ______ ______.

よく出る (3) 私は犬がとても好きです。
I like dogs ______ ______.

(4) あなたは中学生ですか。
Are you a ______ ______ school student?

(5) 私はテニスをしません。野球もしません。
I don't play tennis. I don't play baseball, ______.

まるごと暗記
・a little bit
「少し」
・give up
「諦める」
・junior high school
「中学校」

ことばメモ
(3) very much は「とても」と動詞を強調するときに使う。
(5) either は否定文で使われると「～もまた…しない」という意味になる。

5 次のようなとき，英語でどのように言うか，下から選び，記号で答えなさい。

(1) 動物は好きかたずねられて，もちろんと答えるとき。(　　　)

(2) 不安そうな相手に，心配しないでと声をかけるとき。(　　　)

ア Don't worry.　　イ Sorry.　　ウ Sure.

6 Word Box 次の表には，Mami, Ken, Rie が家の手伝いとして，していることには○，していないことには×が書かれています。例にならい，Ken と Rie について書きなさい。

	Mami	Ken	Rie
set the table	○	×	×
wash the dishes	×	○	×

例 Mami sets the table. She doesn't wash the dishes.

(1) Ken ______.
He ______ table.

(2) Rie ______.
She ______ the dishes, either.

ミス注意
(1) 主語が３人称単数のとき，wash には -es を付ける。
(2)「～もまた…しない」と言うときは，文末に either を置く。

Unit 6

文法のまとめ3 Active Grammar ③ is / 3人称単数現在形

解答 p.25

まとめ

① 3人称単数とは

● 「自分」(1人称)と「相手」(2人称)以外の人やものを3人称といい，3人称単数が主語になるときは，be動詞はisに，一般動詞は-(e)sが付いた形になる。

② isの文

● 主語が3人称単数のときは，be動詞はisを使う。

● 疑問文は主語の前にisを置く。否定文はisのあとにnotを置く。

肯定文 He is from China. [He is = He's]

（主語の前にIsを置く）

疑問文 Is he from China? — Yes, he is. / No, he isn't. [isn't = is not]

否定文 He is not from China.

（isのあとにnotを置く）

③ 3人称単数現在形（主語が3人称単数のときの一般動詞）を使った文

● 「～は…します」という肯定文は〈主語＋一般動詞～.〉で表す。

● 主語が3人称単数のとき，一般動詞は-(e)sが付いた形になる。

-(e)sの付け方

大部分の動詞	-sを付ける	like → likes, want → wants
語尾がs, sh, ch, x, o	-esを付ける	go → goes, watch → watches
語尾が〈子音字＋y〉	yをiに変えて-esを付ける	study → studies, worry → worries
例外	違う形に変化	have → has

-(e)sの発音

[s ス]	looks, sleeps	[z ズ]	plays, runs		
[iz イズ]	watches	[sez, hæz]	says, has	[ts ツ]	eats, sits

● 「～は…しますか」という疑問文は〈Does＋主語＋動詞の原形～?〉で表す。

● 「～は…しません」という否定文は〈主語＋doesn't[does not]＋動詞の原形～.〉で表す。

肯定文 Cathy plays the flute.

（動詞に-(e)sを付ける）

疑問文 Does she play the flute? — Yes, she does. / No, she doesn't.

（主語の前にDoesを置く）（動詞は原形）（doesを使って答える）[doesn't = does not]

否定文 She does not play the flute.

（動詞の前にdoes notを置く）

練習

1 次の日本文に合うように，＿＿に適する語を書きなさい。

主語に注目しよう。

(1) 私の叔母は英語の先生です。
My aunt ＿＿＿＿ an English teacher.

(2) あちらはあなたのお父さんですか。
＿＿＿＿ that your father?

(3) エミはペットを飼っていません。
Emi ＿＿＿＿ ＿＿＿＿ a pet.

よく出る **2 次の文を(　)内の指示にしたがって書きかえなさい。**

(1) Tomomi is shy. (否定文に)

(2) They go fishing on Saturday. (否定文に)

(3) Jane studies Japanese every day. (疑問文に)

(4) He eats lunch with you. (疑問文に)

(5) Tom's father works at a hospital. (下線部をたずねる疑問文に)

(6) She goes to the library in the morning. (下線部をたずねる疑問文に)

よく出る **3 次の対話が成り立つように，＿＿に適する語を書きなさい。**

(1) *A:* Does your sister play the piano well?
B: No, ＿＿＿＿ ＿＿＿＿.

(2) *A:* When ＿＿＿＿ Tom do his homework?
B: He ＿＿＿＿ his homework after dinner.

(3) *A:* What ＿＿＿＿ Ms. Kato eat for lunch?
B: ＿＿＿＿ ＿＿＿＿ noodles.

4 右の日本語のメモを見て，トムを紹介(しょうかい)する英文を書きなさい。

(1) トムの出身がどこかを紹介する文を書きなさい。

(2) トムが好きなこと・ものを紹介する文を書きなさい。

(3) トムが毎日することを紹介する文を書きなさい。

留学生のトム(Tom)
・アメリカ合衆国出身
・サッカーと犬が好き
・毎日，放課後に走る
・毎朝，牛乳を飲む

確認のワーク ステージ1 Daily Life Scene 3 カフェ

読 聞
書 話

教科書の要点 Which ～? の文

a26

A: **Which** would you like, coffee **or** tea?　コーヒーと紅茶のどちらが欲しいですか。
「どちら」　「～または…」

B: **I'd like** tea.　紅茶が欲しいのですが。
「～が欲しい」

B: **How much** is that?　それはいくらですか。
「いくら」

A: 4 dollars.　値段を答える　4ドルです。

要点

- 「あなたは～と…のどちらが欲しいですか」とたずねる文は，**Which would you like, ～ or ...?** で表す。which は「どちら，どれ」，or は「または」の意味を表す。
- 答えるときは，Yes / Noは使わず，どちらかを選んで**I'd like ～.**や**～, please.**などと答える。
  例 I'd like tea. / Tea, please.
- 「～はいくらですか」と値段をたずねるときは，**How much ～?** で表す。

Wordsチェック 次の英語は日本語に，日本語は英語になおしなさい。

□(1) toast (　　　　)　□(2) pancake (　　　　)
□(3) 朝食 ＿＿＿＿　□(4) 本日のおすすめ ＿＿＿＿
□(5) サラダ ＿＿＿＿　□(6) お茶，紅茶 ＿＿＿＿
□(7) 水 ＿＿＿＿　□(8) 全体で，総計で ＿＿＿＿

よく出る 1 次の対話が成り立つように，＿＿に適する語を書きなさい。

(1) A: ＿＿＿＿ would you like, milk ＿＿＿＿ juice?
B: I'd ＿＿＿＿ juice.

(2) A: ＿＿＿＿ do you want, apple juice ＿＿＿＿ banana juice?
B: Banana juice, ＿＿＿＿.

(3) A: ＿＿＿＿ do you like, dogs ＿＿＿＿ cats?
B: I ＿＿＿＿ cats.

ここがポイント

(1)(2)「～と…のどちらが欲しいですか」
①Which do you want, ～ or ...?
② Which would you like, ～ or ...?(①よりも丁寧(ていねい))
(3)「～と…のどちらが好きですか」
Which do you like, ～ or ...?

よく出る 2 次の日本文に合うように，＿＿に適する語を書きなさい。

(1) ヨーグルトをいただけますか。
＿＿＿＿ I ＿＿＿＿ yogurt?

(2) 合計で80ドルです。
In ＿＿＿＿ 80 ＿＿＿＿.

表現メモ

・Can I have ～?
「～をいただけますか」

Which do you want, toast(↗) or pancakes(↘)？のように or の前を上げ調子，あとを下げ調子で言う。

3 次の英文を日本語になおしなさい。

(1) How much is this cap?
( )

(2) ((1)に答えて) It's eleven dollars.
( )

(3) Which would you like, sushi or tempura?
( )

(4) This computer is twelve hundred dollars.
( )

よく出る **4** 〔 〕内の語句を並べかえて，日本文に合う英文を書きなさい。

(1) このケーキはいくらですか。
〔 is / cake / how / much / this 〕?

______

(2) あなたはドーナツとアイスクリームのどちらが欲しいですか。
〔 would / donuts / which / or ice cream / you / like / , 〕?

______

5 リサとチカがサンドイッチ店で注文をしています。メニュー表を見て，対話の____に適する語を，下の□から選んで書きなさい。

SANDWICHES	· egg and cucumber $7	· egg and bacon $8
	· cheese and cucumber $6	· sausage $7
SIDES	· Yogurt $3	· Salad $4
DRINKS	· Coffee $2	· Tea $3

Lisa: (1) ______ I have an egg sandwich?
店員： (2) ______ would you like, cucumber or bacon?
Lisa: I'd like cucumber.
店員： OK. (3) Anything ______ ?
Lisa: (4) Salad and coffee, ______ .
(5) ______ ______ is that in total?
店員： (6) In total ______ dollars.
Chika: (7) ______ like a sausage sandwich and yogurt.
店員： (8) That's ______ dollars.

how	which	can	else	
please	much	I'd	10	13

ことばメモ

(4) hundred は前に twelve などの数を表す語が付いても複数形にしない。

ここがポイント

(1) How much ～?
「～はいくらですか」

まるごと暗記

食べ物を注文するときの言い方
· Can I have ～?
「～をいただけますか」
· ～, please.
「～をください」
· How much ～?
「～はいくらですか」
· in total
「全部で，合計で」

思い出そう

· sandwich
「サンドイッチ」
· cucumber
「キュウリ」

確認のワーク ステージ1 World Tour 2 世界の時刻

読 聞 書 話

教科書の要点 What time 〜? の文

a27

What time is it?　何時ですか。

「何時」　時刻を表すときの主語

— It's ten o'clock.　10時です。

It を主語に　「〜時」

要点

- 「何時ですか」と時刻をたずねるときは，**What time is it?** で表す。
- 時刻を表す文は it を主語にする。この it は日本語に訳さない。
- 答えるときは，**It's[It is]** 〜. と答える。「(ちょうど)〜時」を表す o'clock を使うこともある。

プラス 「〜時…分です」と言うときは，時→分の順に数字を並べる。
例 It's one thirty-five.「1時35分です」

Wordsチェック 次の英語は日本語に，日本語は英語になおしなさい。

□(1) Los Angeles (　　　　)　□(2) Cape Town (　　　　)
□(3) Sydney (　　　　)　□(4) in bed (　　　　)
□(5) ロンドン ＿＿＿＿　□(6) ニューヨーク ＿＿＿＿

1 絵を見て例にならい，時刻をたずねる疑問文とその答えの文を書きなさい。

例

Osaka

(1)

London

(2)

New York

(3)

Sydney

例 What time is it in Osaka? — It's nine o'clock.
(1) ＿＿＿＿＿＿＿＿ — ＿＿＿＿＿＿＿＿
(2) ＿＿＿＿＿＿＿＿ — ＿＿＿＿＿＿＿＿
(3) ＿＿＿＿＿＿＿＿ — ＿＿＿＿＿＿＿＿

ここがポイント
時刻をたずねたり，答えたりするとき，文の主語にはitを使う。

2 (　)内から適する語句を選んで，○で囲みなさい。

(1) What time do you go to bed?
— I go to bed (at / in) ten.

(2) What time is it in Tokyo?
— It's seven in (o'clock / the morning).

ここがポイント
(1)「〜時に…する」と答えるときは，時刻の前にatを置く。
(2)in the morning「午前」

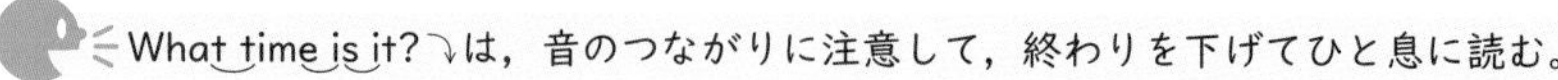

よく出る **3** 次の英文は電話で使われる表現です。日本語になおしなさい。

(1) Hello. This is Akira.

( )

(2) Can I speak to Masako?

( )

(3) Please call me back tomorrow.

( )

まるごと暗記

電話で使われる表現

・Hello.「もしもし」
・This is ～.「(こちらは)～です」
・Can I speak to ～?「～さんはいますか」
・call ～ back「～にかけなおす」

よく出る **4** 次の文を，下線部の時刻をたずねる疑問文に書きかえなさい。

(1) It's twelve o'clock.

______

(2) It's two forty-five in Los Angeles.

______

(3) You get up at six every day.

______

(4) Ben plays tennis at two.

______

ここがポイント

(3)「あなたは何時に～しますか」は What time do you ～? で表す。

ミス注意

(4)疑問文では，動詞を原形にすることに注意。

5 次の日本文に合うように，____に適する語を書きなさい。

(1) 昼食の時間です。

It's ______ ______ lunch.

(2) ここでは午前５時です。

______ five ______ the morning here.

(3) 午後３時です。

It's three ______ the ______.

(4) 彼女は寝ているのですか。

______ she in ______?

まるごと暗記

・「～の時間」time for ～
・「午前」in the morning
・「午後」in the afternoon

World Tour 2

WRITING Plus

あなたが友達のカズオの家に電話をしたとき，彼のお母さんが電話に出ました。次の対話が成り立つように，____に適する語を書きなさい。

あなた： Hello.
(1) ______ is ______ (あなたの名前).
(2) Can I ______ ______ Kazuo?

カズオのお母さん： (3) Sorry, ______ at school.
(4) Please ______ him later.

あなた： OK. Thank you.

文法のまとめ④ Active Grammar ④ 疑問詞

解答 p.27

まとめ

① 疑問詞

- 普通，文頭に置き，そのあとに疑問文の語順を続ける。文の終わりは下げ調子(↘)で言う。
- 答えるときは Yes や No を使わずに，具体的に答える。

疑問詞	意味	例文
what	何[が・を・に]	**What** is this**?** — It's a unicycle. **What** do you do during the summer vacation**?** — I usually visit my grandparents.
	どんな～	**What color** do you like**?** — I like blue.
	何～	**What time** is it**?** — It's three o'clock.
who	誰(だれ)[が・を]	**Who** is that**?** — He is Mr. Tanaka.
whose	誰のもの	**Whose** is this desk**?** — It's hers.
	誰の～	**Whose desk** is this**?** — It's Jim's.
which	どちら[が・を]	**Which** would you like, milk **or** juice**?** — I'd like milk.
	どちらの～	**Which subject** do you like**?** — I like science.
where	どこで[に・へ]	**Where** do you have lunch**?** — In my classroom.
when	いつ	**When** do you have club**?** — After clean-up time.
why	なぜ，どうして	**Why** do you want to go to the U.K.**?** — I want to see my sister in London. **Why not?**
how	どう，どのように	**How** are you**?** — I'm great.
	いくつ～，どれくらい～	**How many bags** do you have**?** — Four bags. **How much** is it**?** — It's fourteen dollars.

練習

よく出る **1** 次の日本文に合うように，____に適する語を書きなさい。

(1) あなたの妹さんはどこにいますか。 ________ is your sister?

(2) あなたは帽子をいくつ持っていますか。
________ ________ caps do you have?

(3) 彼は普通，日曜日に何のスポーツをしますか。
________ ________ does he usually play on Sundays?

(4) あなたはサッカーとバレーボールのどちらが好きですか。
________ do you like, soccer ________ volleyball?

(5) このコンピュータはいくらですか。
________ ________ is this computer?

疑問詞の意味をしっかり覚えよう。

よく出る **2** 次の対話が成り立つように，＿＿に適する語を書きなさい。

(1) *A:* ＿＿＿＿＿＿ that?
B: She's John's mother.

(2) *A:* ＿＿＿＿＿＿ bicycle is this?
B: It's mine.

(3) *A:* ＿＿＿＿＿＿ is your bag?
B: It's on my desk.

(4) *A:* ＿＿＿＿＿＿ do you play tennis?
B: I play it on Sundays.

3 次の文を，下線部をたずねる文に書きかえなさい。

(1) You have four cats.

＿＿＿＿＿＿＿＿＿＿＿＿＿＿＿＿＿＿＿＿＿＿＿＿

(2) Judy plays basketball after school.

＿＿＿＿＿＿＿＿＿＿＿＿＿＿＿＿＿＿＿＿＿＿＿＿

(3) This book is eleven dollars.

＿＿＿＿＿＿＿＿＿＿＿＿＿＿＿＿＿＿＿＿＿＿＿＿

(4) He eats an apple for breakfast.

＿＿＿＿＿＿＿＿＿＿＿＿＿＿＿＿＿＿＿＿＿＿＿＿

(5) That's Ms. White's car.

＿＿＿＿＿＿＿＿＿＿＿＿＿＿＿＿＿＿＿＿＿＿＿＿

よく出る **4** (　)内の日本語を参考にして，対話が成り立つように，＿＿に適する語を書きなさい。

(1) ＿＿＿＿＿＿ do you like, red ＿＿＿＿＿＿ blue?
(あなたは赤と青ではどちらが好きですか。)
— I ＿＿＿＿＿＿ ＿＿＿＿＿＿ .(私は赤が好きです。)

(2) I can't go to school.(私は今日，学校に行けません。)
— ＿＿＿＿＿＿ ＿＿＿＿＿＿ ?(どうしてですか。)

(3) ＿＿＿＿＿＿ ＿＿＿＿＿＿ is it in New York?
(ニューヨークは何時ですか。)
— It's ＿＿＿＿＿＿ in the ＿＿＿＿＿＿ .(朝の9時です。)

(4) ＿＿＿＿＿＿ do you ＿＿＿＿＿＿ to go to Australia?
(あなたはなぜオーストラリアに行きたいのですか。)
— I ＿＿＿＿＿＿ ＿＿＿＿＿＿ see koalas.(コアラが見たいからです。)

5 次の質問に，あなた自身の答えを主語と動詞のある英語で書きなさい。

(1) Which season do you like?

＿＿＿＿＿＿＿＿＿＿＿＿＿＿＿＿＿＿＿＿＿＿＿＿

(2) What time do you usually eat breakfast?

＿＿＿＿＿＿＿＿＿＿＿＿＿＿＿＿＿＿＿＿＿＿＿＿

(3) What do you do on Sundays?

＿＿＿＿＿＿＿＿＿＿＿＿＿＿＿＿＿＿＿＿＿＿＿＿

解答 p.28

Let's Read 1 What Am I?

読 聞 書 話

● 以下の説明文を読み，あとの問いに答えなさい。

I can walk. I can jump. I can swim well. ① I cannot (　　), but ② I can stay underwater (　　) four (　　) five minutes. I don't like carrots. I don't eat grass. I like fish. ③ [day / eat / every / I / fish].

Question

(1) 下線部①，②がそれぞれ，①「私は飛べません」，②「私は水中に4，5分間とどまることができます」という意味になるように，(　)に適する語を書きなさい。

① ＿＿＿＿＿＿

② ＿＿＿＿＿＿，＿＿＿＿＿＿

(2) 下線部③の〔　〕内の語を並べかえて，意味の通る英文にしなさい。

＿＿＿＿＿＿＿＿＿＿＿＿＿＿＿＿＿＿

(3) あなたが本文中のIになったつもりで，内容に合うように次の問いに英語で答えなさい。

1．Can you swim well?

＿＿＿＿＿＿＿＿＿＿＿＿＿＿＿＿＿＿

2．Do you like carrots?

＿＿＿＿＿＿＿＿＿＿＿＿＿＿＿＿＿＿

3．What do you like?

＿＿＿＿＿＿＿＿＿＿＿＿＿＿＿＿＿＿

Word Box BIG

1 次の英語を日本語になおしなさい。

(1) picture (　　　　)　(2) walk (　　　　)

(3) jump (　　　　)　(4) grass (　　　　)

2 次の日本文に合うように，＿＿に適する語を書きなさい。

(1) あの犬を見なさい。 ＿＿＿＿ ＿＿＿＿ that dog.

(2) このテーブルの向きをぐるりと変えてください。

＿＿＿＿ this table ＿＿＿＿, please.

(3) 私はバナナが好きです。 I like ＿＿＿＿.

(4) 私はチーズが好きではありません。 I ＿＿＿＿ like ＿＿＿＿.

出典：株式会社フレーベル館　くるりんぱ①　だ〜れ？　マルタン

解答 p.28

確認のワーク ステージ1 You Can Do It! ② 「ドリームファミリー」を紹介(しょうかい)しよう

読 聞 書 話

教科書の要点 人物を紹介する文

a28

I **want to** introduce our dream family. 「～したい」	私たちのドリームファミリーを紹介したいと思います。
The cousin **is** Bill Smith. 主語が3人称(にんしょう)単数のときbe動詞はis	いとこはビル・スミスです。
He is a great soccer player. 男性について話しているので，Heで始める	彼はすばらしいサッカー選手です。

要点

● 「今までに学習した**be動詞の文**や**一般(いっぱん)動詞の文**を使って，人物を紹介することができる。

① 名前や，自分との関係を言う。 例 This is ～. / He[She] is ～. / His[Her] name is ～.
② 住んでいる場所や職業，年齢(ねんれい)を言う。 例 He[She] lives in ～. / He's[She's] ～ years old.
③ 好きなことや得意なことを言う。 例 He[She] likes ～. / He[She] is good at ～.
④ 性格や特徴(とくちょう)を言う。 例 He[She] is kind[brave, funny, friendly].

Wordsチェック 次の英語は日本語に，日本語は英語になおしなさい。

□(1) grandmother （　　　　　） □(2) 有名な ＿＿＿＿

よく出る 1 日本語のメモを見て，下の人物を紹介する英文を書きなさい。

〈メモ〉(1) 彼の名前はトム(Tom)
(2) ロンドン出身
(3) 野球が好き

(1) His ＿＿＿＿＿＿＿＿.
(2) He ＿＿＿＿＿＿＿＿.
(3) ＿＿＿＿＿＿＿＿

ここがポイント

名前の紹介
・This is ～.
・He is ～.
・His name is ～.
出身
・He is from ～.
・He comes from ～.
好きなこと
・He likes ～.

2 ドリームファミリーのお母さんを清少納言(せいしょうなごん)として紹介します。日本語の内容に合うように，＿＿に適する語を書きなさい。

(1) 母＝清少納言 The ＿＿＿＿ is Sei Shonagon.
(2) 職業＝有名な作家
She is a ＿＿＿＿ ＿＿＿＿.
(3) 特徴＝頭がいい
＿＿＿＿ is ＿＿＿＿.
(4) 母の書く本＝興味深い
＿＿＿＿ books ＿＿＿＿ ＿＿＿＿.

ミス注意

(4)主語がbooksと複数なので，be動詞はareになる。

日本語では「ドリーム」と言うが，英語のdream[dríːm]はつづりがdoで始まらないので注意しよう。

解答 p.29

定着のワーク ステージ2 Unit 6 ～ You Can Do It! ②

読 聞 書 話

1 LISTENING 対話を聞いて，内容に合う絵を選び，記号で答えなさい。 l11

ア

イ

ウ

エ

(　　　)

よく出る **2** 次の(　)内から適する語を選んで，◯で囲みなさい。

(1) My mother (like / likes) flowers very much.

(2) He (have / has) two cats.

(3) Tom and his brother sometimes (play / plays) soccer.

(4) Does he (swim / swims) in the pool?

(5) Jim doesn't (go / goes) to school by bicycle.

3 次の対話が成り立つように，____に適する語を書きなさい。

(1) *A:* Does your brother play video games?
B: No, ______ ______.

(2) *A:* Does Jim's aunt work at a hospital?
B: Yes, ______ ______.

(3) *A:* Which would you like, tea or coffee?
B: ______ like tea.

(4) *A:* ______ ______ he watch TV?
B: After dinner.

よく出る **4** 〔　〕内の語を並べかえて，日本文に合う英文を書きなさい。

(1) サチはたくさんの本を持っています。
〔 of / has / lot / Sachi / books / a 〕.

____

(2) あなたのおじさんはどこに住んでいますか。
〔 uncle / where / your / live / does 〕?

____

(3) ロンドンは何時ですか。
〔 is / London / what / it / time / in 〕?

____

重要ポイント

1 Mary についての情報を聞き取る。

2 (1)(2)主語は3人称単数。
(3)主語は複数。
(4)(5)主語が3人称単数の疑問文と否定文では，動詞は原形にする。

テストに出る!
(2)一般動詞 have
主語が3人称単数のときはhasになる。

3 (1) your brother は答えの文では he にする。
(2) Jim's aunt は答えの文では she にする。
(3)「～が欲しい」は I'd like ～. で表す。

4 (1)「たくさんの～」は a lot of ～で表す。
(2)〈Where + does + 主語 + 動詞の原形～?〉の形。
(3)「何時ですか」は what time で文を始める。

5 次の会話文を読んで，あとの問いに答えなさい。

Grandpa: Where's Tina?
Mr. Rios: ①<u>She's (　　) (　　).</u>
Grandma: ②<u>Oh dear.</u> ③<u>Does she have a cold?</u>
Mr. Rios: ④<u>いいえ，違(ちが)います。</u>

(1) 下線部①が「彼女はベッドで寝ています」という意味になるように，(　)に適する語を書きなさい。

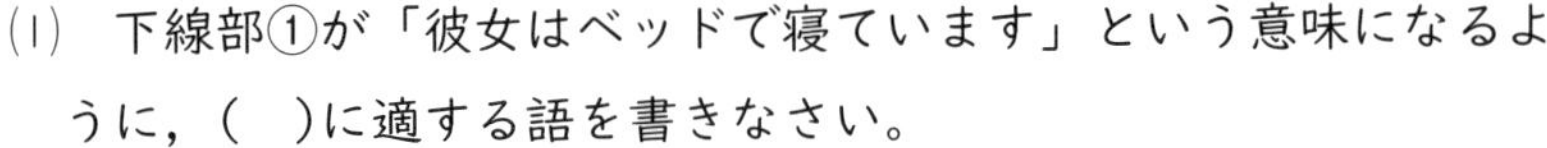

(2) 下線部②，③を日本語になおしなさい。ただし，③の she は具体的な名前になおして書くこと。

②(　　　　　　　　　　　　　　　　　　)
③(　　　　　　　　　　　　　　　　　　)

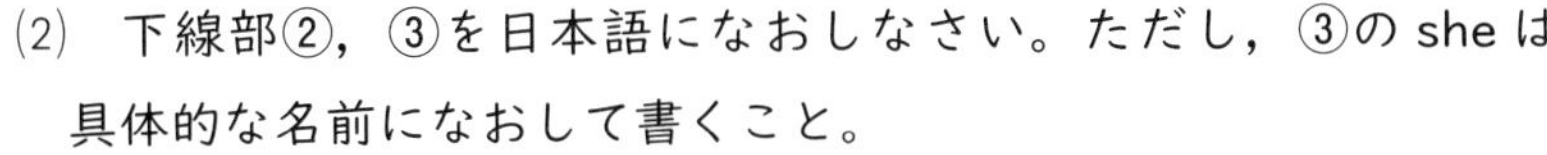

(3) 下線部④を３語の英語になおしなさい。

よく出る 6 次の文を(　)内の指示にしたがって書きかえなさい。

(1) My father cooks dinner.（否定文に）

(2) Emi studies math every day.（疑問文に）

レベルUP 7 次の日本文を英語になおしなさい。

(1) 私の兄は英語を話します。

(2) 彼は毎週日曜日に図書館へ行きます。

(3) 彼女はバスケットボールをしません。

(4) あなたのお父さんは新聞を読みますか。 — はい，読みます。

—

レベルUP 8 次の質問に，あなた自身の答えを３語以上の英語で書きなさい。

(1) Does your English teacher like animals?

(2) What time do you usually have dinner?

重要ポイント

5 (1)「ベッドに（いる)」という意味だと考える。
(2)③ have a cold は「風邪をひいている」という意味。
(3) does を使って答える。

6 (2) studies は study の -(e)s の形。

主語が３人称単数で一般動詞の文
・疑問文
〈Does＋主語＋動詞の原形～?〉
・否定文
〈主語＋doesn't[does not]＋動詞の原形～.〉

7 (2)「～へ行く」は go to ～で表す。「毎週～曜日(に)」は〈on＋曜日 s〉または every ～で表すことができる。

8 (1)質問は「あなたの英語の先生は動物が好きですか」という意味。
(2)質問は「あなたは普通，何時に夕食を食べますか」という意味。

Unit 6～You Can Do It! ②

ちょっとBREAK 時計の針は英語で何と言うでしょう？

➡答えは次のページ

解答 p.30

実力判定テスト ステージ3 Unit 6 〜 You Can Do It! ② 30分

/100 読 聞 書 話

1 LISTENING 次のメニューを見ながらナンシーとトムが話しています。その内容について，３つの質問がされます。それぞれの答えを選んでその記号を書きなさい。 l12

4点×3（12点）

《メニュー》

Omelet	$4
Toast with bacon	$8
Toast with two eggs	$7
Salad	$3
Coffee	$3
Bottled water	$2

(1) ア It's twelve o'clock. イ It's one o'clock.
ウ It's two o'clock. エ It's three o'clock. (　　)

(2) ア It's two dollars. イ It's eight dollars.
ウ It's ten dollars. エ It's twelve dollars. (　　)

(3) ア He likes toast. イ He likes bacon.
ウ He likes eggs. エ He likes salad. (　　)

よく出る **2** 次の日本文に合うように，＿＿に適する語を書きなさい。 3点×6（18点）

(1) 私の姉は北海道に住んでいます。
My sister ＿＿＿＿ ＿＿＿＿ Hokkaido.

(2) 彼は午後にテレビを見ますか。
Does he watch TV ＿＿＿＿ the ＿＿＿＿?

(3) ルーシーは少し眠いです。
Lucy is a ＿＿＿＿ ＿＿＿＿ sleepy.

(4) この写真の向きを変えないでください。
Don't ＿＿＿＿ this picture ＿＿＿＿.

(5) 食卓の準備をしてください。
Please ＿＿＿＿ the ＿＿＿＿.

(6) あなたは何時にお風呂に入りますか。
＿＿＿＿ ＿＿＿＿ do you ＿＿＿＿ a bath?

3 次の文を(　)内の指示にしたがって書きかえなさい。 3点×5（15点）

(1) She likes playing tennis.（否定文に）

＿＿＿＿＿＿＿＿＿＿＿＿＿＿＿＿

(2) His father works at a museum.（否定文に）

＿＿＿＿＿＿＿＿＿＿＿＿＿＿＿＿

(3) Keiko listens to music every day.（疑問文に）

＿＿＿＿＿＿＿＿＿＿＿＿＿＿＿＿

(4) Yuki and Mika like <u>black</u>.（下線部をたずねる疑問文に）

＿＿＿＿＿＿＿＿＿＿＿＿＿＿＿＿

(5) Mr. Takei has lunch <u>at twelve</u>.（下線部をたずねる疑問文に）

＿＿＿＿＿＿＿＿＿＿＿＿＿＿＿＿

ちょっとBREAKの答え hand です。短針は hour hand，長針は minute hand と言います。hour は「時間」。

目標 ●主語が3人称単数の一般動詞の肯定文・否定文・疑問文の形を理解し，身近な人を紹介できるようにしましょう。

自分の得点まで色をぬろう！
がんばろう！ もう一歩 合格！
0 60 80 100点

4 次のある人物を紹介している英文を読んで，あとの問いに答えなさい。 (計23点)

①She is a (　　) (　　) (　　) student.
We go to the same school.
She comes from the U.S.
She studies Japanese very hard.
②[with / she / us / classes / takes].
③She doesn't give up easily.
④[always / she / smiles].

よく出る (1) 下線部①が「彼女は中学生です」という意味になるように，(　)に適する語を書きなさい。 (3点)

(2) 下線部②，④の[　]内の語を並べかえて，意味の通る英文にしなさい。 4点×2(8点)

②

④

(3) 下線部③を日本語になおしなさい。 (6点)

(　　　　)

レベルUP (4) 次の文が本文の内容と合っていれば○，異なっていれば×を書きなさい。 2点×3(6点)

1．この文章を書いた人物と，彼女は違う学校に通っている。 (　　)
2．彼女はイギリス出身である。 (　　)
3．彼女はとても熱心に日本語の勉強をしている。 (　　)

レベルUP **5** 次の表は，マモルの日曜日の日課です。表の内容に合うように，＿＿に適する語を書きなさい。 4点×5(20点)

7:00	起床
7:30	朝食
↕	自分の部屋の掃除
	宿題をする
12:00	昼食
↕	友達とテレビゲームをする
6:00	夕食後，皿洗い
10:00	寝る

(1) Mamoru ＿＿＿＿ ＿＿＿＿ at 7.

(2) He ＿＿＿＿ his room and ＿＿＿＿ his homework in the morning.

(3) He ＿＿＿＿ video games ＿＿＿＿ his friends in the afternoon.

(4) He ＿＿＿＿ the dishes ＿＿＿＿ dinner.

(5) He ＿＿＿＿ to ＿＿＿＿ at 10.

6 次の日本文を英語になおしなさい。 6点×2(12点)

(1) 彼女はとても有名です。

(2) 私の兄は野球がとても好きです。

定期テスト対策 予想問題 第5回 p.138〜139

解答 p.31

確認のワーク ステージ1 Unit 7 New Year Holidays in Japan ①

教科書の要点 一般動詞の過去の文

a29

現在の文 I go to school every day. 私は毎日，学校に行きます。

動詞（不規則動詞）を過去形にする

過去の文 I **went** to a temple on New Year's Eve. 私は大みそかに，寺に行きました。

現在の文 I watch TV with my family. 私は家族と一緒にテレビを見ます。

動詞（規則動詞）を過去形にする

過去の文 I **watched** TV with my family. 私は家族と一緒にテレビを見ました。

要点

- 「〜しました」という過去の文は，動詞の過去形を使って表す。
- 一般動詞の過去形を作るとき，不規則に変化するもの（不規則動詞）と規則的に変化するもの（規則動詞）がある。 例 不規則動詞 go → **went**，see → **saw**，get → **got** など
  例 規則動詞 普通，語尾に **-ed** または **-d** を付ける。 play → play**ed**，use → use**d** など

Wordsチェック 次の英語は日本語に，日本語は英語になおしなさい。

- □(1) kite （ ）
- □(2) sweater （ ）
- □(3) 休み，休暇 ＿＿＿＿
- □(4) make の過去形 ＿＿＿＿
- □(5) 鐘，鈴 ＿＿＿＿
- □(6) 運，幸運 ＿＿＿＿

1 絵を見て例にならい，「〜しました」の英文を完成させなさい。

例 We played tennis.

(1) They ＿＿＿＿＿＿＿＿＿＿＿＿.

(2) Mika ＿＿＿＿＿＿＿＿＿＿＿＿.

(3) She ＿＿＿＿＿＿＿＿＿＿＿＿.

ここがポイント
動詞の過去形は，主語にかかわらず，同じ形になる。

よく出る 2 （ ）内の動詞を過去形にかえて，＿＿に書きなさい。

(1) She ＿＿＿＿ to music.（listen）

(2) We ＿＿＿＿ this computer.（use）

(3) Kenji ＿＿＿＿ to the hospital.（go）

ミス注意
(2)useはつづりがeで終わっているので，-dだけを付けて過去形にする。

過去形の -ed の発音は，[d],[t],[id] の３種類がある。例 played[d]，looked[t]，wanted[id]

3 次の英文を下線部に注意して，日本語になおしなさい。

(1)① I <u>eat</u> toast and an apple every morning.

( )

② I <u>ate</u> toast and an apple.

( )

(2)① Kimiko <u>washes</u> the dishes every afternoon.

( )

② Kimiko <u>washed</u> the dishes.

( )

(3)① Ken <u>calls</u> his friend, Tom, every day.

( )

② Ken <u>called</u> his friend, Tom.

( )

表現メモ

every morning「毎朝」，every day「毎日」などの語句は，習慣を表す。
(3) call ～「～に電話する」

よく出る 4 次の日本文に合うように，＿＿に適する語を書きなさい。

(1) 私たちは，大みそかは家にいてテレビを見ました。

We ＿＿ ＿＿ and ＿＿ TV on New Year's Eve.

(2) 彼女はすてきな靴を買いました。

She ＿＿ nice shoes.

(3) 新年おめでとう。

＿＿ ＿＿ Year!

(4) 彼は誕生日にプレゼントをもらいました。

He ＿＿ a ＿＿ on his birthday.

(5) 私たちは家でパーティーをしました。

We ＿＿ a ＿＿ ＿＿ ＿＿.

(6) タダシは自分の部屋でくつろぎました。

Tadashi ＿＿ in his room.

(7) 私は自分の名前を漢字で書きました。

I ＿＿ my name in *kanji*.

まるごと暗記

- 「家にいる」stay home
- 「パーティーをする」have a party
- 「家で」at home

ここがポイント

(2)「～を買う」buyの過去形はbought
(4)「～をもらう」getの過去形はgot
(5) haveの過去形はhad
(6) relaxは規則動詞
(7)「～を書く」writeの過去形はwrote

Unit 7

WRITING Plus

冬休みに自分がしたことを３つ，英語で書きなさい。

(1) ＿＿

(2) ＿＿

(3) ＿＿

解答 p.31

確認のワーク ステージ1 Unit 7 New Year Holidays in Japan ②

教科書の要点 一般動詞の過去の疑問文と否定文

a30

I ate *toshikoshi soba*. 私は年越しそばを食べました。

疑問文 Did you eat any traditional food? あなたは何か伝統的な食べ物を食べましたか。
（主語の前に did を置く／動詞は原形）

— Yes, I **did**. / No, I **didn't**. はい，食べました。／いいえ，食べませんでした。
（did を使って答える）

否定文 I **didn't** eat any traditional food. 私は伝統的な食べ物を何も食べませんでした。
（動詞は原形／動詞の前に didn't を置く［didn't ＝did not］）

要点

- 「〜しましたか」と過去の出来事をたずねるときは，do の過去形の did を使って，〈Did ＋主語＋動詞の原形〜?〉で表す。
- 答えるときは，did を使い，〈Yes, 主語＋ did.〉/〈No, 主語＋ didn't[did not].〉で答える。
- 「〜しませんでした」と言うときは，動詞の前に didn't を置いて，〈didn't[did not] ＋動詞の原形〉で表す。

Wordsチェック 次の英語は日本語に，日本語は英語になおしなさい。

□(1) show （　　　　）　□(2) poor （　　　　）
□(3) 〜を知っている ＿＿＿＿　□(4) 長い ＿＿＿＿
□(5) 習慣，風習 ＿＿＿＿　□(6) 悪い，嫌な ＿＿＿＿

よく出る 1 例にならい，「〜しましたか」とたずねる文と，その答えの文を書きなさい。

例 You played rugby.
→ Did you play rugby? — Yes, I did. / No, I didn't.

(1) You watched TV.

＿＿＿＿＿＿＿＿＿＿＿＿
— ＿＿＿＿＿＿ / ＿＿＿＿＿＿

(2) Sayuri studied math.

＿＿＿＿＿＿＿＿＿＿＿＿
— ＿＿＿＿＿＿ / ＿＿＿＿＿＿

(3) Jiro saw some birds in the zoo.

＿＿＿＿＿＿＿＿＿＿＿＿
— ＿＿＿＿＿＿ / ＿＿＿＿＿＿

ここがポイント

一般動詞の過去の疑問文と答え方
〈Did ＋主語＋動詞の原形 〜?〉
−〈Yes, 主語＋did.〉/
〈No, 主語＋didn't.〉

ミス注意

some(いくつかの)は主に肯定(こうてい)文で使われる。疑問文に書きかえるときは any(いくらかの，何か)を使う。

Did you 〜? と言うときは，Did you とつなげて読むことに注意する。

よく出る **2** 次の文を「～しませんでした」という文に書きかえなさい。

(1) I ate some pancakes.

____

(2) Jim went to school.

____

(3) He watched that drama.

____

ここがポイント
「～しませんでした」は〈主語＋didn't[did not]＋動詞の原形～.〉で表す。

3 次の日本文に合うように，____に適する語を書きなさい。

(1) 彼女は伝統的な音楽を聞きました。
She ______ ______ ______ music.

(2) ところで，あちらの方はどなたですか。
______ the ______, who is that?

(3) 私は，土曜日は遅くまで起きています。
I ______ ______ late on Saturdays.

まるごと暗記
・「ところで」
by the way
・「(寝ないで)起きている」
stay up

4 〔 〕内の語句を並べかえて，日本文に合う英文を書きなさい。

(1) 彼女は餅を一つも食べませんでした。
〔 any / she / cakes / eat / didn't / rice 〕.

____

(2) 何が長寿のしるしですか。
〔 a sign / what / of / is / long life 〕?

____

表現メモ
(1)「一つも～ない[なかった]」と言うときはanyを使う。
(2)「～の…」は英語では〈... of ～〉というように，日本語と語順が逆になる。

5 Word Box 次の表には，Masako, Koji, Kate の３人が冬休みにしたこと (○)，しなかったこと (×) が書かれています。①には答えを，②にはしたことを英語で書きなさい。

	Masako	Koji	Kate
have a party	×	○	×
cook traditional food	○	×	×
practice calligraphy	×	×	○

(1) Did Masako have a party? ① ______________
But ② ______________.

(2) Did Koji practice calligraphy? ① ______________
But ② ______________.

(3) Did Kate cook traditional food? ① ______________
But ② ______________.

ミス注意
否定文では動詞は原形にすることに注意。
(2) haveは不規則動詞。過去形はhad。

Unit 7

Unit 7 New Year Holidays in Japan ③

読 聞 書 話

教科書の要点　感嘆文（かんたん）

How interesting ! なんておもしろいんでしょう。

- How で文を始める
- 後ろに形容詞
- 感嘆文の終わりにはエクスクラメーションマーク（！）を付ける

What a big lantern ! なんて大きなちょうちんなんでしょう。

- What で文を始める
- 後ろに〈a＋形容詞＋名詞〉

要点

- 「なんて〜なんでしょう」と感嘆を表す文は，〈How＋形容詞［副詞］!〉または〈What＋(a[an])＋形容詞＋名詞 !〉で表す。
- interesting, big のように名詞を説明する言葉を形容詞，fast(速く)，well(上手に)のように，動詞などを説明する言葉を副詞と言う。

Wordsチェック　次の英語は日本語に，日本語は英語になおしなさい。

□(1)	chat	（　　　）	□(2)	still	（　　　）
□(3)	〜を聞く	＿＿＿＿	□(4)	願いごと	＿＿＿＿
□(5)	秘密	＿＿＿＿	□(6)	運のよい	＿＿＿＿

よく出る 1 〔 〕内の語を並べかえて，日本文に合う英文を書きなさい。

(1) なんて美しい写真なんでしょう。
〔 beautiful / a / what / picture 〕!

＿＿＿＿＿＿＿＿＿＿＿＿＿＿＿＿

(2) なんて退屈な映画なんでしょう。〔 boring / what / movie / a 〕!

＿＿＿＿＿＿＿＿＿＿＿＿＿＿＿＿

ここがポイント
「なんて〜な…なんでしょう」は〈What＋(a[an])＋形容詞＋名詞 !〉で表す。

2 次の日本文に合うように，＿＿に適する語を書きなさい。

(1) 彼女は熱がありました。
She ＿＿＿＿ a ＿＿＿＿.

(2) 私たちはあなたがいなくて寂しいです。
We ＿＿＿＿ ＿＿＿＿.

(3) なんてかわいいんでしょう。
＿＿＿＿ ＿＿＿＿!

(4) 早くよくなって，サキ。
＿＿＿＿ ＿＿＿＿ soon, Saki.

ここがポイント
(1)「熱がある」は have a fever で表す。
(3)「なんて〜なんでしょう」は〈How＋形容詞［副詞］!〉で表す。

感嘆文は，普通，形容詞［副詞］の部分を強く言う。例 What a big dog! では下線部を強く言う。

解答 p.32

Unit 7 New Year Holidays in Japan ④

読 聞 書 話

教科書の要点 be 動詞の過去の文

a32

現在の文 It is fun. それは楽しいです。

is の過去形は was

過去の文 It **was** fun. それは楽しかったです。

現在の文 The traditional buildings are beautiful. 伝統的な建物は美しいです。

are の過去形は were

過去の文 The traditional buildings **were** beautiful. 伝統的な建物は美しかったです。

要点

- be 動詞の過去形は，am, is が **was** に，are が **were** になる。

例 現在形 I am happy.（私は幸せです。）→ 過去形 I **was** happy.（私は幸せでした。）

Wordsチェック 次の英語は日本語に，日本語は英語になおしなさい。

□(1) amazing （ ）　□(2) exciting （ ）

□(3) とてもおいしい ＿＿＿＿　□(4) クッキー ＿＿＿＿

よく出る 1 次の文を過去の文に書きかえなさい。

(1) I am tired.

＿＿＿＿＿＿＿＿

(2) The drama is interesting.

＿＿＿＿＿＿＿＿

(3) You are a student.

＿＿＿＿＿＿＿＿

ここがポイント

be動詞の過去形
- am, is → was
- are → were

2 次の日本文に合うように，＿＿に適する語を書きなさい。

(1) 彼女が私たちを訪問できることを願います。

I ＿＿＿＿ she can visit us.

(2) その犬は空腹でした。

The dog ＿＿＿＿ ＿＿＿＿.

(3) 彼らはきのう，公園にいました。

They ＿＿＿＿ in the park ＿＿＿＿.

(4) 私たちは着物を身に着けていました。

We ＿＿＿＿ ＿＿＿＿ kimonos.

表現メモ

(1)「〜（であること）を願い[望み]ます」
I hope 〜.

(4)「〜を身に着けて」
in 〜

Unit 7

解答 p.32

確認のワーク ステージ1 Unit 7 New Year Holidays in Japan ⑤ 読 聞 書 話

教科書の要点 手紙の書き方

a33

Dear Ms. Brown, 親愛なるブラウン先生,

手紙を受け取る人

手紙の本文 ⋮

I **look forward to** the next class. 次の授業を楽しみにしています。

Best wishes, ご多幸を祈って,
結びの挨拶

Imura Kotaro 井村光太郎
手紙の差出人

要点

- 手紙を書くときは，①相手の名前(Dear ～,)，②本文，③結びの挨拶(Best wishes,など)，④自分の名前の順に書く。
- 本文の初めには簡単な挨拶，終わりには相手への心遣いの文を書くとよい。

Wordsチェック 次の英語は日本語に，日本語は英語になおしなさい。

□(1) care ( )　□(2) lesson ( )
□(3) 雪 ＿＿＿　□(4) 木，森，林 ＿＿＿
□(5) take の過去形 ＿＿＿　□(6) 最もよい ＿＿＿

1 〔 〕内の語句を並べかえて，日本文に合う英文を書きなさい。

(1) 私はパーティーを楽しみにしています。
〔 forward / I / the party / to / look 〕.

＿＿＿＿＿＿＿＿＿＿

レベルUP (2) 私たちはあなたに会えるのを楽しみにしています。
〔 you / look / to / we / seeing / forward 〕.

＿＿＿＿＿＿＿＿＿＿

ここがポイント
「～を楽しみに待つ」は look forward to ～で表す。「～」に動詞がくるときは動詞に-ingを付ける。

2 次の手紙の( )に入る適切な表現を右の□から選び，記号で答えなさい。

(1) ( ) Mr. Kato,
(2) ( ) · · · · · · · · · · · · ·
· · · · · · · · · · · · · · · · ·
· · · · · · · · · · · · · (3) ( )
(4) ( )
Takahashi Aya

ア Your friend,
イ Dear
ウ How are you?
エ See you soon.

表現メモ
・相手の名前はDearのあとに書く。
・結びの挨拶には，
Best regards,「くれぐれもよろしく」
Sincerely,「敬具」
Take care,「じゃあ，また」
Yours,「草々」
Cheers,「ごきげんよう」
などがある。

wood は [wúd] と発音するよ。

解答 p.32

Active Grammar ⑤ 動詞の過去形①

読 聞
書 話

まとめ

① 過去の肯定文，疑問文，否定文

- 一般動詞の過去の文では，主語の人称によって動詞の形が変化することはない。
- 肯定文は，〈主語＋動詞の過去形～.〉で表し，「～しました」という意味。
- 疑問文は，〈Did ＋主語＋動詞の原形～?〉で表し，「～しましたか」という意味。〈Yes, 主語 ＋ did.〉または〈No, 主語＋ didn't[did not].〉で答える。
- 否定文は，〈主語＋ didn't[did not] ＋動詞の原形～.〉で表し，「～しませんでした」という意味。

肯定文	I **played** tennis yesterday.	私はきのう，テニスをしました。
疑問文	**Did** you **play** tennis this morning?	あなたは今朝，テニスをしましたか。
	—Yes, I **did**. / No, I **didn't**. [didn't = did not]	はい，しました。/ いいえ，しませんでした。
否定文	I **did not** play tennis this morning.	私は今朝，テニスをしませんでした。

② 動詞の過去形

- 規則動詞の過去形の作り方

大部分の動詞	-ed を付ける	play → **played**，visit → **visited**
語尾が e	-d を付ける	like → **liked**，live → **lived**
語尾が〈子音字 +y〉	y を i に変えて -ed を付ける	study → **studied**，try → **tried**
語尾が〈短母音＋子音字〉	子音字を重ねて -ed を付ける	stop → **stopped**(意味：止まる)

- -ed の発音

[t ト]	talked，looked	[id イド]	wanted，visited	[d ド]	played，lived

- 不規則動詞の過去形

①つづりが大きく変わる	buy → **bought**，go → **went**，have → **had**，see → **saw**
②母音が変わる	run → **ran**，sing → **sang**，write → **wrote**
③上記以外のもの	read → **read**([ríːd] が [réd] と読み方が変わる) hit → **hit**(つづりも発音も現在形と同じ)

練習

1 次の文を( )内の指示にしたがって書きかえなさい。

(1) I play soccer. (文末に yesterday を加えて)

(2) We study English. (文末に yesterday を加えて)

(3) You visited your aunt. (疑問文に)

(4) He bought that car. (否定文に)

文法のまとめ5 Active Grammar ⑤ 動詞の過去形②

解答 p.33

読 聞
書 話

まとめ

① 過去の肯定(こうてい)文，疑問文，否定文

- be 動詞の過去の文では，am, is が **was** に，are が **were** になる。
- 肯定文は，〈主語＋ was/were〜.〉で表し，「〜でした」という意味。
- 疑問文は，〈Was/Were ＋主語〜?〉で表し，「〜でしたか」という意味。〈Yes, 主語＋ was / were.〉または〈No, 主語＋ wasn't[was not] / weren't[were not].〉で答える。
- 否定文は，〈主語＋ wasn't[was not] / weren't[were not]〜.〉で表し，「〜ではありませんでした」という意味。

肯定文	I **was** happy yesterday.	私はきのう，うれしかったです。
疑問文	**Were** you happy this morning?	あなたは今朝，うれしかったですか。
	— Yes, I **was**. / No, I **wasn't**[**was not**].	はい，うれしかったです。/いいえ，うれしくありませんでした。
否定文	I **wasn't**[**was not**] happy this morning.	私は今朝，うれしくありませんでした。

練習

よく出る **1** 次の日本文に合うように，＿＿に適する語を書きなさい。

(1) 私は今朝，眠かったです。
I ＿＿＿＿ ＿＿＿＿ this morning.

(2) その試合はわくわくさせるようなものでしたか。
＿＿＿＿ the game ＿＿＿＿?

(3) あなたは空腹でしたか。
＿＿＿＿ ＿＿＿＿ hungry?

(4) 彼らはきのう，体育館にいませんでした。
They ＿＿＿＿ in the gym yesterday.

主語に合わせて
be 動詞の過去形
を使い分けよう。

よく出る **2** 次の文を過去の文に書きかえ，書きかえた文を日本語になおしなさい。

(1) My cap is under the bed. ＿＿＿＿＿＿＿＿
日本語（　　　　　　　　　　　　）

(2) Where are your pencils? ＿＿＿＿＿＿＿＿
日本語（　　　　　　　　　　　　）

(3) ((2)に答えて)They are in my sister's pencil case.
＿＿＿＿＿＿＿＿＿＿＿＿＿＿＿＿
日本語（　　　　　　　　　　　　）

(4) Those pictures are not beautiful.
＿＿＿＿＿＿＿＿＿＿＿＿＿＿＿＿
日本語（　　　　　　　　　　　　）

解答 p.33

ステージ1 Daily Life Scene 4 ウェブサイト

読 聞 書 話

教科書の要点 need や can を使った文

a34

You **need** a lot of decorations.（a lot of：たくさんの～／need：～が必要です）　あなたはたくさんの飾りつけが必要です。

You **can** also bring your pet to my house.（also：～もまた／can：～してもいいです）　私の家にペットを連れてきてもいいです。

要点

- need ～は「～を必要とする」という意味。
- can ～は「～できる」という意味のほかに，「～してもよい」という意味を表すこともある。

Wordsチェック 次の英語は日本語に，日本語は英語になおしなさい。

□(1)	photo	(　　　)	□(2)	number	(　　　)
□(3)	手紙	＿＿＿	□(4)	年齢（ねんれい）	＿＿＿
□(5)	援助，助け	＿＿＿	□(6)	驚き	＿＿＿

1 友達から，次のようなクリスマスパーティーの案内のメールが来ました。その内容について，下の(　)の中に日本語を書きなさい。

> Christmas Party
>
> Date　: December 20　13:00 ～ (You can come later.)
>
> Place　: Kate's house
>
> Please bring these things :
>
> ・decorations　Please make a lot of colorful decorations and bring them. Let's put them on the Christmas tree.
>
> ・a card　Please write a message on the card.
>
> ・a party hat　You need a party hat. Make it by yourself.
>
> Let's enjoy the party.

(1) 日時　(　　)月(　　)日(　　)時で，(　　　)もいい。

(2) 持ち物　飾りつけ：たくさんの(　　　　　)ものを作る。

(　　　　　　　)に付ける。

カード　：(　　　　　)を書く。

パーティーハット：(　　　)で作る。

表現メモ

- come later「遅れる」
- a lot of ～「たくさんの～」
- put ～ on ...「…に～を付ける」
- need ～「～を必要とする」
- by yourself「あなた自身で，あなた一人で」

ことばメモ

- Christmas tree「クリスマスツリー」

定着のワーク ステージ2 Unit 7 ～ Daily Life Scene 4

読 聞 書 話

1 LISTENING ある男の子の話を聞いて，話の順に下の絵を並べかえ，（　）内に記号を書きなさい。 ♪ l13

（　　）→（　　）→（　　）→（　　）

2 次の日本文に合うように，____に適切な語を書きなさい。

(1) 彼らは沖縄に住んでいました。
They ________ in Okinawa.

(2) 彼は日曜日に図書館に行きました。
He ________ to the library on Sunday.

(3) リョウタはすてきな帽子を買いました。
Ryota ________ a nice hat.

(4) ジェーンはお母さんと一緒におせちを作りました。
Jane ________ *osechi* with her mother.

(5) あなたは楽しい休みを過ごしましたか。
________ you have a nice vacation?

(6) そのテレビゲームはとてもおもしろかったです。
The video game ________ very interesting.

(7) 私たちはきのう，疲れました。
We ________ tired yesterday.

3 〔　〕内の語を並べかえて，日本文に合う英文を書きなさい。ただし，1語不要な語があります。

(1) ところで，彼女は学校に行きましたか。
〔 did / school / she / by / to / the / do / go / way / , 〕?

(2) ティムは熱があります。〔 have / fever / Tim / a / has 〕.

(3) 私は春休みを楽しみにしています。
〔 the / vacation / forward / I / spring / in / look / to 〕.

重要ポイント

1 過去の出来事である。動詞に注意する。

2 すべて過去の文。
(1) live は規則動詞。
(2) go は不規則動詞。
(3) buy は不規則動詞。
(4) make は不規則動詞。
(5) 一般動詞の過去の疑問文。
(6) is を過去形にする。
(7) are を過去形にする。

3 (1)「ところで」は by the way。
(2)「熱がある」は have a fever。主語が3人称単数であることに注意する。
(3)「～を楽しみに待つ」は look forward to ～。

一般動詞の過去の疑問文はDidで始める。

4 次の会話文を読んで，あとの問いに答えなさい。

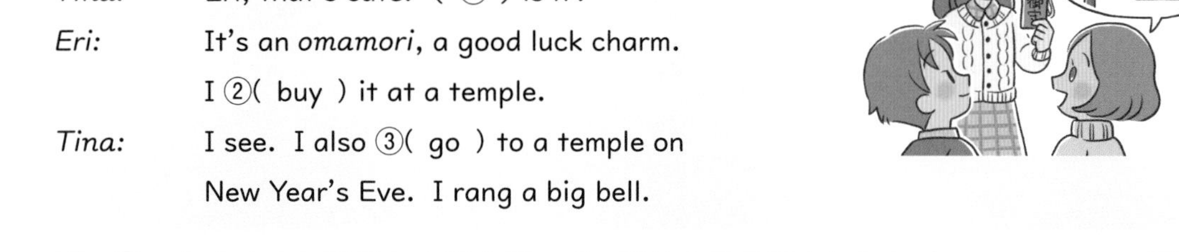

Tina: Happy New Year!
Hajin, Eri: Happy New Year, Tina!
Tina: Eri, that's cute. (①) is it?
Eri: It's an *omamori*, a good luck charm.
I ②(buy) it at a temple.
Tina: I see. I also ③(go) to a temple on New Year's Eve. I rang a big bell.

(1) ①の（ ）の中に適当な１語を書いて，意味の通る英文にしなさい。

______

(2) ②，③の（ ）内の語を適する形にかえなさい。
② ______ ③ ______

(3) 本文の内容について，次の問いに３語以上の英語で答えなさい。
1．Does Eri have an *omamori*?
______
2．What did Tina ring at a temple?
______

よく出る **5** 次の文を（ ）内の指示にしたがって書きかえなさい。

(1) My sister plays the piano. （文末に yesterday を加えて）
______
(2) We were in the gym. （否定文に）
______
(3) They saw him at the station. （否定文に）
______
(4) You talked with Kenta yesterday. （疑問文に）
______
(5) Aya got three balloons. （下線部をたずねる疑問文に）
______

レベルUP **6** 次の質問に，あなた自身の答えを３語以上の英語で書きなさい。

(1) Did you play video games yesterday?
______
(2) What did you study yesterday?
______

重要ポイント

4 (1)ティナの質問に対するエリの答えに注目。エリは「それはお守りです」と答えている。
(2)②③ともに過去の行動を表している。
(3)2. ringは「～を鳴らす」という意味で，過去形はrang。

5 (1)過去の文にする。
(2)否定文は be 動詞のあとに not を置く。
(3)否定文は一般動詞の前に didn't を置く。
(4)疑問文は主語の前に Did を置く。

得点力をUP

- 場所をたずねるとき Where ～?
- 時をたずねるとき When ～?
- 時刻をたずねるとき What time ～?
- 数をたずねるとき How many ～?
- 値段をたずねるとき How much ～?

6 (1)「あなたはきのう，テレビゲームをしましたか」という質問。
(2)「あなたはきのう，何を勉強しましたか」という質問。

Unit 7 ～ Daily Life Scene 4

ちょっとBREAK lantern は「ちょうちん」のことですが，jack-o'-lantern は何のこと？ ➡答えは次のページ

解答 p.34

実力判定テスト ステージ3 Unit 7 〜 Daily Life Scene 4

30分 読 聞 書 話 /100

1 LISTENING 対話の後，その内容について質問があります。その答えを次から選び，記号で答えなさい。対話は３つあります。 l14 4点×3(12点)

(1) ア At 9：00.
イ At 9：30.
ウ At 10：30.
エ At 11：00.
(　　)

(2) ア By bicycle.
イ She walks to school.
ウ By bus.
エ By car.
(　　)

(3) ア With Sachi's family.
イ With Ken's family.
ウ In Kyushu.
エ In Tokyo.
(　　)

2 次の文の(　)内の語を過去形にかえて，＿＿に書きなさい。 2点×6(12点)

(1) He (makes) dinner yesterday. ＿＿
(2) We (eat) sushi on New Year's Day. ＿＿
(3) Our father (writes) some letters. ＿＿
(4) My friends and I (go) camping. ＿＿
(5) That chocolate (is) delicious. ＿＿
(6) The decorations (are) very colorful. ＿＿

よく出る **3** 次の文を(　)内の指示にしたがって書きかえなさい。 3点×8(24点)

(1) You bought a new computer.（疑問文に）
＿＿
(2) His father worked at the restaurant.（否定文に）
＿＿
(3) Ms. Sato was your neighbor.（疑問文に）
＿＿
(4) He called his uncle <u>at 3:00</u>.（下線部をたずねる疑問文に）
＿＿
(5) You studied <u>math</u>.（下線部をたずねる疑問文に）
＿＿
(6) They had a basketball game <u>in the gym</u>.（下線部をたずねる疑問文に）
＿＿
(7) Tim watched TV <u>after dinner</u>.（下線部をたずねる疑問文に）
＿＿
(8) This book was <u>90 dollars</u>.（下線部をたずねる疑問文に）
＿＿

ちょっとBREAKの答え ハロウィンで使われるカボチャのちょうちんのことです。

目標 ●一般動詞やbe動詞の過去の肯定文・否定文・疑問文を作れるようになりましょう。

自分の得点まで色をぬろう!
がんばろう! | もう一歩 | 合格!
0 60 80 100点

4 次の英文を読んで，あとの問いに答えなさい。 (計25点)

① How was Christmas and the New Year?
I went to a famous temple in Asakusa with my friends.
② It was fun. The traditional buildings (③) beautiful. Some people were (④) kimonos.
I liked the atmosphere.

(1) 下線部①を日本語になおしなさい。 (6点)

( )

(2) 下線部②のItはどのようなことを指しているか。日本語で答えなさい。 (5点)

( )

よく出る (3) ③，④の( )に適する語を書きなさい。 3点×2(6点)

③ ______ ④ ______

(4) この文を書いた人は，浅草で何を目にしましたか。日本語で2つ書きなさい。 4点×2(8点)

( )

( )

5 次のカヨから友達のマリコに宛てた手紙の____に適する語を書きなさい。ただし，手紙の内容は，右の□内の内容に合わせること。 3点×5(15点)

(1) ______ Mariko,
How are you? I (2) ______ you are great.
I visited my grandparents in Shizuoka.
They were fine. So I (3) ______ happy.
I (4) ______ some fish and rice cakes with them.
They were (5) ______.
I look forward to seeing you.
Your friend,
Kayo

・祖父母が元気でうれしかった。
・魚と餅を食べて，とてもおいしかった。
・また会えるのを楽しみにしている。

レベルUP
6 次の日本文を英語になおしなさい。 6点×2(12点)

(1) あなたは冬休みを楽しみましたか。

______

(2) 私たちは12月10日にパーティーをしました。

______

定期テスト対策 予想問題 第6回 p.140〜141

解答 p.35

確認のワーク ステージ1 Unit 8 Getting Ready for the Party ① 読 聞 書 話

教科書の要点 現在進行形の文 a35

I bake a cake on Sundays. 私は毎週日曜日にケーキを焼きます。

I'm baking a cake now. 私は今，ケーキを焼いています。

be動詞が必要　動詞を -ing 形にする

要点

● 「(今)〜しています」と，動作が現在進行していることを表すときは，〈主語＋ be 動詞(am, is, are)＋動詞の -ing 形〜 .〉の形にする。これを現在進行形という。

● 動詞の -ing 形の作り方：

そのまま -ing を付ける	go → going
e をとって -ing を付ける	come → coming
語尾(ごび)の文字を重ねて -ing を付ける	run → running

Wordsチェック 次の英語は日本語に，日本語は英語になおしなさい。

□(1) line (　　　)　□(2) That's right. (　　　)

□(3) アルバム ＿＿＿　□(4) 〜を選ぶ ＿＿＿

□(5) 台所，キッチン ＿＿＿　□(6) 〜時 ＿＿＿

1 絵を見て例にならい，「私は〜しています」の文を書きなさい。

例 play the piano

(1) read a book

(2) study math

(3) swim in the pool

例 I'm playing the piano.

(1) I'm ＿＿＿ a book.

(2) ＿＿＿ ＿＿＿ math.

(3) ＿＿＿＿＿＿＿＿＿＿

ここがポイント
現在進行形
現在進行中の動作を表す表現。〈be動詞＋動詞の -ing形〉で表す。

よく出る 2 次の文の＿＿に，(　)内の語を適する形にかえて書きなさい。

(1) Sakura is ＿＿＿ the dishes. (wash)

(2) Akira is ＿＿＿ with his friends. (run)

(3) The students are ＿＿＿ their classroom. (clean)

まるごと暗記
(2) **run の -ing 形**
run は語尾の n を重ねて -ing を付ける。

bake，cake，later の a は［ei］と発音するので注意しよう。

よく出る **3** 次の文を「～しています」の文に書きかえなさい。

(1) I draw a picture.

______

(2) He talks with his uncle.

______

(3) They try calligraphy.

______

(4) Tomoko helps her father.

______

(5) Mike and his friends dance together.

______

(6) My dog drinks water.

______

ミス注意
(2)(4)(6)主語が3人称単数なので，be動詞はisを使う。
(3)(5)主語が複数なので，be動詞はareを使う。

4 次の日本文に合うように，____に適する語を書きなさい。

(1) 彼女は並んで待っています。
She is ______ ______ ______.

(2) パーティーの準備をしなさい。
______ ______ ______ the party.

(3) 彼は窓の外を見ました。
He ______ ______ ______ the window.

まるごと暗記
・「並んで，列になって」 in line
・「～の準備をする」 get ready for ～
・「～の外を見る」 look out of ～

表現メモ
(2)命令文なので，動詞の原形で文を始める。

5 Word Box 次の表は，４人の人物が「今している」ことをまとめたものです。例にならい，各人物が「今している」ことがわかるように，動詞と目的語を組み合わせて文を書きなさい。ただし，人物と動詞は一致しています。

人物	動詞	目的語
Takashi	write	the table
Kumi	eat	a drama
Mary	watch	yogurt
Mike	set	a letter

例 Takashi is writing a letter.

(1) Kumi ______.

(2) Mary ______.

(3) Mike ______.

ことばメモ
・write～ 「～を書く」
・set～ 「(食卓)の準備をする」

解答 p.36

確認のワーク ステージ1 Unit 8 Getting Ready for the Party ②

教科書の要点 現在進行形の否定文と疑問文 / What を使った疑問文 a36

否定文 I'm not baking a cake now. 私は今，ケーキを焼いていません。

be 動詞のあとに not を置く

疑問文 Are you baking a cake? あなたはケーキを焼いていますか。

主語の前に be 動詞を置く

— Yes, I am. / No, I'm not. はい，焼いています。／いいえ，焼いていません。

be 動詞を使って答える

要点 1

- 現在進行形の否定文は **be 動詞のあとに not** を置き，「(今)〜していません」という意味を表す。
- 現在進行形の疑問文は**主語の前に be 動詞**を置き，「(今)〜していますか」という意味を表す。
- 答えるときは，〈**Yes, 主語＋ be 動詞 .**〉/〈**No, 主語＋ be 動詞＋ not.**〉で答える。

What are you doing? あなたたちは何をしていますか。

何を　あなたたちは〜していますか

— We are decorating the cake now. 私たちは今，ケーキを飾っています。

要点 2

- 「(今)あなた(たち)は何をしていますか」は **What are you doing?** で表す。
- 答えるときは，「何をしているか」を現在進行形を使って具体的に答える。

Words チェック 次の英語は日本語に，日本語は英語になおしなさい。

□(1) decorate (　　　　)　□(2) put up 〜 (　　　　)

□(3) 遠く，はるかに ＿＿＿＿　□(4) かわいらしい ＿＿＿＿

よく出る 1 次の現在進行形の文を疑問文に書きかえ，その答えの文も書きなさい。

(1) You are studying hard.

＿＿＿＿＿＿＿＿＿＿＿＿＿＿＿＿

— Yes, I ＿＿＿＿.

(2) She is cooking breakfast.

＿＿＿＿＿＿＿＿＿＿＿＿＿＿＿＿

— No, ＿＿＿＿ ＿＿＿＿.

(3) They are playing basketball.

＿＿＿＿＿＿＿＿＿＿＿＿＿＿＿＿

— Yes, ＿＿＿＿ ＿＿＿＿.

ここがポイント

現在進行形の疑問文
〈be動詞＋主語＋動詞の-ing形〜?〉で表す。答えるときもbe動詞を使って答える。

Whát are you dóing? (↘) 音の強弱，つながり，文末の下げ調子に気をつけて読もう。

2 絵を見て例にならい，「私は～していません」の文を書きなさい。

例 I'm not playing volleyball.

(1) I'm ＿＿＿＿ ＿＿＿＿ TV.

(2) ＿＿＿＿ ＿＿＿＿ ＿＿＿＿ English.

(3) ＿＿＿＿＿＿＿＿＿＿＿＿

ここがポイント

現在進行形の否定文
〈主語＋be動詞＋not＋動詞の-ing形～.〉で表す。notはbe動詞のあとに置く。

3 〔　〕内の語を並べかえて，日本文に合う英文を書きなさい。

(1) あなたは今，音楽を聞いていますか。
〔 music / you / to / are / now / listening 〕?

＿＿＿＿＿＿＿＿＿＿＿＿

(2) 彼らは今，何をしていますか。
〔 what / now / they / are / doing 〕?

＿＿＿＿＿＿＿＿＿＿＿＿

(3) あなたは何を飲んでいますか。
〔 are / what / you / drinking 〕?

＿＿＿＿＿＿＿＿＿＿＿＿

よく出る 4 次の文を（　）内の指示にしたがって書きかえなさい。

(1) She is washing her car now.（否定文に）

＿＿＿＿＿＿＿＿＿＿＿＿

(2) Your brother is running in the park.（疑問文に）

＿＿＿＿＿＿＿＿＿＿＿＿

(3) They are <u>playing *karuta*</u>.（下線部をたずねる疑問文に）

＿＿＿＿＿＿＿＿＿＿＿＿

ミス注意

(3)「カルタをしている」をたずねるので，「何をしていますか」という文にする。

5 次の日本文に合うように，＿＿に適する語を書きなさい。

(1) 私たちは装飾を取り付けています。
We are ＿＿＿＿ ＿＿＿＿ decorations.

(2) これまでは順調です。
So ＿＿＿＿, so ＿＿＿＿.

(3) 心配しないで，父さん。
＿＿＿＿ ＿＿＿＿, Dad.

まるごと暗記

・「(壁に絵など)を取り付ける」
put up ～
・「これまでは順調だ」
So far, so good.

確認のワーク ステージ1 Unit 8 Getting Ready for the Party ③ 読 聞 書 話

教科書の要点 look ～の文 a37

It is wonderful. それはすばらしいです。
It looks wonderful. それはすばらしく見えます。
（～に見える）（後ろに形容詞を置く）
Kota looks funny. コウタはおもしろく見えます。

要点

- 〈主語＋ look ＋形容詞〉で，「…(主語)が～に見える」という意味を表す。
- wonderful(すばらしい)，funny(おもしろい)など，ものや人の様子などを説明する語を形容詞という。

Wordsチェック 次の英語は日本語に，日本語は英語になおしなさい。

□(1) wow （　　　）　□(2) think （　　　）
□(3) カップ ＿＿＿＿　□(4) シャツ ＿＿＿＿
□(5) 内側に，内部に ＿＿＿＿　□(6) 眼鏡 ＿＿＿＿

1 絵を見て例にならい，「…は～に見えます」という文を書きなさい。

例

this cake / delicious

(1)

they / excited

(2)

she / kind

(3)

this cat / cute

例 This cake looks delicious.
(1) They ＿＿＿＿ excited.
(2) She ＿＿＿＿ ＿＿＿＿.
(3) ＿＿＿＿＿＿＿＿

ことばメモ
- delicious とてもおいしい
- excited わくわくして
- kind 親切な
- cute かわいい

2 次の英文を日本語になおしなさい。

(1) She is friendly.
（　　　　　　）
(2) She looks friendly.
（　　　　　　）
(3) These video games look exciting.
（　　　　　　）

ここがポイント
look(～に見える)
「～に見える」と言うときの look は，be 動詞のように前後の語句をつなぐ働きをしている。

think の [θ] や wonderful の [l] など，日本語にない発音には特に気を付けよう。

よく出る **3** 次の日本文に合うように，＿＿に適する語を書きなさい。

(1) 私の父親は眠そうに見えます。
My father ＿＿＿＿ ＿＿＿＿.

(2) この箱はとても重く見えます。
This box ＿＿＿＿ very ＿＿＿＿.

(3) この犬は頭がよく見えます。
This dog ＿＿＿＿ ＿＿＿＿.

(4) あれらの学生たちは強く見えます。
Those students ＿＿＿＿ ＿＿＿＿.

レベルUP (5) 私の叔母は疲れて見えました。
My aunt ＿＿＿＿ ＿＿＿＿.

(6) 彼は空腹に見えますか。
＿＿＿＿ he ＿＿＿＿ ＿＿＿＿?

(7) 新しいコメディアンはおもしろく見えますか。
＿＿＿＿ the new comedian ＿＿＿＿
＿＿＿＿?

ミス注意
(4)主語が複数なので，lookに-sは付かない。
(5)過去の文なので，lookを過去形にする。
(6)(7)主語が3人称単数で，一般動詞の疑問文なので，主語の前にDoesを置く。

レベルUP **4** 次の対話が成り立つように，(　)内の語を使い，＿＿に英文を書きなさい。

(1) *A:* Look at this new bag.　(what, think)
＿＿＿＿＿＿＿＿＿＿＿＿＿＿＿＿
B: Oh, it looks nice!

(2) *A:* I got a dog yesterday.
B: Really? ＿＿＿＿＿＿＿＿＿＿＿＿　(idea)
What color is it?
A: It's white.　It's very cute.

(3) *A, B:* ＿＿＿＿＿＿＿＿＿＿＿＿　(home)
C: How was your camping?　You weren't at home for three days.
A: We enjoyed it, but we missed Mom and Dad.

まるごと暗記
・「どう思いますか」
What do you think?
・「全く知らなかった」
I had no idea.
・「ただいま」
〈主語＋be動詞＋home.〉

ことばメモ
(3) miss
「(人)がいないのを寂しく思う」

Unit 8

WRITING Plus
自分の好きな有名人を１人選んで，(1)の＿＿にその「名前」，(2)の＿＿にその人が「どのように見えるか」をそれぞれ英語で書きなさい。

(1) I like ＿＿＿＿＿＿＿＿＿＿＿＿.
(2) ＿＿＿＿＿＿＿＿＿＿＿＿＿＿＿＿

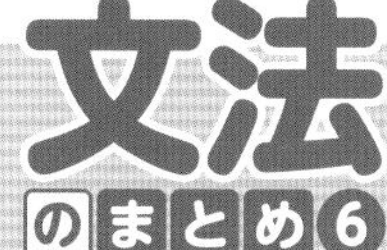

Active Grammar ⑥ 現在進行形

解答 p.37

まとめ

① 現在進行形

- 〈be 動詞＋動詞の -ing 形〉で「(今)～しています」という意味。be 動詞の am, is, are は主語によって使い分ける。
- 肯定文：〈主語＋ be 動詞＋動詞の -ing形～.〉で「…は～しています」という意味。
- 否定文：〈主語＋ be 動詞＋ not ＋動詞の -ing形～.〉で「…は～していません」という意味。
- 疑問文：〈be 動詞＋主語＋動詞の -ing形～?〉で「…は～していますか」という意味。
  答えるときは，〈Yes, 主語＋ be 動詞 .〉/〈No, 主語＋ be 動詞＋ not.〉で答える。

肯定文 I **am** watching TV now.

否定文 I **am not** watching TV now.

疑問文 **Are** you watching TV now? — Yes, I **am**. / No, I **am not** [I'm **not**].

- -ing 形の作り方

語尾に -ing を付ける	play → playing, visit → visiting
e をとって -ing を付ける	use → using, make → making
語尾の文字を重ねて -ing を付ける	run → running, swim → swimming

練習

1 次の２つの文の違いがわかるように，それぞれの文を日本語になおしなさい。

(1) ① Masako practices the piano on Sundays.
( )
② Masako is practicing the piano.
( )

(2) ① They study science every day.
( )
② They are studying science now.
( )

よく出る **2** 次の文の( )内の語を文に合う形にかえて，____に書きなさい。

(1) I am (eat) lunch now. ____
(2) He is (walk) his dog. ____
(3) She is (run) with her friends now. ____
(4) They are (speak) English. ____
(5) Are you (drink) coffee? ____
(6) We are not (use) this computer. ____
(7) What are you (do)? ____

3 次の対話が成り立つように，＿＿に適切な語を書きなさい。

(1) Are you drawing an apple? — Yes, I ＿＿＿＿.

(2) Is your brother taking pictures? — No, ＿＿＿＿ ＿＿＿＿.

(3) ＿＿＿＿ ＿＿＿＿ playing *karuta*? — Yes, we are.

(4) ＿＿＿＿ ＿＿＿＿ they doing?

— They are decorating their house.

よく出る **4** 次の日本文に合うように，＿＿に適する語を書きなさい。

動詞の -ing 形の作り方に注意しよう。

(1) 私の弟は今，ベッドで眠っています。

My brother ＿＿＿＿ ＿＿＿＿ in the bed now.

(2) 私は夕食を作っているところです。

I ＿＿＿＿ ＿＿＿＿ dinner.

(3) 彼らは今，写真を撮っています。

They ＿＿＿＿ ＿＿＿＿ pictures now.

(4) 彼女は今，何をしていますか。

What ＿＿＿＿ ＿＿＿＿ ＿＿＿＿ now?

(5) あなたは英語を話しているのですか。

＿＿＿＿ ＿＿＿＿ ＿＿＿＿ English?

よく出る **5** 次の文を（　）内の指示に従って書きかえなさい。

(1) They dance together. （現在進行形の文に）

＿＿＿＿＿＿＿＿＿＿＿＿＿＿＿＿

(2) What do you play? （現在進行形の文に）

＿＿＿＿＿＿＿＿＿＿＿＿＿＿＿＿

(3) Tom is reading a book. （疑問文に）

＿＿＿＿＿＿＿＿＿＿＿＿＿＿＿＿

(4) We are studying math. （否定文に）

＿＿＿＿＿＿＿＿＿＿＿＿＿＿＿＿

(5) Keiko is <u>cleaning her room</u>. （下線部をたずねる文に）

＿＿＿＿＿＿＿＿＿＿＿＿＿＿＿＿

(6) You are writing <u>a letter</u>. （下線部をたずねる疑問文に）

＿＿＿＿＿＿＿＿＿＿＿＿＿＿＿＿

6 次の日本文を英語になおしなさい。

(1) 彼は友達とテニスをしています。

＿＿＿＿＿＿＿＿＿＿＿＿＿＿＿＿

(2) 私の父親は今，自分の車を洗っているところです。

＿＿＿＿＿＿＿＿＿＿＿＿＿＿＿＿

解答 p.38

Try! READING

Let's Read 2 The Lion and the Mouse

● 以下の英文を読み，あとの問いに答えなさい。

①ある日, a mouse climbed up on a lion's back. The lion ② (catch) the mouse.

Lion: ③You look delicious.

Mouse: Please don't eat me. We can be good friends.
Maybe I can help you someday.

Lion: What? ④〔 the jungle / of / I / the king / am 〕, and ⑤you are just a mouse!

Mouse: I promise!

Lion: ⑥All right, mouse. You may go.

Question

(1) 下線部①を２語の英語になおしなさい。

________ ________

(2) ②の(　)内の語を適する形になおしなさい。

____

(3) 下線部③⑤を日本語になおしなさい。

③ (　　　　　　　　　　　　　　　　　　　　)

⑤ (　　　　　　　　　　　　　　　　　　　　)

(4) 下線部④の〔　〕内の語句を並べかえて，意味の通る英文にしなさい。

____

(5) ライオンが下線部⑥のように言った理由を２つ，日本語で書きなさい。

(　　　　　　　　　　　　　　　　　　　　)

(　　　　　　　　　　　　　　　　　　　　)

(6) 次の文が，本文の内容に合っていれば○を，異なっていれば×を(　)に書きなさい。

1．ある日，ネズミがライオンの頭の上に登った。 (　　)

2．ネズミはライオンに，ある約束をした。 (　　)

3．ネズミとライオンは，もともと仲がよかった。 (　　)

Word Box BIG

1 次の英語は日本語に，日本語は英語になおしなさい。

(1) roar （　　　　　）　(2) hunter （　　　　　）

(3) cry （　　　　　）　(4) net （　　　　　）

(5) 小さい ＿＿＿＿＿　(6) ～を聞く ＿＿＿＿＿

(7) 真実の，本当の ＿＿＿＿＿　(8) 背中 ＿＿＿＿＿

(9) keep の過去形 ＿＿＿＿＿　(10) いつか ＿＿＿＿＿

2 次の日本文に合うように，＿＿に適する語を書きなさい。

(1) ネズミが私の鉛筆をかみました。

The mouse ＿＿＿＿＿ ＿＿＿＿＿ my pencil.

(2) きのう，牛が１頭逃げました。

A cow ＿＿＿＿＿ ＿＿＿＿＿ yesterday.

(3) あなたは約束を守れますか。

Can you ＿＿＿＿＿ your ＿＿＿＿＿?

(4) その学生の歌が聞こえました。

I ＿＿＿＿＿ the student's song.

(5) 彼は助けを求めて，走っています。

He is running ＿＿＿＿＿ ＿＿＿＿＿.

(6) 彼女は，網で鳥を捕まえようとしました。

She tried to catch a bird ＿＿＿＿＿ a net.

(7) 私は風邪をひいていたけれども，熱はありませんでした。

I had a cold, ＿＿＿＿＿ I didn't have a fever.

3 次の文を（　）内の指示に従って書きかえなさい。

(1) You eat this chocolate. （may を使って「食べてもいいです」という意味に）

＿＿＿＿＿＿＿＿＿＿＿＿＿＿＿＿＿＿＿＿

(2) You are a great tennis player. （can を使って「～になれます」という意味に）

＿＿＿＿＿＿＿＿＿＿＿＿＿＿＿＿＿＿＿＿

(3) The mouse climbed up on the box. （疑問文に）

＿＿＿＿＿＿＿＿＿＿＿＿＿＿＿＿＿＿＿＿

(4) This is a cat. （small を適切なところに付け加えた文に）

＿＿＿＿＿＿＿＿＿＿＿＿＿＿＿＿＿＿＿＿

(5) You get up early. （「～しなさい」という意味に）

＿＿＿＿＿＿＿＿＿＿＿＿＿＿＿＿＿＿＿＿

(6) Give up. （「～してはいけません」という意味に）

＿＿＿＿＿＿＿＿＿＿＿＿＿＿＿＿＿＿＿＿

ステージ1 Daily Life Scene 5 ラジオの中継(ちゅうけい)

読 聞 書 話

教科書の要点 リポートするときに使える文

a38

場所 I'm in Chuo Zoo. 私は中央動物園にいます。
〜(の中)に

天候 It's hot today. 今日は暑いです。
天候を表す it

インタビュー
What's this? これは何ですか。
— Grass for rabbits. ウサギのための牧草です。

要点

- 自分のいる場所を言うときは〈I'm[I am] in 〜.〉で表す。
- 天候について言うときは〈It's[It is] 〜.〉で表し，主語はいつも it を使う。
- インタビューをするときは what などの疑問詞を使って，相手から具体的な答えを引き出す。

Wordsチェック 次の英語は日本語に，日本語は英語になおしなさい。

□(1) hiking ( ) □(2) picnic ( )
□(3) 暖かい，温暖な ______ □(4) キャンディー ______

1 絵を見て例にならい，「今日[きのう]は(天気が)〜です[でした]」という文を書きなさい。

例 It's hot today.
(1) ______
(2) ______
(3) ______

ここがポイント
天候について言うときの it は「それ(は)」と訳さない。

よく出る 2 次の日本語に合うように，___に適切な語を書きなさい。

(1) いくらか[いくつか]もらえますか。
______ I have ______ ?

(2) (人にものを差し出して)さあ，どうぞ。
______ you ______ .

(3) ありがとう。
______ you.

まるごと暗記
・「〜してもいいですか」 Can I 〜?
・「さあ，どうぞ」 Here you are.

hot：暑い，sunny：晴れた

解答 p.39

確認のワーク ステージ1 You Can Do It! ③ 学校行事の紹介(しょうかい)ページを作ろう 読 聞 書 話

教科書の要点 学校行事を紹介する文 a39

最初に学校名 Welcome to Minami Junior High School. 南中学校へようこそ。
〜へようこそ

恒例の行事 We have an outdoor event in fall. 秋に野外行事があります。
動詞は現在形

去年の具体例 Last year, we went to Nagano and climbed Mt. Asama. 去年，私たちは長野に行き，浅間山に登りました。
動詞は過去形

要点

- 学校を紹介する文章を作るときは，Welcome to 〜.(〜へようこそ)で始める。
- 毎年行っていることは現在形，過去の例は過去形で説明する。

Wordsチェック 次の英語は日本語に，日本語は英語になおしなさい。

□(1) talent ( )　□(2) fair ( )
□(3) 旅行 ____　□(4) 話題，トピック ____
□(5) ポスター ____　□(6) 違(ちが)った ____
□(7) 行事，催し物 ____　□(8) 初歩の，初等の ____

1 下の[　]内の内容に合うように，次の____に適切な語を書き，学校を紹介する文章を完成させなさい。

(1) ____ ____ Heiwa Junior High School.
In (2) ____, we have a school festival. Each class dances, performs a comedy show or sings some songs on the (3) ____. We (4) ____ last year. It was very (5) ____ but fun.
Watching our friends on the (3) was exciting.
Everyone can join the festival. Please come and join us this year.

平和中学校へようこそ。
秋に学校祭があり，クラスごとにダンスや喜劇，歌を舞台で発表します。私たちは去年ダンスをしました。とても難しかったけれど楽しかったです。友達の発表を見るのはわくわくしました。
誰でも学校祭に参加できます。今年は参加しに来てください。

ここがポイント

- 「〜へようこそ」 welcome to 〜
- 「舞台で」 on the stage
- 「難しい」hard
- 「楽しさ」fun
- 「わくわくさせる」 exciting
- 「〜に参加する」 join 〜

定着のワーク ステージ2 Unit 8 ～ You Can Do It! ③

読 聞 書 話

1 LISTENING 次の４つの対話を聞いて，それぞれの対話の内容に合った絵を選び，(　　)内に記号を書きなさい。 ♪ l15

(1) (　　　) (2) (　　　) (3) (　　　) (4) (　　　)

2 次の日本文に合うように，＿＿に適切な語を書きなさい。

(1) あなたは列に並んでいるのですか。
Are you standing ＿＿＿＿ ＿＿＿＿?

(2) あなたはクリスマスの準備をしましたか。
Did you ＿＿＿＿ ＿＿＿＿ ＿＿＿＿ Christmas?

(3) 私は装飾を取り付けたいです。
I want to ＿＿＿＿ ＿＿＿＿ the decorations.

(4) ホワイト先生は，教室を出ていきました。
Ms. White went ＿＿＿＿ ＿＿＿＿ the classroom.

よく出る **3** 次の文の(　)内の語を適する形にかえて，＿＿に書きなさい。

(1) Some students are (swim) in the sea. ＿＿＿＿
(2) Tom is (dance) over there. ＿＿＿＿
(3) She's not (play) the piano on stage. ＿＿＿＿
(4) Are you (study) Japanese? ＿＿＿＿

よく出る **4** 次の文を(　)内の指示にしたがって書きかえなさい。

(1) I'm listening to music. (否定文に)
＿＿＿＿＿＿＿＿＿＿＿＿＿＿＿＿

(2) He's walking with his father. (疑問文に)
＿＿＿＿＿＿＿＿＿＿＿＿＿＿＿＿

(3) They are watching TV <u>in the classroom</u>.
(下線部をたずねる文に)
＿＿＿＿＿＿＿＿＿＿＿＿＿＿＿＿

重要ポイント

1 電話での会話である。誰(だれ)が何をしているか，注意して聞こう。

2 (1)「並んで」in line
(2)「～の準備をする」get ready for ～
(3)「～を取り付ける」put up ～
(4)「～の中から外へ」out of ～

3 現在進行形の文は，〈主語＋be動詞＋動詞の-ing形 ～.〉で表す。
(1)動詞はmを重ねて-ingを付ける。
(2)動詞はeをとって-ingを付ける。

4

得点力をUP

現在進行形の文の疑問文・否定文

・疑問文
〈be動詞＋主語＋動詞の-ing形～?〉
・否定文
〈主語＋be動詞＋not＋動詞の-ing形～.〉

5 次の対話文を読んで，あとの問いに答えなさい。

Kota: [①]

Nick: Kota, it's Nick. ②How's everything?

Kota: Fine. We're ③(make) a special photo album for Tina. [④]

Nick: I'm baking a cake in the kitchen now. My mother's helping me.

Kota: [⑤]

(1) ①，④，⑤の[ ]の中に入る適切な文を下から選び，記号で答えなさい。

ア And you?　　イ Hello?　　ウ Cool.

① (　　)　④ (　　)　⑤ (　　)

(2) 下線部②を日本語になおしなさい。

(　　　　　　　　　　)

よく出る (3) ③の( )内の語を適する形にかえなさい。

____

(4) コウタたちはティナに何をあげるつもりですか。日本語で答えなさい。

(　　　　　　　　　　)

(5) 本文の内容について，次の質問に３語以上の英語で答えなさい。

1．What is Nick doing?

____

2．Who is helping Nick?

____

レベルUP 6 次の日本文を英語になおしなさい。

(1) 私の兄は今，自分の車を洗っています。

____

(2) あなたは何を勉強しているのですか。

____

(3) 私は今，理科の勉強をしています。

____

(4) 彼女は今，自分の部屋を掃除していません。

____

(5) このリンゴはとてもおいしそうです。

____

重要ポイント

5 (1)ア「それで，あなたは？」
イ「もしもし」
ウ「すごいね」
(2) how は「どんな具合に」と物や人の状況や様子をたずねる表現。
(3) We're は We are の短縮形。
(4) 4行目に for Tina（ティナのために［の］）とあることに着目する。
(5) 1．「ニックは何をしていますか」
2．「誰がニックを手伝っていますか」

6 (2) What で始まる疑問文。
(5)「おいしそうです」は「おいしそうに見えます」と言いかえられるので，look を使う。

テストに出る!

現在進行形の文

- 肯定(こうてい)文はbe動詞のあとに動詞の-ing形を置く。
- 疑問文は主語の前にbe動詞を置く。
- 否定文はbe動詞のあとにnotを置く。

ちょっとBREAK 電話で「そちらはトムですか」は英語でどう言うのでしょうか？

➡答えは次のページ

解答 p.40

実力判定テスト ステージ3 Unit 8 〜 You Can Do It! ③

30分 /100 読 聞 書 話

1 LISTENING 高知のある公園から，高校生のボブ(Bob)が英語でリポートをしています。そのリポートの内容について3つの質問があります。その質問の答えとなるように，次の文の＿＿に英語を書きなさい。 4点×3(12点) l16

(1) They are enjoying the ＿＿＿＿ ＿＿＿＿ at Hikari Park.

(2) They are playing the ＿＿＿＿ ＿＿＿＿.

(3) He wants to catch ＿＿＿＿ ＿＿＿＿.

よく出る **2** 次の文を(　)内の指示にしたがって書きかえなさい。 4点×5(20点)

(1) They are eating dinner. (疑問文に)

＿＿＿＿＿＿＿＿＿＿＿＿＿＿＿＿

(2) I am sleeping. (否定文に)

＿＿＿＿＿＿＿＿＿＿＿＿＿＿＿＿

(3) She reads a book. (文末に now を付けて現在進行形の文に)

＿＿＿＿＿＿＿＿＿＿＿＿＿＿＿＿

(4) My dog runs in the park. (文末に now を付けて現在進行形の文に)

＿＿＿＿＿＿＿＿＿＿＿＿＿＿＿＿

(5) They are playing volleyball in the gym. (下線部をたずねる疑問文に)

＿＿＿＿＿＿＿＿＿＿＿＿＿＿＿＿

3 次の対話の＿＿に，(　)内の日本語に合うように，適切な語を書きなさい。 3点×6(18点)

(1) *A:* We have a new student.
B: I had ＿＿＿＿ ＿＿＿＿. (全く知らなかったです。)

(2) *A:* How's everything?
B: So ＿＿＿＿, so ＿＿＿＿. (これまでは順調です。)

(3) *A:* Can I have some water?
B: Here ＿＿＿＿ ＿＿＿＿. (さあ，どうぞ。)
A: Thank you.

(4) *A:* ＿＿＿＿ ＿＿＿＿ my house. (私の家へようこそ。)
Please come in.
B: Thank you.

(5) *A:* My father baked these cookies yesterday. Let's eat them together.
B: Oh, they ＿＿＿＿ ＿＿＿＿. (とてもおいしそうですね。)

(6) (On the phone) *A:* I can come to your house at 3:00.
B: OK. See ＿＿＿＿ ＿＿＿＿. (またあとでね。)

ちょっとBREAKの答え 電話では相手にも this を使い，Is this Tom? と言います。

目標 ●現在進行形の肯定文・否定文・疑問文の形を覚えましょう。「～に見える」という表現を使えるようにしましょう。

自分の得点まで色をぬろう!
かんばろう! もう一歩 合格!
0 60 80 100点

4 次の対話文を読んで，あとの問いに答えなさい。 (計32点)

Eri: Happy birthday, Tina!
①[you / a present/ here's / for].
Tina: Thank you so much, Eri. (②) inside?
Eri: It's a special album. ③It was Kota's idea.
Hajin: And we all helped.
Kota: ④What do you think?
Tina: It looks wonderful!

よく出る (1) 下線部①の[ ]内の語句を並べかえて英文を完成させなさい。 (3点)

よく出る (2) ②の( )内に入る適切な語を書きなさい。 (3点)

(3) 下線部③の It はどのようなことを指していますか。日本語で答えなさい。 (4点)
( )

(4) 下線部④は何をたずねていますか。日本語で説明しなさい。 (4点)
( )

レベルUP (5) 次の文は，エリがこの対話があった日のことを，翌日に書いた日記の一部です。対話の内容と合うように，⑤～⑨の( )に入る適切な英語を書き，⑩の( )内の語は文に合う形に書きかえなさい。 3点×6(18点)

It was (⑤) birthday yesterday. The birthday present for her (⑥) a (⑦)(⑧). (⑨) made it for her. She ⑩(look) so happy.

⑤ ⑥ ⑦
⑧ ⑨ ⑩

レベルUP **5** あなたの学校のイベントを1つ選び，次の観点から紹介する英文を書きなさい。 6点×3(18点)

(1) イベントの時期

(2) イベントの具体的な内容

(3) イベントについての自分の感想

Unit 8～You Can Do It! ③

定期テスト対策 予想問題 第7回 p.142～144

動詞の語形変化

動詞の形の変化をおさえましょう。

赤字は注意するところ，[　]は発音記号。

	原形	意味	三人称単数現在形	過去形	ing形
□	ask	たずねる，質問する	asks	asked	asking
□	become	～になる	becomes	became	becoming
□	bring	持ってくる，連れてくる	brings	brought	bringing
□	buy	買う	buys	bought	buying
□	come	来る，(相手のところへ)行く	comes	came	coming
□	cook	料理する	cooks	cooked	cooking
□	do	する，行う	does	did	doing
□	drink	飲む	drinks	drank	drinking
□	eat	食べる，食事をする	eats	ate	eating
□	enjoy	楽しむ	enjoys	enjoyed	enjoying
□	feel	感じる，気持ちがする	feels	felt	feeling
□	get	得る，受け取る，～になる	gets	got	getting
□	give	与える，渡す，もたらす	gives	gave	giving
□	go	行く	goes	went	going
□	have	持っている，食べる	has	had	having
□	know	知っている，わかる	knows	knew	knowing
□	live	住む，住んでいる	lives	lived	living
□	look	見る，目を向ける	looks	looked	looking
□	make	作る，得る	makes	made	making
□	meet	会う，出会う	meets	met	meeting
□	play	(競技などを)する，演奏する	plays	played	playing
□	put	置く，入れる，つける	puts	put	putting
□	read	読む，読んで知る	reads	read [réd]	reading
□	run	走る，運行している	runs	ran	running
□	say	言う	says	said [séd]	saying
□	see	見える，見る，わかる	sees	saw	seeing
□	stay	滞在する，泊まる	stays	stayed	staying
□	study	勉強する，研究する	studies	studied	studying
□	take	取る，持っていく	takes	took	taking
□	talk	話す，しゃべる	talks	talked	talking
□	tell	話す，教える	tells	told	telling
□	think	考える，思う	thinks	thought	thinking
□	try	試す，やってみる，努力する	tries	tried	trying
□	write	書く	writes	wrote	writing

アプリで学習！ Challenge! SPEAKING

●この章は，付録のスマートフォンアプリ『文理のはつおん上達アプリ　おん達 Plus』を使用して学習します。
●右の QR コードより特設サイトにアクセスし，アプリをダウンロードしてください。
●アプリをダウンロードしたら，アクセスコードを入力してご利用ください。

おん達 Plus
特設サイト

アプリアイコン

アプリ用アクセスコード A064323

※アクセスコード入力時から 15 か月間ご利用になれます。

アプリの特長

●アプリでお手本を聞いて，自分の英語をふきこむと，AIが採点します。
●点数は「流暢度」「発音」「完成度」の３つと，総合得点が出ます。
●会話の役ごとに練習ができます。
●付録「ポケットスタディ」の発音練習もできます。

アプリの使い方

①ホーム画面の「かいわ」を選びます。
②学習したいタイトルをタップします。

トレーニング

① をタップしてお手本の音声を聞きます。
② をおして英語をふきこみます。
③点数を確認します。
- 点数が高くなるようにくりかえし練習しましょう。
- をタップするとふきこんだ音声を聞くことができます。

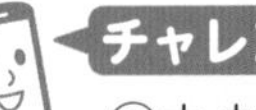

チャレンジ

①カウントダウンのあと，会話が始まります。
② が光ったら英語をふきこみます。
③ふきこんだら をタップします。
④ “Role Change!” と出たら役をかわります。

利用規約・お問い合わせ　https://www.kyokashowork.jp/ontatsuplus/terms_contact.html

※本サービスは無料ですが，別途各通信会社の通信料がかかります。　※お客様のネット環境および端末によりご利用いただけない場合がございます。ご理解，ご了承いただきますよう，お願いいたします。　※【推奨環境】スマートフォン，タブレット（iOS11以上 / Android5.0以上）

Challenge! SPEAKING 1 自分や相手のこと

●付録アプリを使って，発音の練習をしましょう。

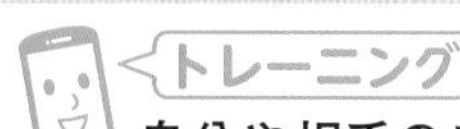

トレーニング

s01

自分や相手のことについて英語で言えるようになりましょう。

□ When is your birthday?	あなたの誕生日はいつですか。
□ My birthday is October 1st. └ April 22nd / July 3rd / December 12th	私の誕生日は 10 月 1 日です。
□ What is your favorite subject?	あなたのいちばん好きな教科は何ですか。 favorite：いちばん好きな
□ My favorite subject is science. └ English / history / P.E.	私のいちばん好きな教科は理科です。
□ Really? Me, too.	本当？　私もです。
□ What are you interested in?	あなたは何に興味がありますか。
□ I'm interested in space. └ movies / music / baseball	私は宇宙に興味があります。 be interested in ～：～に興味がある
□ Great!	すごい！

チャレンジ

s02

自分や相手のことについての英語を会話で身につけましょう。□に言葉を入れて言いましょう。

A: **When is your birthday?**
B: **My birthday is □ .**
A: **What is your favorite subject?**
B: **My favorite subject is □ .**
A: **Really? Me, too.**
What are you interested in?
B: **I'm interested in □ .**
A: **Great!**

Challenge! SPEAKING② 将来なりたいもの

●付録アプリを使って，発音の練習をしましょう。

トレーニング

s03

将来なりたいものについて英語で言えるようになりましょう。

□ What do you want to be in the future?	あなたが将来なりたいものは何ですか。 want to be ～：～になりたい in the future：将来
□ I want to be an astronaut. a music teacher / a cook/ a firefighter	私は宇宙飛行士になりたいです。 firefighter：消防士
□ Why?	なぜですか？
□ I want to see the earth from space. like music and children / like cooking / want to help people	私は宇宙から地球を見たいです。 like ～ ing：～するのが好きだ
□ Oh, I see.	ああ，わかりました。
□ So, I study math hard. practice the piano / cook lunch on Sundays / run in the park every day	だから，私は数学を一生懸命に勉強します。 practice：練習する
□ That's good.	それはいいですね。

チャレンジ

s04

将来なりたいものについての英語を会話で身につけましょう。[　] に言葉を入れて言いましょう。

A: **What do you want to be in the future?**
B: **I want to be [　　] .**
A: **Why?**
B: **I [　　] .**
A: **Oh, I see.**
B: **So, I [　　] .**
A: **That's good.**

お願いをする

●付録アプリを使って，発音の練習をしましょう。

トレーニング

s05

お願いをする英語を言えるようになりましょう。

□ I'm thirsty. hungry / tired / busy	私はのどがかわいています。
□ Can I drink this juice? eat this cookie / take a rest / use your desk	このジュースを飲んでもいいですか。 take a rest：ひと休みする
□ Sure.	もちろん。
□ I want to go shopping. clean the kitchen / drink something use the computer	私は買い物に行きたいです。 kitchen：台所
□ Can you come with me? help me / make tea / bring it to me	いっしょに来てくれませんか。 bring：持ってくる
□ All right.	いいですよ。
□ Thanks.	ありがとう。

チャレンジ

s06

お願いをする英語を会話で身につけましょう。□に言葉を入れて言いましょう。

A: **I'm □.**
Can I □?
B: **Sure.**
A: **I want to □.**
Can you □?
B: **All right.**
A: **Thanks.**

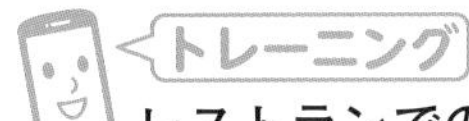

Challenge! SPEAKING④ レストランで注文

アプリで学習

●付録アプリを使って，発音の練習をしましょう。

トレーニング

s07

レストランでの注文を英語で言えるようになりましょう。

□ What would you like?	何になさいますか。
□ I'd like pizza. a hamburger / a sandwich / cake	ピザをお願いします。 I'd：I would の短縮形 would like：want のていねいな言い方
□ What do you recommend?	何がおすすめですか。 recommend：すすめる
□ I recommend the Napoli Pizza. the cheeseburger / the egg sandwich / the chocolate cake	ナポリピザをおすすめします。
□ I'll have that.	それをいただきます。
□ Would you like some dessert? something to drink	デザートはいかがですか。 something to drink：何か飲み物
□ No, thank you.	いいえ，けっこうです。

チャレンジ

s08

レストランでの注文の英語を会話で身につけましょう。□に言葉を入れて言いましょう。

A: **What would you like?**
B: **I'd like □.**
What do you recommend?
A: **I recommend □.**
B: **I'll have that.**
A: **Would you like □?**
B: **No, thank you.**

Challenge! SPEAKING⑤ 持ち主をたずねる

アプリで学習

●付録アプリを使って，発音の練習をしましょう。

トレーニング

s09

持ち主をたずねる英語を言えるようになりましょう。

□ **Whose notebook is that?** （racket / pen / bike）	あれはだれのノートですか。
□ **Is it yours?**	それはあなたのものですか。
□ **No, it's not mine. It's Lisa's.** （Ken's / Kate's / Bob's）	いいえ，それは私のものではありません。それはリサのものです。
□ **Which bag is yours, the black one or the red one?** （bag: towel / T-shirt / cap）（black: blue / green / pink）（red: orange / white / yellow）	どちらのかばんがあなたのものですか，黒いほうですか，赤いほうですか。
□ **The red one is.** （orange / white / pink）	赤いほうです。
□ **Whose bag is the other one?** （towel / T-shirt / cap）	もう一つはだれのかばんですか。
□ **Maybe it's Jack's.** （Emi's / Beth's / Yuto's）	それはたぶんジャックのものです。 maybe：たぶん

チャレンジ

s10

持ち主をたずねる英語を会話で身につけましょう。□に言葉を入れて言いましょう。

A: **Whose □ is that?**
Is it yours?
B: **No, it's not mine. It's □.**
A: **Which □ is yours,**
the □ one or the □ one?
B: **The □ one is.**
A: **Whose □ is the other one?**
B: **Maybe it's □.**

Challenge! SPEAKING 6

道案内

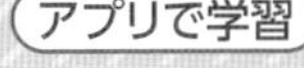

●付録アプリを使って，発音の練習をしましょう。

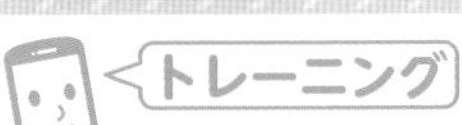

s11

道案内で使う英語を言えるようになりましょう。

□ Excuse me.	すみません。
□ How can I get to the library? └ the station / the zoo / the post office	どうすれば図書館まで行けますか。
□ Go along this street. └ down this street / straight for two blocks / straight along this street	この通りに沿って行ってください。 along：～に沿って straight：まっすぐに block：区画
□ Turn left at the second traffic light. └ right　└ the third corner / the flower shop / the bookstore	２つ目の信号機で左に曲がってください。 corner：角
□ You can see it on your right. └ your left	それはあなたの右手に見えます。
□ Thank you very much.	どうもありがとうございます。
□ Have a good time.	楽しい時間をお過ごしください。

チャレンジ

s12

道案内で使う英語を会話で身につけましょう。□に言葉を入れて言いましょう。

A: **Excuse me.**
How can I get to □?
B: **Go □.**
Turn □ at □.
You can see it on □.
A: **Thank you very much.**
B: **Have a good time.**

Challenge! SPEAKING⑦ 体調をたずねる・言う

アプリで学習

●付録アプリを使って，発音の練習をしましょう。

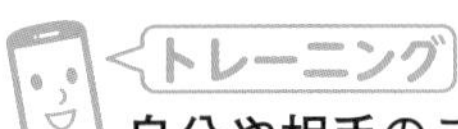

トレーニング

s13

自分や相手のことについて英語で言えるようになりましょう。

□ What's wrong?	どうかしたのですか。
□ I have a headache. a fever / a stomachache / a toothache	私は頭痛がします。 fever：熱　stomachache：腹痛 toothache：歯痛
□ Oh, that's too bad.	ああ，それはいけませんね。
□ Did you take any medicine?	薬は飲みましたか。
□ No. I feel terrible.	いいえ。ひどいのです。
□ Go home. to the doctor / to the nurse's office / to the dentist	家に帰りなさい。 nurse's office：保健室 dentist：歯科医
□ Take care.	お大事に。
□ Thank you.	ありがとう。

チャレンジ

s14

自分や相手のことについての英語を会話で身につけましょう。□に言葉を入れて言いましょう。

A: **What's wrong?**
B: **I have □.**
A: **Oh, that's too bad.**
Did you take any medicine?
B: **No. I feel terrible.**
A: **Go □.**
Take care.
B: **Thank you.**

be 動詞の文

・am, are, is を be 動詞という。be 動詞は主語によって使い分ける。
・am, is の過去形は was, are の過去形は were。

	文の形
肯	主語＋be動詞 ～.
否	主語＋be動詞＋not ～.
疑	be動詞＋主語 ～? — Yes, 主語＋be動詞. / No, 主語＋be動詞＋not.

主語	現在の文	過去の文
I	am	was
you, 複数	are	were
he, she, it, this, that, 人名など	is	was

〈主語＋be動詞〉の短縮形

I am → **I'm**　you are → **you're**　he is → **he's**　she is → **she's**
it is → **it's**　that is → **that's**　we are → **we're**　they are → **they're**

〈be動詞＋not〉の短縮形

are not → **aren't**　is not → **isn't**
was not → **wasn't**

一般動詞の現在の文

・be 動詞以外の動詞を一般動詞という。
・主語が三人称・単数で，現在のことをいうときは，一般動詞に **s, es** をつける。(三人称単数現在形)

	主語が「私」「あなた」，または複数のとき	主語が三人称単数のとき
肯	主語＋動詞 ～.	主語＋動詞の三人称単数現在形 ～.
否	主語＋do not[don't]＋動詞 ～.	主語＋does not[doesn't]＋動詞の原形 ～.
疑	Do＋主語＋動詞 ～? — Yes, 主語＋do. / No, 主語＋do not[don't].	Does＋主語＋動詞の原形 ～? — Yes, 主語＋does. / No, 主語＋does not[doesn't].

三人称単数現在形

①そのままsをつける　speak → speaks
②語尾が-s, -sh, -ch, -x, -o → esをつける　watch → watches
③語尾が〈子音字＋y〉
　→ yをiにかえてesをつける　study → studies
④形がかわる　have → **has**

⚠ 主語が三人称単数の否定文・疑問文では動詞をもとの形(原形)にする。
She plays tennis.
→ She **doesn't play** tennis.
（play：原形）

疑問詞

what	何，何の	What is this?	これは何ですか。
who	だれ	Who is that boy?	あの男の子はだれですか。
when	いつ	When do you play soccer?	あなたはいつサッカーをしますか。
where	どこで[に，へ]	Where is your school?	あなたの学校はどこにありますか。
whose whose ～	だれの だれの～	Whose is this bag? Whose bag is this?	このバッグはだれのものですか。 これはだれのバッグですか。
which which ～	どちら，どれ どちらの～，どの～	Which do you want, tea or coffee? Which bike is yours?	紅茶とコーヒーのどちらが欲しいですか。 どの自転車があなたのものですか。
how	どのようにして	How do you go to school?	あなたはどのようにして学校へ行きますか。

how ～

How many＋複数名詞 ～?　いくつの，どれくらい多くの
How much ～?　いくら　How old ～?　何歳
How long ～?　どれくらい長く

what ～

What time ～?　何時　What color ～?　何色
What animal ～?　どんな動物
What sport ～?　どんなスポーツ

can の文

・「～できる」は〈can＋動詞の原形〉で表す。

肯	主語＋can＋動詞の原形 ～.
否	主語＋cannot[can't]＋動詞の原形 ～.
疑	Can＋主語＋動詞の原形 ～? — Yes, 主語＋can. / No, 主語＋cannot[can't].

a と an，名詞の複数形

・数えられる名詞が１つ・１人のときは a[an] をつける。次の語が母音で始まるときは an を使う。
・数えられる名詞が２つ・２人以上のときは名詞に s または es をつけた形(複数形)にする。

複数形の作り方

①そのままsをつける　cat → cats
②語尾が-s，-sh，-ch，-x → esをつける　box → boxes
③語尾が〈子音字+y〉→ yをiにかえてesをつける　city → cities
④形がかわる　man → men，child → children

命令文

動詞の原形 ～．	～しなさい
Don't＋動詞の原形 ～．	～してはいけません
Let's＋動詞の原形 ～．	～しましょう

⚠ please をつけるとていねいな言い方になる。
Please open the door. ドアを開けてください。
= Open the door, please.

⚠ be 動詞の命令文は Be で文を始める
Be careful.　気をつけなさい。

感嘆文(感動を表す文)

How＋形容詞[副詞]＋！	何て～だろう！
What (a[an])＋形容詞＋名詞＋！	何て～な…だろう！

〈look＋形容詞〉の文

・〈look＋形容詞〉で「～のように見える」という意味を表す。
You look happy.　あなたは幸せそうに見えます。

代名詞

	単数形					複数形				
人称	意味	～は[が]	～の	～を[に]	～のもの	意味	～は[が]	～の	～を[に]	～のもの
一人称	私	I	my	me	mine	私たち	we	our	us	ours
二人称	あなた	you	your	you	yours	あなたたち	you	your	you	yours
三人称	彼	he	his	him	his	彼ら	they	their	them	theirs
	彼女	she	her	her	hers	彼女ら				
	それ	it	its	it	——	それら				

現在進行形・過去進行形

・〈am[are，is]＋動詞の ing 形〉で「～しています」と現在行われている動作を表す。
・〈was[were]＋動詞の ing 形〉で「～していました」と過去のある時に行われていた動作を表す。

肯	主語＋be動詞＋動詞のing形 ～．
否	主語＋be動詞＋not＋動詞のing形 ～．
疑	be動詞＋主語＋動詞のing形 ～？ — Yes, 主語＋be動詞. / No, 主語＋be動詞＋not.

動詞のing形

①そのままingをつける　play → playing
②語尾がe → eを取ってingをつける　make → making
③語尾が〈短母音＋子音字〉
　→子音字を重ねてingをつける　run → running

一般動詞の過去の文

・「～しました」と過去のことを表すには，動詞を過去形にする。過去形には規則動詞と不規則動詞がある。

肯	主語＋動詞の過去形 ～．
否	主語＋did not[didn't]＋動詞の原形 ～．
疑	Did＋主語＋動詞の原形 ～？ — Yes, 主語＋did. / No, 主語＋didn't.

⚠ 否定文・疑問文では動詞は原形にする。

不規則動詞の過去形

go → went　have → had　come → came
make → made　get → got　see → saw

規則動詞(e)d のつけ方

①edをつける　play → played
②語尾がe → dをつける　like → liked
③語尾が〈子音字＋y〉
　→ yをiにかえてedをつける　study → studied
④語尾が〈短母音＋子音字〉
　→ 子音字を重ねてedをつける　stop → stopped

There is[are] ～．の文

肯	There is[are]＋主語＋場所を表す語句.
否	There is[are] not＋主語＋場所を表す語句.
疑	Is[Are] there＋主語＋場所を表す語句? — Yes, there is[are]. / No there is[are] not.

⚠ 人名や the や my などがついた特定のものが主語のときには用いない。
× There is my dog under the tree.
○ My dog is under the tree.
　私の犬は木の下にいます。

定期テスト対策

得点アップ！予想問題

1 この「**予想問題**」で実力を確かめよう！

時間もはかろう

2 「**解答と解説**」で答え合わせをしよう！

3 わからなかった問題は戻って復習しよう！

この本での学習ページ

スキマ時間でポイントを確認！
別冊「**スピードチェック**」も使おう

●予想問題の構成

回数	教科書ページ	教科書の内容	この本での学習ページ
第1回	6〜46	Let's Be Friends! 〜 Unit 2	6〜29
第2回	48〜61	Unit 3 〜 You Can Do It! ①	30〜45
第3回	62〜71	Unit 4	46〜55
第4回	72〜83	Unit 5 〜 Active Grammar ②	56〜69
第5回	84〜101	Unit 6 〜 You Can Do It! ②	70〜89
第6回	104〜117	Unit 7 〜 Daily Life Scene 4	90〜103
第7回	118〜133	Unit 8 〜 You Can Do It! ③	104〜119

解答 p.42

第1回 予想問題 Let's Be Friends! 〜 Unit 2

読 聞 書 話　30分　/100

1 LISTENING 次の絵の中の人物が自分だと考えて，聞こえてくる質問に対する答えをそれぞれ下から選び，記号で答えなさい。　t01 5点×3(15点)

(1)
ア Yes, I am.
イ I like music.
ウ Yes, I do.

(2)
ア Yes, I do.
イ No, I can't.
ウ I like coffee.

(3)
ア Yes, I am.
イ No, I don't.
ウ I'm a singer.

(1)		(2)		(3)	

2 次の日本文に合うように，____に適する語を書きなさい。　4点×4(16点)

(1) 私は13歳です。
I'm 13 ____ ____.

(2) さあ，行こう。
____ we ____.

(3) 私は少し泳げます。
I can swim ____ ____.

(4) 私は音楽に興味があります。
I'm ____ ____ music.

(1)			(2)		
(3)			(4)		

3 次のようなとき，英語でどのように言うか，右から選び，記号で答えなさい。2点×5(10点)

(1) 否定の言葉を受けて，「どうして」と理由をたずねるとき。
(2) 初めて会った人に挨拶(あいさつ)するとき。
(3) 相手に「もう一度言ってください」と頼むとき。
(4) 相手の言うことがわかったとき。
(5) 自分の言ったことを，後について繰(く)り返してほしいとき。

ア Repeat after me.
イ I see.
ウ Pardon?
エ Nice to meet you.
オ Why not?

(1)		(2)		(3)		(4)		(5)	

4 次の対話文を読んで，あとの問いに答えなさい。 （計27点）

Tina: Hello. ①I'm Tina. ②I'm from New York. ③〔 music / and / I / like 〕sports. I can swim and play the drums.

Eri: ④I can't play the drums, (　　　) I can play the piano.

(1)　下線部①を２語の英語になおしなさい。 (5点)

(2)　下線部②を日本語になおしなさい。 (6点)

(3)　下線部③が「私は音楽とスポーツが好きです」という意味になるように，〔　〕内の語を並べかえなさい。 (5点)

(4)　下線部④の(　)内に適する語を書きなさい。 (5点)

(5)　次の文が本文の内容と合っていれば○，異なっていれば×を書きなさい。 3点×2(6点)

　1．ティナは泳げて，ドラムの演奏ができます。

　2．エリはピアノが演奏できません。

(1)			(2)	
(3)	sports.		(4)	
(5)	1		2	

5 次の英文を(　)内の指示にしたがって書きかえなさい。 5点×4(20点)

(1)　I am sleepy. （下線部を student にかえた文に）

(2)　You can make rice balls. （疑問文に）

(3)　I am Yagi Chika. （「～ではありません」という文に）

(4)　You ride a unicycle. （疑問文に）

(1)	
(2)	
(3)	
(4)	

6 次の質問に，あなた自身の答えを３語以上の英語で書きなさい。 6点×2(12点)

(1)　What color do you like?

(2)　When is your birthday?

(1)	
(2)	

解答 p.43

第2回 予想問題 Unit 3 〜 You Can Do It! ①

/100

1 LISTENING 対話を聞いて，内容に合う絵をそれぞれ下から選び，記号で答えなさい。

4点×4(16点)

(1)		(2)		(3)		(4)	

2 次の対話が成り立つように，____に適する語を書きなさい。 4点×3(12点)

(1) ______ ______ you practice on Sundays? ― I practice soccer.

(2) Can you play basketball?

― Yes! I ______ good ______ playing basketball.

(3) Do you like animals? ― Yes, of ______. I have four dogs.

(1)			(2)		
(3)					

3 〔 〕内の語句を並べかえて，日本文に合う英文を書きなさい。ただし，1つ不要な語句があります。 5点×4(20点)

(1) この箱は重すぎます。

〔 to / heavy / is / box / this / too 〕.

(2) あなたはテレビを見るのが好きですか。

〔 watching / do / TV / watch / you / like 〕?

(3) あなたはリンゴを何個持っていますか。

〔 you / an apple / many / do / have / how / apples 〕?

(4) 私は将来歌手になりたいです。

〔 future / a singer / want / the / be / I / am / to / in 〕.

(1)	
(2)	
(3)	
(4)	

4 次の対話文を読んで，あとの問いに答えなさい。 （計24点）

Eri: ①What do you do during the summer vacation?
Tina: ②[visit / I / grandparents / usually / my].
Eri: I go to the beach with my family.
Kota: I just practice the trumpet.

(1) 下線部①を日本語になおしなさい。 (6点)

(2) 下線部②の[ ]内の語を並べかえて，意味の通る英文にしなさい。 (6点)

(3) 次の文が本文の内容と合っていれば○，異なっていれば×を書きなさい。 4点×3(12点)

1．エリは夏休みに，家族とプールに行きます。

2．コウタは，夏休みはただトランペットの練習をするだけです。

3．エリ，ティナ，コウタの３人は春休みの予定について話しています。

(1)					
(2)					
(3)	1		2		3

5 次の日本文に合うように，＿＿に適する語を書きなさい。 4点×4(16点)

(1) 私はここで写真を撮りたいです。

I want to ＿＿＿＿ a ＿＿＿＿ here.

(2) 私は毎年，オーストラリアに行きます。

I go to Australia ＿＿＿＿ ＿＿＿＿.

(3) 私は世界中の山に登りたいです。

I want to climb mountains ＿＿＿＿ ＿＿＿＿ the world.

(4) 私はときどき，音楽を聞きます。

I sometimes ＿＿＿＿ ＿＿＿＿ music.

(1)			(2)		
(3)			(4)		

6 次の日本文を英語になおしなさい。 6点×2(12点)

(1) 私は，今年の春は沖縄を旅行したいです。

(2) 私は友達と野球をするのが好きです。

(1)	
(2)	

解答 p.44

第3回 予想問題 Unit 4

読 聞 書 話　30分　/100

1 LISTENING 対話を聞いて，チャイムが鳴るところに入る適切な文をそれぞれ下から選び，記号で答えなさい。

t03 4点×3(12点)

(1) ア She's my teacher.
イ Yes, he is.
ウ He's my teacher.
エ That's strict.

(2) ア No, I'm not.
イ No, she isn't.
ウ Yes, I am.
エ Yes, she is.

(3) ア She's popular.
イ He's not a comedian.
ウ I don't like him.
エ He's from Japan.

(1)		(2)		(3)	

2 次の対話が成り立つように，____に適する語を書きなさい。

4点×4(16点)

(1) Is Ms. Kato friendly?
— Yes, ________ ________.

(2) Who's that?
— ________ ________ Mr. Suzuki.

(3) ________ ________ your favorite writer?
— It is Akutagawa Ryunosuke.

(4) Is Ms. Sato your neighbor?
— No, ________ ________.

(1)			(2)		
(3)			(4)		

3 次の文を( )内の指示にしたがって書きかえなさい。

5点×4(20点)

(1) She is your sister. （疑問文に）
(2) Mr. White is an actor. （否定文に）
(3) That is <u>my teammate</u>. （下線部をたずねる文に）
(4) <u>Ms. Yamada</u> is his English teacher. （下線部をたずねる文に）

(1)	
(2)	
(3)	
(4)	

4 次の対話文を読んで，あとの問いに答えなさい。 (計22点)

Tina: Eri, ①(　　　) that?
Eri: ②もしかしたら he's a new student.
Tina: (中略) ③He's a good basketball player, ④(　　　)(　　　)?
Eri: Yes, he is.

(1) ①の(　)内に適する語を書きなさい。 (4点)
(2) 下線部②の日本語を英語になおしなさい。 (4点)
(3) 下線部③をほぼ同じ意味の文に書きかえるとき，＿＿に適する語を書きなさい。 (7点)
He ＿＿＿＿ play basketball ＿＿＿＿
(4) 下線部④が，「〜だよね」と相手の同意を求める言い方になるように，(　)内に適する語を書きなさい。 (7点)

(1)			(2)	
(3)			(4)	

5 次の日本文に合うように，＿＿に適する語を書きなさい。 4点×4(16点)

(1) サッカーをしましょう。
＿＿＿＿ ＿＿＿＿ soccer.
(2) 私は待ちきれません。
I ＿＿＿＿ ＿＿＿＿.
(3) あなたは美術部に入っているのですか。
Are you ＿＿＿＿ the ＿＿＿＿ club?
(4) はじめまして。
＿＿＿＿ ＿＿＿＿ meet you.

(1)			(2)		
(3)			(4)		

6 次の日本文を英語になおしなさい。 7点×2(14点)

(1) こちらはキヨシです。私の同級生です。
(2) 彼女は勇敢な宇宙飛行士です。

(1)	
(2)	

第4回 予想問題

Unit 5 〜 Active Grammar ②

読 聞 書 話　30分

解答 p.44

/100

1 LISTENING　ナンシーが学校公開日について，学校から電話で母親に説明しています。この説明を聞いて，次のメモの(　)内に適する日本語を書きなさい。　t04　3点×5(15点)

日時　　　　　：(1)(　　　)月(　　　)日
参観する授業　：(2)(　　　)，(　　　)時間目　(3)教科は(　　　)と(　　　)
ナンシーの教室：(4)(　　　)階，音楽室の(　　　)
持ち物　　　　：(5)(　　　)と(　　　)

(1)	月　　　日	(2)	，　　　時間目	(3)	と
(4)	階，音楽室の	(5)	と		

2 次の文の(　)に入るものを選び，記号を書きなさい。　3点×6(18点)

(1) I visit (ア they　イ their　ウ them) on weekends.
(2) This is (ア we　イ our　ウ us) house.
(3) That bicycle is (ア my　イ me　ウ mine).
(4) (ア Yuki's　イ Yuki　ウ She) car is cool.
(5) (ア This　イ These　ウ That) are nice bags.
(6) I practice the piano (ア on　イ in　ウ to) Sundays.

(1)		(2)		(3)		(4)		(5)		(6)	

3 次の文を(　)内の指示にしたがって書きかえなさい。　4点×5(20点)

(1) Clean the classroom.　(「〜しましょう」という文に)
(2) Talk to him.　(「〜してはいけません」という文に)
(3) That is Akira's cat.　(下線部をたずねる文に)
(4) You do your homework after dinner.　(下線部をたずねる文に)
(5) The nurse's office is by the teachers' room.　(下線部をたずねる文に)

(1)	
(2)	
(3)	
(4)	
(5)	

4 次の対話文を読んで，あとの問いに答えなさい。 (計21点)

Tina: That's the swimming pool ①あそこ. Next to it, that's the gym.
Ms. Rios: I see. ②カフェテリアはどこですか。
Tina: We don't have ③(ア this イ one ウ the).
Ms. Rios: Really? ④[have / do / lunch / where / you]?
Tina: In the classroom.
Ms. Rios: Oh!

(1) 下線部①を2語の英語になおしなさい。 (4点)
(2) 下線部②を3語の英語になおしなさい。 (4点)
(3) 下線部③の( )内から適する語を選び，記号で答えなさい。 (3点)
(4) 下線部④の[ ]内の語を並べかえて，意味の通る英文にしなさい。 (5点)
(5) 本文の内容に合うように，次の質問に6語の英語で答えなさい。 (5点)
Where is the gym?

(1)		(2)	
(3)		(4)	
(5)			

5 次の日本文に合うように，____に適する語を書きなさい。 4点×4(16点)

(1) 帽子を脱いでください。 ____ ____ your hat, please.
(2) 私の家はその学校の正面にあります。
My house is ____ ____ of the school.
(3) 足元に気を付けて。 ____ your ____.
(4) 美術館は公園と体育館の間にあります。
The museum is ____ the park ____ the gym.

(1)			(2)		
(3)			(4)		

6 次の日本文を英語になおしなさい。 5点×2(10点)

(1) あなたはいつ英語を勉強しますか。
(2) あなたのコンピュータはどこにありますか。

(1)	
(2)	

解答 p.45

第5回 予想問題 Unit 6 〜 You Can Do It! ②

30分 /100

1 LISTENING 絵の男の子について紹介があり，そのあとで紹介の内容について，質問が4つ読まれます。それぞれの質問に対する答えの文の____に適する語を書きなさい。 t05

4点×4(16点)

(1) ________, he ________.

(2) He likes science and ________.

(3) ________, he ________.

(4) A ________ ________.

Kenji

(1)			(2)	
(3)			(4)	

2 次の文の( )内の語を適する形にかえて書きなさい。 3点×4(12点)

(1) Ken (come) from Fukuoka.

(2) Sakura (watch) TV in the morning.

(3) Kaito (study) math every day.

(4) Haru (go) to the gym in the afternoon.

(1)		(2)		(3)		(4)	

3 次の文を( )内の指示にしたがって書きかえなさい。 4点×6(24点)

(1) I play the guitar. (下線部を He にかえた文に)

(2) She eats *natto*. (否定文に)

(3) Daiki reads a newspaper. (疑問文に)

(4) Your brother lives in Tokyo. (下線部をたずねる文に)

(5) It's 9:30 in New York. (下線部をたずねる文に)

(6) This bag is forty-five dollars. (下線部をたずねる文に)

(1)	
(2)	
(3)	
(4)	
(5)	
(6)	

4 次の対話文を読んで，あとの問いに答えなさい。　（計27点）

Grandpa: Does she sleep well?
Ms. Rios: Yes, ①(　　　)(　　　). ②She sleeps a lot.
Mr. Rios: But she doesn't go to school.
Nick: She doesn't play with me, ③(　　　)!
Grandma: ④She has friends.
Nick: Sure. Kota, Eri, and Hajin. They're nice.

(1) ①，③の(　)内に適する語をそれぞれ書きなさい。　3点×2(6点)
(2) 下線部②を日本語になおしなさい。　(5点)
(3) 下線部④を疑問文に書きかえなさい。　(4点)
(4) 次の文が本文の内容と合っていれば○，異なっていれば×を書きなさい。ただし，本文中の she は Tina を指しています。　4点×3(12点)
1. Tina goes to school every day.
2. Nick and Tina don't play together.
3. Kota, Eri, and Hajin are Tina's friends.

(1)	①			③	
(2)					
(3)					
(4)	1		2		3	

5 次の日本文に合うように，＿＿に適する語を書きなさい。　4点×4(16点)
(1) 東京は11時30分です。　＿＿ eleven ＿＿ in Tokyo.
(2) 彼がごみを出します。　He ＿＿ ＿＿ the garbage.
(3) 私の妹は風邪をひいています。　My sister ＿＿ a ＿＿.
(4) 彼は少し疲れています。　He is a ＿＿ ＿＿ tired.

(1)			(2)		
(3)			(4)		

6 自分がカフェにいると考え，次の質問に対するあなた自身の答えを３語以上の英語で書きなさい。　(5点)

Which would you like, orange juice or hot tea?

解答 p.46

第6回 予想問題 Unit 7 〜 Daily Life Scene 4

30分 /100

1 LISTENING 対話を聞いて，内容に合う絵をそれぞれ下から選び，記号で答えなさい。 t06 4点×3(12点)

ア 
イ 
ウ 

(1)	(2)	(3)

2 次の日本文に合うように，____に適する語を書きなさい。 3点×6(18点)

(1) 私たちは夕食に魚を食べました。 We ________ fish for dinner.
(2) 私はきのう，早く起きました。 I ________ up early yesterday.
(3) その映画はとてもわくわくさせるものでした。 The movie ________ very exciting.
(4) 彼は自転車で学校に行きました。 He ________ to school by bicycle.
(5) 彼女は友達に手紙を書きました。 She ________ a letter to her friend.
(6) 彼らはとても疲れていました。 They ________ very tired.

(1)	(2)	(3)
(4)	(5)	(6)

3 〔 〕内の語を並べかえて，日本文に合う英文を書きなさい。ただし，必要な語が1語足りないので，補いなさい。 4点×5(20点)

(1) なんておもしろい本なんでしょう。 〔 interesting / what / book 〕!
(2) あなたはきのう，熱がありましたか。 〔 a / yesterday / you / fever / have 〕?
(3) ところで，あなたの車はどこですか。 〔 where's / car / by / way / your / , 〕?
(4) 宿題は自分でやりなさい。 〔 homework / do / your / by 〕.
(5) 私は夏休みを楽しみにしています。 〔 the / summer / to / I / vacation / forward 〕.

(1)	
(2)	
(3)	
(4)	
(5)	

4 次の英文を読んで，あとの問いに答えなさい。 (計22点)

I visited my grandparents in Nagano. ①We had a lot of snow there.
One morning, I ② (see) a deer in the woods. It was so beautiful.
I ③ (take) a nice picture.

(1) 下線部①を there がどこかわかるようにして日本語になおしなさい。 (4点)
(2) ②，③の( )内の語を，それぞれ適する形にかえなさい。 4点×2(8点)
(3) 本文の内容に合うように，次の質問にそれぞれ４語の英語で答えなさい。 5点×2(10点)
1．Where do the grandparents live?
2．How was the deer in the woods?

(1)				
(2)	②		③	
(3)	1			
	2			

5 次の文を( )内の指示にしたがって書きかえなさい。 4点×4(16点)
(1) You bought some books. (疑問文に)
(2) He liked the atmosphere. (否定文に)
(3) These games were boring. (疑問文に)
(4) He was a famous actor. (否定文に)

(1)	
(2)	
(3)	
(4)	

6 次のようなとき，英語でどのように言うか，( )内の指示にしたがって書きなさい。
6点×2(12点)
(1) 相手の話を聞いて，それは知らなかった，と言うとき。 (know を使って４語で)
(2) 相手が何を食べたかをたずねるとき。 (what を使って４語で)

(1)	
(2)	

第7回 予想問題 Unit 8 ～ You Can Do It! ③

読 聞 書 話　40分　/100

解答 p.47

1 LISTENING　メアリーの家族についての説明とその内容についての質問が４つ読まれます。質問の答えをそれぞれ下から選び，記号で答えなさい。　t07　3点×4(12点)

(1) ア He's cleaning the windows.
　イ He's setting the table.
　ウ He's decorating the room.

(2) ア Out of their house.
　イ In the kitchen.
　ウ By the table.

(3) ア Mary is.
　イ Anne is.
　ウ Tom is.

(4) ア Yes, it is.
　イ No, it isn't.
　ウ Yes, it was.

(1)		(2)		(3)		(4)	

2 次の文の(　)に入るものを選び，記号を書きなさい。　1点×6(6点)

(1) Jim (ア am　イ is　ウ are) washing the dishes.
(2) I'm (ア write　イ wrote　ウ writing) a letter to him.
(3) The student is (ア listen　イ listens　ウ listening) to music.
(4) She (ア eats　イ ate　ウ is eating) ice cream yesterday.
(5) He (ア cooks　イ cook　ウ is cooking) dinner every day.
(6) They (ア make　イ are making　ウ made) a cake now.

(1)		(2)		(3)		(4)		(5)		(6)	

3 次の対話が成り立つように，＿＿に適する語を書きなさい。　2点×6(12点)

(1) Are you drawing a bird? — Yes, ＿＿ ＿＿.
(2) Is your brother running over there? — No, ＿＿ ＿＿.
(3) What are you drinking now? — ＿＿ ＿＿ coffee.
(4) Here's a present for you. — ＿＿ ＿＿ very much.
(5) Where are the students playing basketball?
— ＿＿ ＿＿ basketball in the schoolyard.
(6) What are you and your sister making in the kitchen now?
— ＿＿ ＿＿ a birthday cake.

(1)			(2)		
(3)			(4)		
(5)			(6)		

4 次の対話文を読んで，あとの問いに答えなさい。 (計15点)

Eri:	Where's Tina?
Nick:	①心配しないで。 She went shopping with Dad.
Kota:	OK. ②So far, so good.
Hajin:	③ (　　　) (　　　) (　　　) doing?
Ms. Rios:	We're decorating the cake now.

(1) 下線部①を２語の英語になおしなさい。 (3点)

(2) 下線部②を日本語になおしなさい。 (3点)

(3) ③の(　)内に適する語を書きなさい。 (3点)

(4) 次の文が本文の内容と合っていれば○，異なっていれば×を書きなさい。 3点×2(6点)

　1．Tina and her father aren't at home now.

　2．Ms. Rios is eating a cake now.

(1)							
(2)							
(3)				(4)	1	2	

5 〔　〕内の語句を並べかえて，日本文に合う英文を書きなさい。 3点×5(15点)

(1) 私は海で泳いでいます。

〔 in / swimming / I / sea / the / am 〕.

(2) 彼は舞台で踊っています。

〔 on / is / the stage / he / dancing 〕.

(3) 私たちは彼のことについて話しているのではありません。

〔 about / not / him / we / are / talking 〕.

(4) 小学生たちは今，国語の勉強をしているのですか。

〔 studying / the elementary school / now / Japanese / are / students 〕?

(5) 彼らは今，何の楽器を演奏しているのですか。

〔 what / now / instruments / playing / are / they 〕?

(1)	
(2)	
(3)	
(4)	
(5)	

6 次の日本文に合うように，＿＿に適する語を書きなさい。 2点×6(12点)

(1) 列に並んで待ってください。 Please ＿＿ in ＿＿.
(2) それじゃあまたね。 ＿＿ ＿＿ later.
(3) あのネコは頭がよさそうです。 That cat ＿＿ ＿＿.
(4) 彼は約束を守ります。 He ＿＿ ＿＿ promise.
(5) 私は去年，中国に行きました。 I went to China ＿＿ ＿＿.
(6) 山の中は涼しいです。 ＿＿ ＿＿ in the mountain.

(1)			(2)		
(3)			(4)		
(5)			(6)		

7 次の文を( )内の指示にしたがって書きかえなさい。 3点×4(12点)

(1) She rides a horse. （現在進行形の文に）
(2) You are relaxing at home. （疑問文に）
(3) Those lions are sleeping now. （否定文に）
(4) Sam is trying calligraphy now. （下線部をたずねる疑問文に）

(1)	
(2)	
(3)	
(4)	

8 次のようなとき，英語でどのように言うか書きなさい。 4点×4(16点)

(1) 目の前のサラダがとてもおいしそうだ，と言うとき。
(2) ニュースなどを聞いて，全く知らなかった，と言うとき。 （idea を使って）
(3) 自分の家に来た人に，ようこそ，と歓迎の気持ちを伝えるとき。
(4) どう思うか，と相手に感想を聞くとき。

(1)	
(2)	
(3)	
(4)	

教科書ワーク英語 特別ふろく

無料アプリ どこでもワーク

英1 英2 英3

こちらにアクセスして，ご利用ください。
https://portal.bunri.jp/app.html

単語特訓▶

重要語句の暗記に便利

音声つき

▼文法特訓

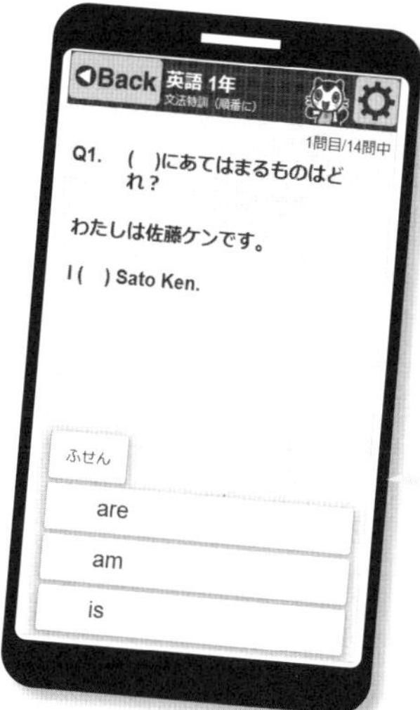

文法事項を三択問題で確認！

間違えた問題だけを何度も確認できる！

無料ダウンロード ホームページテスト

無料でダウンロードできます。
表紙カバーに掲載のアクセスコードを入力してご利用ください。
https://www.bunri.co.jp/infosrv/top.html

文法問題▶

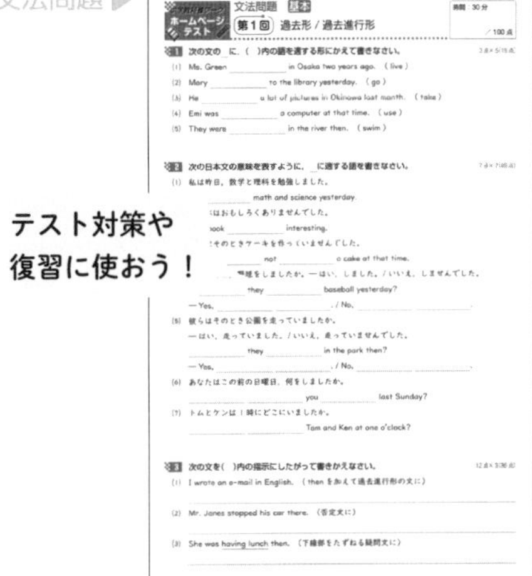

テスト対策や復習に使おう！

リスニング試験対策にバッチリ！

▼リスニング問題

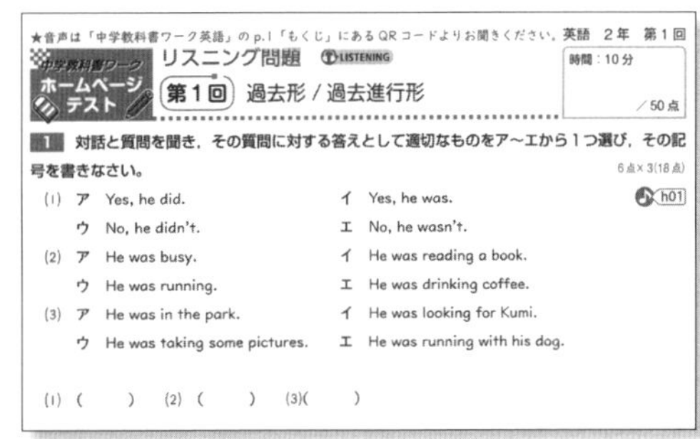

注意　●アプリは無料ですが，別途各通信会社からの通信料がかかります。
●アプリの利用には iPhone の方は Apple ID，Android の方は Google アカウントが必要です。対応 OS や対応機種については，各ストアでご確認ください。
●お客様のネット環境および携帯端末により，ご利用いただけない場合，当社は責任を負いかねます。ご理解，ご了承いただきますよう，お願いいたします。

中学教科書ワーク

解答と解説

この「解答と解説」は，取りはずして使えます。

光村図書版「ヒア ウィー ゴー!」

英語 1 年

Let's Be Friends! ～ Unit 1

p.6 ステージ1

Wordsチェック (1)緑色(の) (2)すばらしい

(3) brown (4) happy

(5) red (6) tired

(7) sad (8) sleepy

1 (1)イ (2)エ (3)ウ (4)カ

解説

1 (1)「あなたは何色が好きですか」という質問。「私は赤が好きです」と答えているイを選ぶ。

(2) ミス注意!「あなたは何の教科が好きですか」という質問。「私は理科が好きです」と答えているエを選ぶ。

(3)「あなたは何のスポーツが好きですか」という質問。絵の内容から「私は野球が好きです」と答えているウを選ぶ。

(4)「あなたは何の季節が好きですか」という質問。絵の内容から「私は夏が好きです」と答えているカを選ぶ。

ポイント 好きなものをたずねる文
- 「あなたは何の～が好きですか」What ～ do you like?
- 答えるときは，I like ～.

p.7 ステージ1

Wordsチェック (1)なぜですか。 (2)行く

(3) China (4) France

(5) Italy (6) want

1 (1) India (2) want, Egypt

(3) want, go

解説

1 (1)(2) ミス注意!国の名前を書くとき，最初の文字を大文字にすることを忘れないようにする。

(2)(3) want to ～で「～したい」，go to ～で「～に行く」という意味。

ポイント 行きたい場所をたずねる文
- 「あなたはどこに行きたいですか」Where do you want to go?
- 答えるときは，I want to go to ～.

p.8 ステージ1

Wordsチェック (1)15(の) (2)63(の)

(3) twelve (4) twenty-one

(5) forty-four (6) fifty-two

1 (1) eleven (2) thirteen

(3) eighty-one (4) eighteen

解説

1 (2)(4) ミス注意!13 ～ 19の数字は1の位の数字のあとに -teen を付ければよいが，three → thirteen，five → fifteen，eight → eighteen の3つはつづりが少し変わることに注意。

(3)21以上の数字は thirty-three のように，10の位と1の位の間にハイフン(-)を入れて書く。

ポイント 数字の表し方
- 21 以上の数字は，10 の位と 1 の位の間にハイフン(-)を入れて書く。
- 100 は one hundred と表す。

p.9 ステージ1

Wordsチェック (1)2月 (2)12月

(3) April (4) September

❶ (1) June

(2) birthday , second

解説

❶ (1) ミス注意! 月の名前を書くとき，最初の文字を大文字にする。
(2)「私の誕生日は～です」は My birthday is ～. で表す。日付を表すときは，数字の「～番目の」という表し方を使う。

ポイント When is ～？の文
・「～はいつですか」When is ～?
・答えるときは，〈～ is＋日付 .〉

p.10～11 ステージ1

Wordsチェック (1)〔女性の姓・姓名の前で〕～さん，～先生 (2)祭り，催し

(3) summer (4) place

(5) play (6) meet

❶ (1) am (2) I'm from

(3) I'm , old

❷ (1) Here we go!

(2) Call me Eri.

(3) Nice to meet you.

❸ (1) I'm (2) Call me

(3) I'm a

(4) I'm , there

❹ (1) Thanks (2) lost

(3) happy

解説

❶「私は～です」は I'm[I am] ～. で表す。
(1) I のあとに解答欄があるので，I'm を I am と2語で表す。
(2)「～出身」は from ～で表す。
(3)「～歳」は～ year(s) old で表す。
❷ (1)(3) Here we go!「さあ，行こう」，Nice to meet you.「はじめまして」は，文をそのまま覚える。
(2)「私を～とよんでください」は Call me ～. で表す。
❸ (1)「私は～です」に当たる語を書く解答欄が1つしかないので，I am の短縮形の I'm を使う。
(2) call は「～をよぶ」，me は「私を」という意味
(3) ミス注意!「私は生徒です」と言うときは，student の前に a が必要。
❹ (1) Thank you. と Thanks. は同じ意味で，Thanks. のほうが少しくだけた言い方。
(2)(3) I'm ～のあとに気持ちや様子を表す言葉がくると「私は～(な状態)です」という意味を表す。lost は「道に迷った」という意味。

ポイント be 動詞 am
・I'm～.「私は～です」
・I'm は I am の短縮形

p.12～13 ステージ1

Wordsチェック (1)(～で)ない
(2)非常に，とても (3) look

(4) beautiful (5) about

(6) why

❶ (1) like (2) I like

(3) I , apples

❷ (1) I don't[do not] like black.

(2) I don't[do not] like milk.

(3) I don't[do not] like carrots.

(4) I don't[do not] play the trumpet.

❸ (1) like (2) don't like

(3) I don't like

❹ (1)見て。
(2)私はサッカーがあまり好きではありません。
(3)どうして(ですか)。 (4)あなたはどうですか。

解説

❶「私は～が好きです」は I like ～. で表す。
❷ (1)～(3)「私は～が好きではありません」は I don't like ～. で表す。
(4) play「～を演奏する」は like と同じ一般動詞なので，play の前に don't[do not] を置くと「～を演奏しません」という意味になる。
❸ (3) ミス注意! not ～ so much で「あまり～でない」という意味。
❹ (3)否定の言葉を受けて「なぜ」とたずねるときの表現。
(4) How about ～? は「～はどうですか」という意味。

ポイント 一般動詞
一般動詞は，状態や動作を表す語で，主語のあとに置く。

p.14～15 ステージ1

Wordsチェック (1)バスケットボール (2)しかし
(3) hello (4) flute
(5) well (6) cool
(7) run (8) baseball

❶ (1) can (2) I can
(3) I can swim

❷ (1) I can't run fast.
(2) I can't do karate.
(3) I can't dance well.
(4) I can't play rugby.

❸ (1) can play
(2) I can, and
(3) can't[cannot], but, can

WRITING Plus
(1)例1 I like movies.
例2 I like books.
(2)例1 I can do karate.
例2 I can swim well.

解説

❶「私は～ができます」は I can ～. で表す。
(3) swim fast は「速く泳ぐ」という意味。
❷「私は～ができません」は I can't ～. で表す。
(3)「上手に踊る」は dance well で表す。
❸ (1)「(ピアノなどの楽器)を演奏する」は play を使う。
(2) ミス注意!「(剣道や空手)をする」は do を使う。and は「～と…」という意味。
(3) 2文を逆接でつなぐときは but を使う。
WRITING Plus (1)「～が好き」は like を使って書く。好きなものは，music「音楽」，sports「スポーツ」，animals「動物」など自分に合ったものにすればよい。
(2)「～できる」は can を使って書く。動詞のあとに well「上手に」や fast「速く」を置いて，「上手に[速く]～できます」としてもよい。

ポイント 助動詞 can
・〈I can＋動詞～.〉「私は～できます」
・〈I can't＋動詞～.〉「私は～できません」

p.16～17 ステージ2

❶ LISTENING イ
❷ (1) I'm (2) do (3) can't
❸ (1) I'm 10 years old.
(2) I am from Canada.

(3) I can play the drums well.

(4) I don't play soccer there.

(5) like summer, but I don't like

❹ (1)① Look

③ Why not

(2)きれいね。 (3) Eri

❺ (1) Nice, meet

(2) How about

(3) so much

❻ (1) am Kumi

(2) I'm[I am] from Japan.

(3) I like baseball.

解説

❶ LISTENING 男の子はI can play the flute, but I can't play the piano.(フルートは演奏できますが，ピアノは演奏できません)と言っている。

> 音声内容
> Hello. I'm Ken. I like music. I can play the flute, but I can't play the piano.

❷ (1)「私は～です」はI'm ～. で表す。
(2)「剣道をする」はdo *kendo* で表す。
(3)「私は～できません」はI can't ～. で表す。

❸ (1)「私は～歳です」はI'm ～ year(s) old. で表す。
(2)「私は～出身です」はI am[I'm] from ～. で表す。
(3) wellは「上手に」という意味で，「上手に～できます」と言うときは，can ～「～できます」のあとに置く。
(4) ミス注意! 主語Iと「(スポーツ)をする」を表す一般動詞playの間にdon'tを置く。thereは「そこで」という意味で，ふつう文の最後に置く。
(5)「私は夏が好きです」と「(私は)冬が好きではありません」をbut「しかし」でつなぐ。butの前にはコンマを置く。

❹ (1)③コウタの「春は好きではありません」という発言を聞いて言った言葉であることに注意。
(3)「春が好きです」と言っているのはエリ。

❺ (3)don'tはdo notの短縮形で，not ～ so muchのnotに当たる部分をふくんでいるので，「～があまり好きではありません」と言うときは，don't like ～のあとにso muchを続ければよい。

❻ (2)「～出身」はfrom ～を使って表す。
(3)「私は～が好きです」はI like ～. で表す。

p.18～19 ステージ3

❶ LISTENING ア

❷ (1) Call me Sachi.

(2) I am from Hokkaido.

(3) I don't like math.

(4) I can play the piano and

❸ (1) don't swim

(2) don't like, so much

(3) like, but, can't[cannot] run

❹ (1)ニューヨーク (2)音楽，スポーツ

(3)① swim ② play

❺ (1) I'm[I am] 12[twelve] years old.

(2) I like red and yellow.

(3) I can play the flute well.

❻ 例1 (1) I am Keiko.

(2) I like summer.

(3) I can do *kendo*.

例2 (1) I am Taro.

(2) I like winter.

(3) I can play soccer.

解説

1 LISTENING Where do you want to go? は「あなたはどこへ行きたいですか」という意味。男の子は中国，女の子はインドに行きたいと言っている。

音声内容
A: Where do you want to go, Kenta?
B: I want to go to China. How about you, Kana?
A: I want to go to India.

2 (1) call me ～ で「私を～とよぶ」という意味。
(3)「私は～が好きではありません」は I don't like ～. で表す。math は「数学」という意味。
(4) ミス注意!「私は～を演奏できます」I can play ～. のあとに，「ピアノとトランペット」the piano and the trumpet を続ける。and は「～と…」という意味。

3 (1)「私は～泳ぎません」とあるので，I don't ～. を使って表す。
(2)「～があまり好きではありません」とあるので，I don't like ～ so much. を使って表す。
(3)「私はスポーツが好きです」I like sports と「(私は)速くは走れません」I can't run fast を but でつなぐ。

4 (1)ティナが I'm from New York.「私はニューヨーク出身です」と言っている。
(2)ティナが I like music and sports.「私は音楽とスポーツが好きです」と言っている。
(3)「泳ぐ」は swim,「(ドラム)を演奏する」は play で表す。

5 (1)「私は～歳です」は I'm[I am] ～ year(s) old. で表す。
(2)「赤」red と「黄色」yellow を and でつなぎ，I like のあとに置く。
(3)「私は～(楽器)を演奏できます」は〈I can play the＋楽器名.〉で表す。「上手に」を表す well は文の最後に置く。

6 (1)自分の名前は I'm[I am] ～. を使って書く。
(2)好きな季節は I like ～. を使って書く。
(3)できるスポーツは I can ～. を使って書く。

Unit 2

p.20~21 ステージ1

Wordsチェック (1)活動，運動 (2)運動好きな人
(3) team (4) science

1 (1) You are
(2) You are an

2 (1) Are you
(2) am not
(3) are not
(4) Are you from

3 (1) are (2) Are (3) new students
(4) am

4 (1) I am
(2) I'm not

5 (1) Here's (2) in

解説

1「あなたは～です」は You are ～. で表す。
(1) Mr. は男性の姓や姓名について「～先生[さん]」という意味を表す。
(2) artist の前に「1人」を表す an を置く。an は母音で始まる数えられる語が1つのときに付く。

2 (1)(4) You are ～. の疑問文は be 動詞を主語の前に出し，Are you ～? の形にする。
(2)(3)「～ではありません」は be 動詞のあとに not を置いて表すので，am[are] のあとに not を続ければよい。

3 (1)主語が you のとき，be 動詞は are を使う。「あなたは野球ファンです」という意味。
(2)主語が you の疑問文は，be 動詞に are を使う。

「あなたはショウタですか」という意味。
(3) ミス注意! new の前に「1人」を表す a が付いていないので，この文の student は1人ではなく，you は「あなたたち」という複数を表すと考える。「あなたたちは新入生です」という意味。
(4)主語が I のとき，be 動詞は am を使う。「私はミキではありません」という意味。

4 (1) Are you ～? の疑問文に Yes で答えるので，Yes, I am. とする。疑問文は「あなたはキムラさんですか」という意味。
(2) Are you ～? の疑問文に No で答えるので，No, I'm[I am] not. とする。解答欄の数から，I am の短縮形 I'm を使う。疑問文は「あなたは音楽家ですか」という意味。

5 (1)「ここが～です」は Here's ～. で表す。
(2)「入りなさい」は Come in. で表す。

ポイント be 動詞 are
・「あなた(たち)は～です」You are ～.
・疑問文は主語の前に Are を置く。
・「～ではありません」の文は，be 動詞のあとに not を置く。

p.22～23 ステージ1

Words チェック (1)楽器 (2)ランニング
(3) usually (4) practice
(5) sometimes (6) Thursday

1 (1) Do you
(2) Do you do
(3) Do you like lemons?

2 (1) do (2) don't

3 (1) never (2) always run
(3) I sometimes play

4 (1) on (2) and
(3) a little

5 (1) Sunday (2) Monday
(3) Tuesday (4) Wednesday
(5) Friday (6) Saturday

解説

1 play, do, like は一般(いっぱん)動詞。一般動詞の疑問文は主語の前に Do を置く。
(2)主語 you のあとに「(スポーツなどを)する」を表す do を続ける。
(3)主語 you のあとに「～が好き」を表す like を続け，最後に lemons「レモン」を置く。lemons は lemon の複数形。

2 (1)疑問文は「あなたはチーズが好きですか」という意味。Yes のときは do を使って答える。
(2)疑問文は「あなたはテニスをしますか」という意味。No のときは don't を使って答える。

3 (1)「決して～ない」は never を使う。
(2)「いつも」は always を使う。
(3)「ときどき」は sometimes を使う。

4 (1)「～曜日に」と言うときは〈on＋曜日〉。
(2) ミス注意! 3つ以上のものを並べるときは，最後の2語を and でつなぐ。
(3)「少し(は)」は a little で表す。

5 (4)と(5)の間に Thursday「木曜日」があることに注目。数字(日付)から考えて，1日が日曜日であることがわかる。

ポイント 一般動詞の疑問文
・「あなたは～しますか」Do you ～?
・答えるときは，Yes, I do. / No, I don't[do not].

p.24～25 ステージ1

Words チェック (1)これ (2)牛，乳牛
(3) read (4) say
(5) make (6) eat
(7) library (8) artist

1 (1) Can you
(2) Can you drink

(3) Can you eat

❷ (1) Can you write, can

(2) Can you dance, can't[cannot]

❸ (1)ウ (2)イ (3)ア

❹ (1)私のあとについて言ってください。

(2)これは何ですか。

(3)あなたは映画に興味がありますか。

WRITING Plus

例1 (1) Yes, I can.

(2) I can play the piano.

例2 (1) Yes, I can.

(2) I can play the flute.

例3 (1) No, I can't[cannot].

(2) I can play soccer.

例4 (1) No, I can't[cannot].

(2) I can dance.

解説

❶ 「あなたは～できますか」は Can you ～? で表す。you のあとには動詞が続く。

(2)主語 you のあとに「～を飲む」を表す drink を続ける。

(3)主語 you のあとに「～を食べる」を表す eat を続ける。

❷ (1)主語 you の前に Can を置いて，you のあとは write *kanji*「漢字を書く」を続ける。「あなたは漢字を書けますか」という意味の文になる。

(2)主語 you の前に Can を置いて，you のあとは dance well「上手に踊る」を続ける。「あなたは上手に踊れますか」という意味の文になる。

❸ (1)「～に乗る」は ride。

(2)「(絵など)を描く」は draw。

(3)「～を読む」は read。

❹ (1) repeat は「繰り返して言う」，after～は「～のあとに」という意味。

(2) What's は What is の短縮形。what は「何」という意味。

(3) be interested in ～は「～に興味がある」という意味。

WRITING Plus 質問は「あなたは楽器を演奏できますか」という意味。Yes と答えた場合は，演奏できる楽器を具体的に書く。No と答えた場合は，スポーツなどの自分がほかにできることを書く。

ポイント 助動詞 can の疑問文

・「あなたは～できますか」Can you ～?

・答えるときは，Yes, I can. / No, I can't[cannot].

p.26～27 ステージ2

❶ LISTENING イ，エ

❷ (1) Can (2) do (3) Are

❸ (1) Do you drink

(2) I'm not a

(3) Can you draw

❹ (1) Do you like running?

(2) Are you happy?

❺ (1) Yes, I do.

(2) on

(3) 1. × 2. ○ 3. ×

❻ (1) Here's, science

(2) Repeat after

(3) What's that

(4) Are, interested

❼ Can you swim fast?

解説

❶ LISTENING テツヤは，I can play the flute. I can play the piano a little, too.（フルートを演奏できます。ピアノも少し演奏できます）と言っている。

♪音声内容
Hi, I'm Tetsuya. I like music. I can play the flute. I can play the piano a little, too. I'm interested in the trumpet, but I can't play it.

❷ (1) Can you ～? の文。「あなたはすしを食べることができますか」という意味。
(2) I do not ～. の文。「私は本を読みません」という意味。
(3) Are you ～? の文。「あなたは11歳ですか」という意味。

❸ (1) drink「～を飲む」は一般動詞なので，疑問文は Do で始める。
(2) I am～. の文を否定文にするときは，am のあとに not を置く。
(3) You can～. の文を疑問文にするときは，you の前に Can を置く。you のあとは draw flowers「花を描く」を続ける。

❹ (1)一般動詞 like があり，「好きですか」とたずねる文なので，Do で文を始める。
(2)「あなたは～ですか」とたずねる文なので，Are you ～? の形にする。

❺ (1)コウタが下線部①の発言の直後に，「トランペットを少し演奏します」と言っているので，ウタダ先生の「あなたは楽器を演奏しますか」という質問には Yes で答える。
(2)「～曜日に」は〈on＋曜日〉で表す。
(3) 1．ウタダ先生は，コウタに「あなたは楽器を演奏しますか」とたずねているので，コウタが楽器を演奏するか知らなかったといえる。2．コウタの発言に「トランペットを少し演奏します」とある。3．ウタダ先生の最後の発言に「月曜日と水曜日と金曜日に練習します」とある。

❻ (1)「ここが～です」は Here's ～. で表す。
(3) ミス注意！「～は何ですか」は What is ～?。解答欄の数より短縮形の What's を使う。
(4)「～に興味がある」は be interested in ～で表す。疑問文なので，主語の前に be 動詞を置く。

❼「～できますか」とたずねる文なので，Can you ～? で表す。「泳ぐ」は swim，「速く」は fast。

p.28～29 ステージ3

❶ LISTENING (1)土 (2)スポーツ (3)ピアノ
❷ (1)ウ (2)ア (3)イ
❸ (1) Are (2) Can
❹ (1) Are you from the U.S.?
(2) I'm[I am] not 10 years old.
(3) Can you ride a horse?
(4) Do you usually play tennis on Sundays?
❺ (1)これは何ですか。
(2) Can you read it?
(3)早口言葉
(4) I can't[cannot]
❻ (1) I can dance a little.
(2) I'm[I am] interested in music.
(3) Are you an artist?
❼ (1) 例1 Yes, I do.
例2 No, I don't[do not].
(2) 例1 Yes, I can.
例2 No, I can't[cannot].

解説

❶ LISTENING (1)マイクは I usually play soccer on Saturdays and Sundays.（普通は，土曜日と日曜日にサッカーをします）と言っている。
(2)メグは I don't like sports so much（スポーツはあまり好きではありません）と言っている。
(3)メグは I play the piano on Tuesdays, Wednesdays, and Fridays.（毎週火曜日と水曜日と金曜日にピアノを演奏します）と言っている。

♪ 音声内容
A: Do you like sports, Mike?
B: Yes. I usually play soccer on Saturdays and Sundays. How about you, Megu?
A: I don't like sports so much, but I like music. I play the piano on Tuesdays, Wednesdays, and Fridays.
B: I see.

❷ (1) Are you ～?「あなたは～ですか」の疑問文にはIとamを使ってYes / Noで答える。
(2) Can you ～?「あなたは～できますか」の疑問文にはIとcanを使ってYes / Noで答える。
(3) Do you ～?「あなたは～しますか」の疑問文にはIとdoを使ってYes / Noで答える。
❸ (1) Yes, I am.と答えているので，Are you ～?とたずねられていると考える。
(2) No, I can't.と答えているので，Can you ～?とたずねられていると考える。
❹ (1)疑問文にするには，areを主語の前に出す。
(2)否定文にするには，amのあとにnotを置く。
(3)疑問文にするには，canを主語の前に出す。
(4) ミス注意! 疑問文にするには，主語の前にDoを置く。usually「普通は」は主語youのあとに置く。
❺ (1) whatは「何」とたずねるときに使う語。
(2) ?(クエスチョンマーク)があるので疑問文。Canで文を始める。
(3)直前の文に，it's a tongue twister(それは早口言葉です)とある。
❻ (1)「私は～ができます」とあるので，I can ～.で表す。「少し」はa little。
(2)「～に興味がある」はbe interested in ～を使う。「音楽」はmusic。
(3)「あなたは～ですか」とあるので，Are you ～?で表す。「芸術家」はartist。
❼ (1)「あなたは犬が好きですか」という質問。Iとdoを使ってYes / Noで答える。
(2)「あなたはサッカーが上手にできますか」という質問。Iとcanを使ってYes / Noで答える。

Unit 3

p.30～31 ステージ1

Wordsチェック (1)退屈な (2)祖父
(3) enjoy (4) try
(5) family (6) park

❶ (1) do
(2) play baseball
(3) go, library
❷ (1) What do you do on weekends?
(2) I just stay home.
(3) go to a movie
❸ (1) fun
(2) go camping
(3) every year
❹ (1) surf (2) walk
(3) climb

解説

❶ What do you usually do on Sundays?は「あなたは普通，日曜日に何をしますか」という意味。usuallyのあとに一般動詞を置く。
(1) do my homeworkは「(自分の)宿題をする」という意味。
(2) play baseballは「野球をする」という意味。
(3) go to the libraryは「図書館へ行く」という意味。
❷ (1)「何をしますか」とあるので，Whatで文を始める。Whatのあとには疑問文の語順を続ける。
(2)「家にいる」はstay home。justは普通，一般動詞の前に置く。
(3)「映画を見に行く」はgo to a movieで表す。
❸ (1)「楽しさ」という意味のfunを入れる。
(2)「キャンプに行く」はgo campingで表す。
(3) ミス注意!「毎年」はevery yearで表す。everyに「1つ」のときの名詞の形を続けて，「毎

～」の意味になる。

❹ (1)「インターネットを見て回る」は surf the Internet で表す。

(2) ミス注意! walk は「歩く」と「～を歩かせる，散歩させる」の意味があるので注意する。

(3)「山登りをする」は climb mountains で表すことができる。

ポイント what の疑問文
・「あなたは何を～しますか」What do you ～?
・答えるときは具体的な内容を答える。

p.32～33 ステージ1

Words チェック (1)写真 (2)バドミントン
(3) listen (4) bird
(5) use (6) computer

❶ (1) doing
(2) like playing
(3) like swimming

❷ (1) climbing (2) running
(3) reading (4) riding

❸ (1) I like using a computer.
(2) you like taking pictures
(3) I enjoy seeing movies.

❹ (1) Really (2) course

解説

❶「私は～することが好きです」は〈I like＋動詞の -ing 形～.〉で表す。

(1) do の -ing 形は，語尾(ごび)にそのまま -ing を付ける。

(2) play の -ing 形は，語尾にそのまま -ing を付ける。

(3) ミス注意! swim の -ing 形は，語尾の m を重ねて -ing を付ける。

❷ (1)「山登りをする」は climb mountains で表す。「～すること」を表すには，動詞 climb を -ing 形にすればよい。

(2) ミス注意!「走ること」を表すには，動詞 run を -ing 形にすればよい。run は語尾の n を重ねて -ing を付ける。

(3)「読むこと」を表すには，動詞 read を -ing 形にすればよい。

(4)「乗ること」を表すには，動詞 ride を -ing 形にすればよい。ride は語尾の e をとって -ing を付ける。

❸ (1)「私は～が好きです」を表す I like のあとに，「コンピュータを使うこと」を表す using a computer を続ける。

(2)「あなたは～が好きですか」を表す Do you like のあとに，「写真を撮ること」を表す taking pictures を続ける。

(3)「私は～を楽しみます」を表す I enjoy のあとに，「映画を見ること」を表す seeing movies を続ける。

❹ (1) Really? は驚きや興味を表して「本当ですか」と言うときに使う言葉。

(2) Of course. は「もちろん，当然」という意味。

ポイント 動詞の -ing 形
・動詞の語尾に -ing を付けると，「～すること」という意味になる。
・動詞の -ing 形の作り方
①そのまま -ing を付ける。
②語尾の e をとって -ing を付ける。
③語尾の文字を重ねて -ing を付ける。

p.34～35 ステージ1

Words チェック (1)それら，あれら (2)水族館
(3) get (4) heavy
(5) museum (6) skiing
(7) swimming (8) flower

❶ (1) to see
(2) want to
(3) want to eat

❷ (1) want to do karate

(2) want to go to China

(3) you want to drink coffee

❸ (1) too big

(2) those

(3) They, like

❹ (1)私は今週末，山に登りたいです。

(2)ほかに何かありますか。

WRITING Plus

例1 I want to go camping (during the summer vacation).

例2 I want to climb a mountain (during the summer vacation).

解説

❶「私は～したいです」は〈I want to＋動詞の原形～.〉で表す。

(1) see gorillas は「ゴリラを見る」という意味。

(2) go camping は「キャンプに行く」という意味。

(3) eat yogurt は「ヨーグルトを食べる」という意味。

❷ (1)「私は～がしたいです」とあるので，〈I want to＋動詞の原形～.〉の形にする。to のあとに「～をする」を表す動詞 do を続ける。

(2)「私は～に行きたいです」とあるので，〈I want to＋動詞の原形～.〉の形にする。to のあとに「行く」を表す動詞 go を続ける。「中国に」は to China で表す。

(3)「あなたは～(し)たいですか」とあるので，〈Do you want to＋動詞の原形～?〉の形にする。to のあとに「飲む」を表す動詞 drink を続ける。

❸ (1)「～すぎる」は too ～で表す。

(2) those「あれら」は that「あれ」の複数形。

(3) ミス注意！ Are those ～? には they を使って Yes / No で答える。those を使わないことに注意。

「～に似た，～のような」は like ～で表す。

❹ (1) weekend「週末」に this を付けると「今週末」という意味になる。climb a mountain は「山に登る」という意味。

(2)「ほかに何かありますか」とたずねるときの表現。

WRITING Plus 「私は～したい」を表す〈I want to＋動詞の原形～.〉を使って書く。

ポイント 〈to ＋動詞の原形〉

・〈to＋ 動詞の原形〉「～すること」

・〈I want to＋動詞の原形～.〉「私は～したい」

p.36～37 ステージ1

Wordsチェック (1)イギリス (2)徒歩で (3)ペット (4)車，自動車

(5) school (6) subway

❶ (1) by car

(2) two cats

❷ (1) movies, four

(2) many boxes, three boxes

(3) How many books do you read, five books

❸ (1) How do you make

(2) How do you write this

WRITING Plus

例1 I go to school by bicycle.

例2 I go to school on foot.

解説

❶ (1)質問は「あなたはどのようにしてスキーに行きますか」という意味。car を使って答えるので，スキーに行く手段をたずねていると考える。「～

で」を表す by を使う。

(2)質問は「あなたは何匹のネコを飼っていますか」という意味。two を使って2語で答えるので，「2匹のネコ」を表す two cats にする。

❷「あなたはいくつの～を…ですか」は How many＋名詞の複数形＋疑問文～?〉の形にして，答えるときは具体的な数を言う。

(1)「あなたは何本の映画を見ますか」「私は4本の映画を見ます」

(2) ミス注意！「あなたはいくつの箱が欲しいですか」「私は3つの箱が欲しいです」box の複数形は語尾(ごび)に -es を付けて表す。

(3)「あなたは何冊の本を読みますか」「私は5冊の本を読みます」

❸「どのようにして」とあるので，How で文を始める。How のあとは疑問文の語順を続ける。

(1)「たこ焼きを作る」は make *takoyaki* と表す。

(2)「この漢字」は this *kanji* と表す。

WRITING Plus 質問は「あなたはどのようにして学校へ行きますか」という意味。手段を答えるので，「～(乗り物)で」を表す〈by＋乗り物〉や「徒歩で」を表す on foot を使って答える。

ポイント How で始まる疑問文

・方法や手段をたずねるとき：〈How＋疑問文 ?〉

・数をたずねるとき：〈How many＋名詞の複数形＋疑問文 ?〉

p.38～39 文法のまとめ①

1 (1) am, are (2) Are, I'm (3) like, can't

2 (1) You are from Canada.

(2) Are you an athlete?

(3) I don't[do not] run in the park.

3 (1) Can you swim fast?

(2) don't like this movie

(3) do you want to do

4 (1) can draw

(2) not interested in

《解説》

1 (1) be 動詞は，主語が I のときは am，you のときは are を使う。

(2) ミス注意！疑問文は，主語が you なので be 動詞は Are を使う。Are you ～? とたずねられたときは，Yes, I am. または No, I'm not[I am not]. で答える。

(3) I と music があるので，「～が好き」を表す like を使う。but 以下は，I と play があるので，「～できない」を表す can't を使う。

2 (1)主語を you にかえると，be 動詞は are になる。

(2)疑問文にするには，Are を主語の前に置き，文末に ?(クエスチョンマーク)を置く。

(3) run は「走る」という意味の一般(いっぱん)動詞なので，否定文にするには，don't[do not] を一般動詞の前に置く。

3 (1)「あなたは～できますか」は〈Can you＋動詞の原形～?〉で表す。「速く」を表す fast は動詞 swim のあとに置く。

(2)「～があまり好きではありません」は don't[do not] like ～ so much で表す。

(3)「何」を表す What に疑問文の語順を続ける。want to do ～で「～がしたい」という意味。

4 (1)「～することができる」は can を使う。「～を描く」は draw で表す。

(2)「～に興味をもっている」は be interested in ～で表す。「もっていません」とあるので，be 動詞のあとに not を置いて否定文にする。

p.40～41 ステージ1

Words チェック (1)趣味 (2)しゃべる，話をする (3)旅行する (4)獣医

(5) people (6) world

(7) Japanese (8) animal

❶ (1) singing

(2) at swimming

(3) good, taking

pictures

❷ (1) am (2) is (3) is (4) drawing (5) doing

❸ (1) I like playing the flute.

(2) Do you want to go to

(3) I want to be a teacher.

❹ (1) talk

(2) listen to

(3) all over

(4) in the future

解説

❶「〜することが上手です」は,〈be good at＋動詞の -ing 形〉で表す。
(1) sing の -ing 形は,語尾にそのまま -ing を付ける。
(2) ミス注意! swim の -ing 形は,語尾の m を重ねて -ing を付ける。
(3) take の -ing 形は,語尾の e をとってから -ing を付ける。

❷ (1)主語が I のとき be 動詞は am を使う。
(2)主語 My name は I, you 以外の単数なので,be 動詞は is を使う。
(3)主語 My favorite color は I, you 以外の単数なので,be 動詞は is を使う。
(4)(5) be good at に動詞が続く場合,-ing 形にする。

❸ (1)「私は〜することが好きです」とあるので,I like のあとに動詞の -ing 形を続ける。
(2)「あなたは〜したいですか」とたずねる文なので,〈Do you want to＋動詞の原形〜?〉の形にする。「アメリカ合衆国へ」は to the U.S. と表すことができる。
(3) ミス注意!「〜になりたいです」は want to be 〜で表す。be は be 動詞 am, are, is の原形。

❹ (1)「〜と話す」は talk to 〜で表す。
(2)「〜を聞く」は listen to 〜で表す。
(3)「世界中の[で]」は all over the world で表す。
(4)「将来」は in the future で表す。

ポイント be 動詞 is ／ be good at 〜
- be 動詞 is は,主語が I, you 以外の単数の場合に使う。
- 〈be good at＋動詞の -ing 形〉「〜することが上手だ」

p.42〜43 ステージ2

❶ LISTENING (1)ア (2)ウ (3)ウ

❷ (1) seeing (2) to run (3) swimming

❸ (1) many cats

(2) want to

❹ (1) How do you cook this egg?

(2) I enjoy playing the piano.

❺ (1) 盆踊り (2) Really

(3) dancing

(4) Tina, Nick

❻ (1) Sounds

(2) taking pictures

(3) is listening

❼ (1) What do you do on Saturday(s)?

(2) I want to be a teacher in the future.

解説

❶ LISTENING (1)「野球をするのが好きですか」という質問に対する答えを選ぶ。続けて A は「私も野球をします」と言っている。
(2)「毎週日曜日に何をしますか」という質問に対する答えを選ぶ。
(3)「どのようにして学校に行きますか」という質問に対する答えを選ぶ。

音声内容

(1) *A:* Do you like playing baseball?
B: (Yes, I do. I can play baseball well.)
A: Oh, really? I play baseball, too.
(2) *A:* I usually stay home on Sundays.
What do you do on Sundays?
B: (I usually go to the library.)
(3) *A:* How do you go to school?
B: (I go to school by bicycle.)
How about you?
A: I go to school by bus.

2 (1)「～することが好きです」とあるので，動詞 see の -ing 形を選ぶ。
(2)「走りたい」は〈want to+ 動詞の原形〉で表す。
(3)「～することが上手」は〈be good at＋動詞の -ing 形〉で表す。

3 (1) **ミス注意**「何匹」と数をたずねるときは，How many ～? を使う。many のあとに続く名詞は複数形にすることに注意。
(2)「～したい」は want to ～で表す。

4 (1)「どのように」とあるので，How で文を始める。How のあとは疑問文の語順を続ける。
(2)「私は～を楽しみます」は I enjoy ～. で表す。enjoy のあとに playing the piano(ピアノを演奏すること)を続ける。

5 (1) it は前に出たものやことがらを指す。It's a summer festival dance.(それは夏祭りの踊りです)と言っているので，it は *Bon-odori* を指すとわかる。
(2)「本当に？」は Really? で表す。大文字で始める。
(3) **ミス注意** like のあとに動詞 dance が続いているので -ing 形にする。語尾(ごび)の e をとって -ing を付ける。
(4)ティナが I like (dance).(私は踊ることが好きです)，コウタに Do you like (dance)?(踊ることは好きですか)とたずねられたニックが Of course.(もちろん)と答えていることから考える。

6 (1)「楽しそうですね」は Sounds fun. で表す。
(2)「写真を撮ること」は taking a picture または taking pictures で表す。解答欄の数から，taking pictures を入れる。
(3)「私の趣味は～です」という文にする。主語 My hobby は I, you 以外の単数なので，「～です」を表す be 動詞は is を使う。is のあとに「音楽を聞くこと」を表す listening to music を置く。

7 (1)「あなたは～に何をしますか」は What do you do ～? で表す。
(2) **ミス注意**「私は～になりたいです」は I want to be ～. で表す。teacher の前に a を付けることに注意。「将来」は in the future で表す。

p.44～45 ステージ3

1 LISTENING (1) three pets
(2) by bicycle

2 (1) Sounds
(2) Of course
(3) Watch me

3 (1) How, visit
(2) What, do
(3) How many pencils do

4 (1)あれら[それら]は何ですか。
(2)ウ (3)ゴム風船 (4) too

5 I am good at running.

6 (1) playing
(2) usually practice, weekend(s)
(3) want to go

解説

1 LISTENING (1)「何匹のペットを飼っていますか」という質問に対する答えを書く。絵より，犬が２匹，ネコが１匹の合計３匹のペットを飼っているとわかる。
(2)「どのようにしてそこ[その公園]に行きますか」という質問に対する答えを書く。絵より，自転車で行くことがわかる。「～で」は by ～で表す。

音声内容
(1) A: Do you have any pets?
B: Yes.
A: How many pets do you have?
(2) A: What do you want to do this Sunday?
B: I want to go to the park.
A: How do you go there?

❷ (1) A は「私は普通，日曜日に祖父と将棋をします」と言っている。B は～ fun. と答えているので，Sounds fun.(楽しそう)となる。
(2) A は「あなたは動物園に行きたいですか」と言っているので，Of course.(もちろん)となる。
(3) A は「このコンピュータはどのようにして使うことができますか」と言っているので，Watch me.(見ていて)となる。

❸ (1)方法や手段をたずねる疑問文にする。「どのようにして」を表す How を文の始めに置く。そのあとに疑問文の語順を続ける。
(2) ミス注意! 何をするかたずねる疑問文にする。「何」を表す What を文の始めに置く。you のあとは「する」を表す動詞 do を置くことに注意。
(3)数をたずねる疑問文にする。〈How many＋名詞の複数形＋疑問文～?〉の形にする。

❹ (1) those は that の複数形で「あれら[それら]」という意味。
(2)下線部の like は「～のような」という意味。
(3)ここでの one は，前に出た数えられる名詞を指す。balloon(ゴム風船)を指している。
(4)「～すぎる」は too を使って表すことができる。

❺「～することが得意です」は〈be good at＋動詞の -ing 形〉で表す。

❻ (1)「ドラムを演奏することが好きです」という意味にする。like のあとの動詞は -ing 形にする。
(2)「普通」とあるので，usually を使う。「～を練習する」は practice ～，「週末(に)」は on weekends で表す。
(3)「イギリスに行きたいです」という意味の文にする。〈want to＋動詞の原形〉の形にする。

Unit 4

p.46～47 ステージ1

Words チェック (1)社会科 (2)興味を引き起こす，おもしろい (3) **strict** (4) **class**

❶ (1) **He's** (2) **Ms. Ito / She's**
(3) **is my father / He's**

❷ (1)あちらは私たちの先生 (2)彼はおもしろい

❸ (1) **She** (2) **He** (3) **She** (4) **It**

❹ (1) **can't[cannot] wait** (2) **So** (3) **Her**
(4) **His music**

❺ (1) **He is our science teacher.**
(2) **She is a new teacher.**

❻ (1)① **is a P.E. teacher**
② **She's friendly**
(2)① **is a math teacher**
② **She's popular**
(3)① **is an English teacher**
② **He's cool**

解説

❶ This is ～.(こちらは～です)で名前を紹介(しょうかい)し，男性なら He's ～.，女性なら She's ～.でその人についての情報を伝える。
(1) Mr. とあるので，He's ～. とする。
(2) Ms. とあるので，She's ～. とする。
(3) my father とあるので，He's ～. とする。

❷ (1) That's ～. は少し離れたところにいる人について，「あちらは～です」という言い方。
(2) funny は「おかしい，おもしろい」という意味。

❸ (1)前文の Ms. Kinoshita(女性)を指す語を入れるので，「彼女は」を表す She を入れる。
(2)前文の my grandfather(男性)を指す語を入れるので，「彼は」を表す He を入れる。
(3)前文の Ms. Kaneko(女性)を指す語を入れるので，「彼女は」を表す She を入れる。
(4) ミス注意! 前文の my book(もの)を指す語を入れるので，「それは」を表す It を入れる。

❹ (1)「待ちきれない」は「私は待つことができない」と考え，I can't[cannot] wait. とする。
(2)「それで」と前後の文をつなぐときは so を使う。
(3)「彼女の～」は her のあとに名詞を続ける。「いちばん好きな」を表す favorite は名詞の前に置く。
(4)「彼の～」は his のあとに名詞を続ける。

❺ (1) He is ～. の文にする。is のあとに「私たちの理科の先生」our science teacher を続ける。
(2) She is ～. の文にする。is のあとに「新しい先生」a new teacher を続ける。a new teacher の語順に注意。

❻ ミス注意！①は〈名前＋is a[an]＋教える教科＋teacher.〉，②は〈He's[She's]＋先生の特徴.〉で表す。English teacher の前には an が付くので注意。

ポイント This[That] is ～. / He's[She's] ～.
・This[That] is ～.「こちら[あちら]は～です」
・He's[She's] ～.「彼[彼女]は～です」

p.48～49 ステージ1

Wordsチェック (1)もしかしたら (2)ダンサー
(3) **player** (4) **astronaut** (5) **tough**
(6) **writer**

❶ (1) **Who's / He's Mr. White.**
(2) **Who's Mr. Seki? / He's our teacher.**
(3) **Who's Emi? / She's my sister.**

❷ (1) **Who's / She's** (2) **favorite**

❸ (1)ウ (2)ア (3)オ (4)エ (5)イ

❹ (1) **He** (2) **Let's** (3) **him** (4) **isn't** (5) **is**

❺ (1) **He is a good dancer.**
(2) **Who is that student?**
(3) **Who is this soccer player?**
(4) **Do you want to ask Ms. Brown?**

WRITING Plus (1) **Who's[Who is] your favorite teacher?**
(2) **He's[He is] an actor.**

解説

❶「～は誰ですか」は Who's[Who is] ～? で表す。答えの文は，男性なら He's[He is] ～.，女性なら She's[She is] ～. で表す。
(1) Mr. とあるので，He's ～. とする。
(2) Mr. とあるので，He's ～. とする。
(3) my sister とあるので，She's ～. とする。

❷ (1)「誰ですか」は who's，「彼女は～です」は She's ～. で表す。
(2)「いちばん好きな」は favorite，「それは～です」は It's ～. で表す。

❸ (1) Are で始まる疑問文には Yes, I am. / No, I'm not. で答える。
(2) Do you ～? の疑問文には Yes, I do. / No, I don't. で答える。
(3)(5) Who's ～? の疑問文には，Yes / No ではなく，He's[She's] ～. や It's ～. などで具体的に答える。(3) Who's that girl?(あの女の子は誰ですか)の答えには「彼女は～」で始まる**オ**の「彼女は私の姉[妹]です」を選ぶ。(5)は「あなたのいちばん好きな作家は誰ですか」という意味なので，「それは～」で始まる**イ**の「それは夏目漱石です」を選ぶ。

❹ (1)前文に Mr. があるので，He を選ぶ。
(2) Let's ～. は「～しましょう」という意味。
(3)「私は彼に会いたいです」という文にする。「彼に」は him で表す。
(4)(5)「～ですよね」と相手に同意を求めたり，確認するときは，〈～，「be 動詞＋not」の短縮形＋主語？〉で表す。Yes で答えるときは，〈Yes, 主語＋be 動詞.〉で表す。

❺ (1) ミス注意！「彼は～です」は He is ～.，「よいダンサー」は a good dancer で表す。
(2)「～は誰ですか」は Who is ～? で表す。is のあとに that student (あの生徒)を続ける。
(3)「～は誰ですか」は Who is ～? で表す。is のあとに this soccer player(このサッカー選手)を続ける。
(4)「あなたは～したいですか」は Do you want to ～? で表す。to のあとに ask Ms. Brown(ブラウン先生に質問する)を続ける。

WRITING Plus (1)「～は誰ですか」は Who's[Who is] ～? で表す。is のあとに「あなたのいちばん好きな先生」your favorite teacher を続ける。
(2)「彼は～です」は He's[He is] ～.，「俳優」は actor で表す。actor の前に an を付ける。

ポイント Who's[Who is] ～?
・Who's[Who is] ～?「～は誰ですか」
・答えるときは Yes / No ではなく具体的に答える。

p.50～51 ステージ1

Wordsチェック (1)隣人，近所の人
(2)陽気な，明るい (3) **game** (4) **brave**

❶ (1) **isn't** (2) **Is / is**
(3) **Is he from the U.S. / isn't**

❷ (1)彼はあなたのチームメイトですか。
(2)彼女は美術の先生ではありません。

❸ (1) **he is** (2) **she isn't** (3) **she is**
(4) **he isn't**

❹ (1) **Is she eight years old?**
(2) **Is Mr. Brown a good dancer?**
(3) **He isn't[is not] my favorite actor.**
(4) **Sachiko isn't[is not] your neighbor.**

❺ (1) **isn't** (2) **isn't in** (3) **Is your sister**
(4) **He's, my friend** (5) **Atsushi's brother**

WRITING Plus 例1 **Yes, he[she] is.**
例2 **No, he[she] isn't[is not].**

解説

❶「彼[彼女]は～ですか」は，Is he[she] ～? の形を使う。答えは Yes, he[she] is. / No, he[she] isn't.
(3)答えの文に No, he ～. とあるので，Is he ～? でたずねる。

❷ (1) teammate は「チームメイト」という意味。
(2) art teacher は「美術の先生」という意味。

❸ Is で始まる疑問文なので，Yes, he[she] is. / No, he[she] isn't. で答える。
(1) Mr. Ito は男性なので，he で答える。
(2) your sister(あなたのお姉[妹]さん)は女性なので，she で答える。
(3) Ms. Kawai は女性なので，she で答える。
(4) your brother は男性なので，he で答える。

❹ (1)(2)疑問文は Is を主語の前に置く。
(3)(4)否定文は is のあとに not を置く。isn't と短縮形にしてもよい。

❺ (1) ミス注意！解答欄が1つなので，is not の短縮形 isn't を入れる。
(2)「～部に入っている」は be in the ～ club。
(3)疑問文なので，Is で文を始める。
(4) A, B ～と語句をコンマで区切って並べると，A に説明を加えることができる。
(5)「～(名前)の」は〈名前+'s〉の形にする。

WRITING Plus「あなたの英語の先生は親切ですか」という質問。Yes, he[she] is. / No, he[she] isn't[is not]. を使って答える。

ポイント is を使った疑問文と否定文
・Is he[she] ～?「彼[彼女]は～ですか」
— Yes, he[she] is. / No, he[she] isn't.
「はい，そうです」「いいえ，違(ちが)います」
・He's[She's] not ～.
「彼[彼女]は～ではありません」

p.52～53 ステージ2

❶ LISTENING (1)ウ (2)ア (3)イ (4)エ
❷ (1) **He** (2) **She's** (3) **He's** (4) **She**
❸ (1) **he is** (2) **isn't** (3) **Who's** (4) **Who**
❹ (1) **Is he a singer?**
(2) **Is she your sister?**
(3) **My father isn't[is not] an actor.**
(4) **Sumire isn't[is not] shy.**
(5) **Who's[Who is] this?**
❺ (1) **but** (2)それで彼は人気があります。
(3) **I see.**
(4) **1. No, he isn't.　2. Yes, it is.**
❻ (1) **him** (2) **Let's play** (3) **can't[cannot] wait**
(4) **Mariko's bag** (5) **isn't she**
❼ (1)① **is Saki** ② **She's[She is] an**
(2)① **No, isn't** ② **She's[She is] from**

解説

❶ LISTENING (1) He's my music teacher.(彼は私の音楽の先生です)と言っている。
(2) He's a good basketball player.(彼はよいバスケットボール選手です)と言っている。
(3) She can play baseball well.(彼女は野球を上手にできます)と言っている。
(4) She's my science teacher.(彼女は私の理科の先生です)と言っている。

音声内容
(1) This is Mr. Watanabe. He's my music teacher.
(2) This is Ken. He's a good basketball player.
(3) This is Noriko. She can play baseball well.
(4) This is Ms. Yamamoto. She's my science teacher.

❷ (1)前文の my father(男性)を指す語を入れるので，「彼は」を表す He を入れる。
(2)前文の my sister(女性)を指す語を入れるので，「彼女は」を表す She を入れる。「～です」を表す be 動詞を入れる必要があるので，短縮形を使い She's とする。
(3)前文の Mr. Suzuki(男性)を指す語を入れるので，「彼は」を表す He を入れる。「～です」を表す be 動詞を入れる必要があるので，短縮形を使い He's とする。
(4)前文の Ms. Ueda(女性)を指す語を入れるので，「彼女は」を表す She を入れる。

❸ (1)「あなたのお兄[弟]さんは生徒ですか」という質問。your brother を he に変えて答える。
(2) ミス注意！「マイクはあなたの同級生ですか」という質問に No. と答えているので，続く文は「彼は私の同級生ではありません」という意味にすればよい。is not の短縮形 isn't を入れる。
(3)「彼女は私の姉[妹]です」と答えているので，

「あちらは誰(だれ)ですか」という文にする。

(4) your favorite baseball player(あなたのいちばん好きな野球選手)と He's popular.(彼は人気があります)から，人についてたずねていると考える。

4 (1)(2)疑問文は Is を主語の前に置く。

(3)(4)否定文は is のあとに not を置く。

(5)「こちらは私たちの新しい先生です」の下線部をたずねるには，「こちらは誰ですか」という文にする。Who(誰)のあとに疑問文の語順を続ける。

5 (1)「しかし」という意味の but を入れる。

(2) So は前文を受けて，「それで～」とつなぐ働きをする。

(3)「なるほど，わかりました」は，I see. で表す。

(4) 1．質問は「ホシノ先生は数学の先生ですか」という意味。コウタの発言に He's our P.E. teacher.(彼は私たちの体育の先生です)とあるので，No で答える。

2．**ミス注意!** 質問は「ホシノ先生の授業は楽しいですか」という意味。コウタの発言に his class is fun(彼の授業は楽しいです)とある。Mr. Hoshino's class を it に変えることに注意。

6 (1)「彼に」は him で表す。

(2)「～しよう」は〈Let's+動詞の原形～.〉で表す。

(3)「(私は)待ちきれません」は，I can't[cannot] wait. で表す。

(4)「～(名前)の」は〈名前+'s〉で表す。

(5)「～ですよね」は〈～,「be 動詞+not」の短縮形+主語?〉で表す。

7 (1)質問は「こちらは誰ですか」という意味。②に astronaut とあるので，「彼女は宇宙飛行士です」という文にする。②で職業を答えたので，①では名前を答えればよい。

(2)質問は「彼女はアメリカ合衆国出身ですか」という意味。①にコンマと she があることから，Yes / No の答えを入れればよい。日本の国旗があることから，日本出身だと考える。

p.54～55 ステージ3

1 LISTENING (1)イ (2)エ (3)ウ (4)イ

2 (1) **she isn't** (2) **Her** (3) **him** (4) **he is**

3 (1) **That is** (2) **Akira's, an astronaut**

(3) **So, practice**

4 (1) **Is he your brother?**

(2) **Masako isn't[is not] your teammate.**

(3) **This music isn't[is not] popular.**

(4) **Who's[Who is] Ms. Kato?**

(5) **Tomoki can play baseball well.**

5 (1)彼はあなたの友達ですか。

(2)② **in** ③ **he isn't**

(3) 1．試合 2．韓国，同級生

6 (1) **He is a strict teacher.**

(2) **Call me Ken.**

(3) **Who's[Who is] your favorite singer?**

(4) **This book isn't[is not] interesting.**

7 例1 (1) **Mr. Ito[He] can play soccer (well).**

(2) **He's kind.**

例2 (1) **Mr. Ito can play sports.**

(2) **He is popular.**

解説

1 LISTENING (1) 1 文目で This is Akemi.(こちらはアケミです)と言っている。

(2) 3 文目で She can play the flute well, but she can't play the piano.(彼女はフルートを上手に演奏できますが，ピアノは演奏できません)と言っている。

(3) 4 文目で She's smart and friendly.(彼女は頭がよく，友好的です)と言っている。

(4)最終文で Her favorite subject is Japanese.(彼女のいちばん好きな教科は国語です)と言っている。

> **音声内容**
> This is Akemi. She is Ken's sister and is ten years old. She can play the flute well, but she can't play the piano. She's smart and friendly. Her favorite subject is Japanese.
> (1) Who's this?
> (2) Can Akemi play the piano well?
> (3) Is Akemi friendly?
> (4) What is Akemi's favorite subject?

2 (1) your sister を she に変えて答える。No とあるので，No, she isn't. となる。

(2) **ミス注意!** 「彼女の授業はおもしろいです」という意味の文にする。「彼女の」は her で表す。

(3) **ミス注意!** 「私は彼を好んでいます」という意味の文にする。「彼を」は him で表す。

(4) ～, isn't he? に Yes で答えるときは，Is ～? の疑問文に Yes で答えるときと同じで，Yes, he is. とすればよい。

3 (1)「あちらは～です」は That is ～. で表す。

(2)「～(名前)の」は〈名前+'s〉で表す。astronaut(宇宙飛行士)の前には an を付ける。
(3)「それで」は so,「～の練習をする」は practice ～で表す。

4 (1)疑問文は Is を主語の前に置く。
(2)(3)否定文は not を is のあとに置く。
(4)「カトウさんは誰ですか」という文にする。Who(誰)を文頭に置き，疑問文の語順を続ける。
(5)「トモキはよい野球選手です」を can を使って「トモキは上手に野球ができます」という文にする。

5 (2)②「～に入っている」は in ～。③ Is he ～? に No で答えるので，No, he isn't. となる。
(3)1．1行目に After the game(試合のあとで)とある。2．コウタの最初の発言に He's from Korea.(彼は韓国出身です)とある。コウタの最後の発言に He's a classmate.(彼は同級生です)とある。

6 (1)「厳しい先生」は a strict teacher で表す。
(2)「～を…とよぶ」は call ～ …で表す。
(3)「誰ですか」とたずねるときは Who で文を始める。「いちばん好きな歌手」は favorite singer で表す。
(4) This book(この本)を主語にした否定文。interesting は「興味を引き起こす」という意味。

7 (1)「できること」は can を使って表す。絵より，サッカーのユニフォームを着ているので，Mr. Ito can play soccer. などとすればよい。
(2)「性格」は，語群にある，kind(親切な)，popular(人気のある)，tough(たくましい)，strong(強い)を He's[He is] に続けて書けばよい。

Unit 5

p.56～57 ステージ1

Wordsチェック (1)廊下 (2)トイレ，洗面所 (3) **behind** (4) **together** (5) **gate** (6) **serve**

1 (1) **Where's / In** (2) **Where do / In**
(3) **Where do / In, library**

2 (1)保健室はどこにありますか。
(2)どこで写真が撮れますか。

3 (1) **It's, front** (2) **He, in** (3) **see, in[at]**
(4) **on, first floor, next, entrance**
(5) **can see**

4 (1) **nice[good]** (2) **in, over there**
(3) **between, and, cooking**

WRITING Plus 例1 **I usually do my homework in my room.**
例2 **I usually do my homework at home.**

解説

1 Where's～?, Where do you～? は「～はどこにありますか」,「あなたはどこで～しますか」とたずねる文。答えるときは,「～で」と具体的な場所を答える。
(1)「リンゴはどこにありますか」「箱の中です」
(2)「あなたはどこで泳ぎますか」「海です」
(3)「あなたはどこで本を読みますか」「図書館です」

2 (1) nurse's office は「保健室」。
(2) Where can I ～? は「どこで～できますか」という意味。

3 (1)「～の前[正面]に」は in front of ～で表す。
(2)「校長室です」は「校長室の中にいる」ということなので，in ～で表す。また，答えの文の最初の解答欄に入る語は，質問の文の Mr. Saito(男性)を指す。したがって，He が入る。
(3)「どこでペンギンを見ますか」と聞かれているので,「動物園の中で見ます」と答える。
(4)「～階で[に]」は on ～,「～の隣で[に]」は next to ～で表す。「玄関」は entrance。
(5) ミス注意!「どこで鳥が見られますか」と聞かれているので,「～で見られます」と答える。

4 (1)「いいですね」は That's nice.
(2)「あそこ，あちら」は over there で表す。
(3)「～と…の間に[で・を・の]」は between ～ and …で表す。

WRITING Plus「あなたは普通，どこで宿題をしますか」という質問。場所を聞かれているので，in ～，at ～などを使って答える。

ポイント 場所をたずねる文と答え方
・「どこに」は where を使ってたずねる。
・答えるときは，場所を表す語句を使って答える。
例 on ～「～の上に」, under ～「～の下に」, in ～「～の中に」, by ～「～のそばに」など。

p.58～59 ステージ1

Wordsチェック (1)部屋履き (2)(人・物)の後について行く (3) **phone** (4) **idea** (5) **put** (6) **mom**

1 (1) **Play tennis. / Don't play tennis.**

(2) Look at that bird. / Don't look at that bird.

(3) Eat the cake. / Don't eat the cake.

❷ (1) Let's play (2) Let's take

(3) Please draw (4) Don't use

(5) Don't swim, please

❸ (1) Walk your dog on Sundays.

(2) Don't climb this mountain.

(3) Let's enjoy the summer festival.

(4) Please come in.

(5) Go to school by bus.

❹ (1) take off (2) Take out (3) it on

解説

❶「～しなさい」という命令文は，動詞で文を始める。「～してはいけません」は〈Don't＋動詞～.〉。

❷ (1)「～しましょう」は〈Let's＋動詞～.〉。

(2)「写真を撮る」は take a picture。

(3) ミス注意！「～を描く」は draw ～。「描いてください」とていねいに頼むときは，please を使う。

(4)「～を使う」は use ～。

(5)「～しないでください」と言うときは，〈Don't＋動詞～.〉の文に please を使う。

❸ (1)命令文なので，動詞 walk で文を始める。

(2)「～(し)てはいけません」とあるので，Don't で文を始める。

(3)「～(し)ましょう」とあるので，Let's で文を始める。

(4)「入る」は come in。

(5)「学校に行く」は go to school。「バスで」は by bus。

❹ (1)「～を脱ぐ」は take off ～。

(2)「～を取り出す」は take out ～。

(3) ミス注意！「～を身に着ける」は put on ～。ただし，「～」にくる語が it や them のときは，put it[them] on となる。

ポイント 命令文

・〈動詞～.〉「～しなさい」
・〈Don't＋動詞～.〉「～してはいけません」
・〈Let's＋動詞～.〉「～しましょう」

p.60～61 ステージ1

Wordsチェック (1)きちんとした (2)主な

(3) later (4) house (5) bring (6) study

(7) schoolyard (8) own

❶ (1) When's your birthday?

(2) When is the summer festival?

(3) When do you watch TV?

(4) When do you clean your room?

❷ (1) is / On (2) do / After

❸ (1) When is the sports day?

(2) When is *Hinamatsuri*?

❹ (1) every day (2) take, bath before

(3) between classes (4) go to bed

(5) are impressed

❺ (1) 例1 I go shopping on Friday afternoon. [On Friday afternoon.]

例2 I go shopping after lunch [before dinner] on Friday.[After lunch [Before dinner] on Friday.]

(2) 例1 I read a book after dinner. [After dinner.]

例2 I read a book at night. [At night.]

解説

❶「～はいつですか」「いつ～しますか」と時をたずねるときは，When「いつ」を文頭に置いて，〈When＋疑問文の語順～?〉で表す。

(1) when's は when is の短縮形。

(2)「夏祭り」は summer festival。

(3)(4) When のあとが一般(いっぱん)動詞の疑問文の語順になる。

❷ (1) ミス注意！疑問文に動詞がないので，is が入る。「あなたの学校の学校祭はいつですか」。答えの文は，日にちの前に on がくる。

(2) ミス注意！play が一般動詞なので，When のあとの疑問文は do で始まる。

❸ (1)「運動会は9月15日です」の下線部をたずねるには，When で始めて，「運動会はいつですか」という文にする。

(2)「ひな祭りは3月です」の下線部をたずねるには，When で始めて，「ひな祭りはいつですか」という文にする。

❹ (1) ミス注意！「毎日」は every day。day に s が付かないことに注意。

(2)「入浴する」は take a bath。

(3)「授業の合間に」は between classes。
(4)「寝る」は go to bed。
(5)「感心する」は be impressed。主語 We に合わせて be 動詞は are にする。

5 (1)「あなたはいつ買い物に行きますか」という質問。表から「金曜日の午後[昼食後，夕食前]に行く」ということがわかる。「金曜日の午後」は Friday afternoon。その前に「～に」を表す on を置く。「昼食後に」は after lunch，「夕食前に」は before dinner で表す。
(2)「あなたはいつ本を読みますか」という質問。表から「夕食後に[夜に]読む」ということがわかる。「夜に」は at night で表す。

ポイント 時をたずねる表現
・〈When＋疑問文の語順～?〉
「～はいつですか」「いつ～をしますか」

p.62～63 ステージ1

Wordsチェック (1)筆箱 (2)消しゴム
(3) under (4) ruler (5) textbook (6) desk

1 (1) **Whose book is this? / yours**
(2) **Whose cat is this? / It's Misaki's.**
(3) **Whose bag is this? / It's Mr. Ito's.**

2 エ，イ，オ，ウ

3 (1)イ (2)オ (3)エ (4)ウ (5)カ (6)ア

4 (1) **Whose, is that / Hiroshi's**
(2) **Whose, is this / yours**
(3) **Is, his / isn't, mine**
(4) **Is this my / Yours**

解 説

1 「これは誰(だれ)の～ですか」は，疑問詞 whose「誰の」を使って〈Whose ～ is this?〉で表す。
(1)「これは誰の本ですか」「あなたのです」yours は「あなたのもの」という意味。
(2)「これは誰のネコですか」「ミサキのです」〈名前＋'s〉で持ち主を表すことができる。
(3)「これは誰のかばんですか」「イトウさんのです」

2 ア「あれらは誰の靴ですか」→エ「靴ですか。どこにありますか」→イ「その箱の中です」→オ「もしかしたらジュンコのかもしれません」→ウ「彼女の靴はかっこいいね。私もあんなのが欲しいです」。

3 (1)「誰の～ですか」という質問には，「～の(もの)」で答える。自転車１台が主語なので，答えは It's で始まる。
(2) ミス注意!「誰の鉛筆ですか」という質問。複数の鉛筆が主語なので，答えは They で始まる。
(3)「この犬はあなたのですか」という質問。Yes か No で答え，this dog は it になる。
(4) ミス注意!「あちらはあなたのお兄[弟]さんですか」という質問。男性についての質問なので，he を使い，Yes か No で答える。
(5)「あれはアキラのかばんですか」という質問。かばんについての質問なので，it を使い，Yes か No で答える。
(6)「あれらのノートはホワイト先生のものですか」という質問。複数のノートについての質問なので，they を使い，Yes か No で答える。

4 (1)「誰の～ですか」という疑問文は Whose で始める。〈名前＋'s〉で持ち主を表す。
(2)「あなたの(もの)」は yours で表す。
(3)「彼の～」は his ～，「私の(もの)」は mine で表す。
(4)「これは～ですか」とたずねているので，Is this ～? の形になる。「あなたの(もの)」yours が主語になる。

ポイント Whose ～?の文
・〈Whose ～ is this[that]?〉「これ[あれ]は誰の～ですか」
・答えるときは，mine「私のもの」，yours「あなたのもの」，〈名前＋'s〉「〈名前〉のもの」などを使って答える。

p.64～65 文法のまとめ②

1 (1) **my** (2) **him** (3) **our**

2 (1) **our** (2) **them** (3) **her** (4) **They**
(5) **your**

3 (1) **We are in New York with Ayako.**
(2) **They are good tennis players.**
(3) **These are Ken's notebooks.**
(4) **We are teachers.**
(5) **Those are beautiful flowers.**

4 (1) **That is Taku's house.**
(2) **It is my sister's.**
(3) **I want to meet them.**

5 (1) **mine** (2) **hers**

《 解 説 》

1 (1)(3)名詞の前に置いて持ち主を示す形。
(2)目的語になる形。

2 (1)(3)(5)名詞の前に置いて持ち主を示す形。
(2)目的語になる形の複数形。

(4)主語になる形で，he, she, it の複数形。

3 (1)単数形の I「私は」を，複数形の We「私たちは」にかえる。これに合わせて，be 動詞 am も are にかえる。

(2)ミス注意！She「彼女は」を They「彼女たちは」にかえる。player も複数形にするので，a は不要。

(3) This「これ」を These「これら」にかえる。notebook も複数形にする。

(4)ミス注意！I am を We are にする。teacher も複数形にするので，a は不要。

(5) That is を Those are にする。flower も複数形にするので，a は不要。

4 (1)〈名前+'s〉で「～の」となる。

(2) The desk は単数なので，代名詞にかえるときは It にする。

(3) Eri and Hiroshi は複数なので，代名詞にかえるときは them にする。

5 (1) mine は「私のもの」という意味。

(2) hers は「彼女のもの」という意味。

ポイント 人称代名詞

人称代名詞は４種類ある。
・主語になる形
・名詞の前に置いて持ち主を示す形
・目的語になる形
・誰の持ち物かを示す形

p.66～67 ステージ2

1 LISTENING (1) **When's, spring**
(2) **Let's follow** (3) **Where's, room**
(4) **on, fifth** (5) **Don't, pictures**

2 (1) **Whose** (2) **When** (3) **Where**
(4) **What** (5) **Where** (6) **Who** (7) **Whose**

3 (1) **His** (2) **her** (3) **him** (4) **ours**

4 (1) **Go to the nurse's office.**
(2) **Let's dance together.**
(3) **Where's[Where is] your bag?**
(4) **When do you swim?**
(5) **Don't play basketball here.**

5 (1) **When** (2) **every day** (3) **Yes, they do.**
(4) 1. ○ 2. ×

6 (1) **take off** (2) **go shopping**
(3) **after school** (4) **Do I put on**
(5) **over there**

7 (1) 例1 **Before[After] dinner.**
例2 **In the morning.**
(2) 例1 **On the third floor.**
例2 **By the computer room.**

解説

1 LISTENING (1)(3) when's や where's の「's」がないと文が成立しない。

音声内容
(1) When's the spring festival?
(2) Let's follow him.
(3) Where's the cooking room?
(4) It's on the fifth floor.
(5) Don't take pictures here.

2 (1) mine「私のもの」と答えているので，Whose desk ～?(誰の机～)で聞く。

(2) After lunch「昼食後に」と時を答えているので，When ～?(いつ～)で聞く。

(3) on ～「～の上に」と場所を答えているので，Where ～?(どこに～)で聞く。

(4) math「数学」と答えているので，What ～?(何～)で聞く。

(5) at ～「～で」と場所を答えているので，Where ～?(どこで～)で聞く。

(6)ミス注意！「それはカズです」と答えているので，Who ～?(～は誰ですか)で聞く。

(7)「マユのものです」と持ち主を答えているので，Whose ～?(誰の～)で聞く。

3 (1)名詞の前なので，「彼の」という形にする。
(2)動詞のあとなので，「彼女を」という形にする。
(3)動詞のあとなので，「彼に」という形にする。
(4)後ろに名詞がないので，「私たちのもの」という形にする。

4 (1)命令文なので，主語 You をとって動詞 Go で始まる文にする。

(2)ミス注意！「～しましょう」は〈Let's+動詞～.〉の形。主語はないことに注意。

(3)「机のそばに」をたずねるには，Where を使って「どこに～」とする。

(4)「夕食前に」をたずねるには，When を使って「いつ～」とする。swim は一般動詞なので，When のあとは一般動詞の疑問文の語順にする。

(5)「～するな」は〈Don't+動詞～.〉の形で表す。

5 (1)ティナが「掃除の時間の後で」と答えているので，時をたずねる When が入る。

(2)「毎日」は every day で表す。

(3) ミス注意!「エリとティナは自分たちの教室を掃除しますか」という質問。「エリとティナ」は「彼女たち」と言いかえられるので，they で表す。

(4) 2．エリが「私たちは教室と廊下を掃除します」と答えている。

6 (1)「～を脱ぐ」は take off ～. で表す。

(2)「買い物に行く」は go shopping で表す。

(3)「放課後」は after school で表す。

(4)「私は」という主語を補って考える。

(5)「あそこ」は over there で表す。

7 (1)「あなたはいつ入浴しますか」という質問。

(2)「あなたの教室はどこにありますか」という質問。On the ～ floor.「～階に」などを使って答える。

p.68～69 ステージ3

1 LISTENING (1) ウ (2) **It is black.**
(3) **Yes, it is.**

2 (1) **his** (2) **him** (3) **it** (4) **she** (5) **them**

3 (1) **Take a bath before dinner.**
(2) **Don't open your textbook.**
(3) **Let's go camping together.**
(4) **Please bring your own shopping bag.**

4 (1) **in front of** (2) **next to**
(3) **between, and**

5 (1) **Watch your step.**
(2)② **off** ④ **idea**
(3) 部屋履きを履いて。
(4) **They are at the entrance.**

6 (1) **When** (2) **morning** (3) **Where**
(4) **volleyball** (5) **can't[cannot]**

解説

1 LISTENING (1) It は Emily's cat を指していて，It's on the desk. と言っている。

(2) It's black. と言っている。

(3) It's big, isn't it? と確認する文に対して，Yes, it is. と答えている。

> 音声内容
> *A:* You like cats, Lisa. You have four cats!
> *B:* No. I have three cats. One cat is Emily's.
> *A:* Oh, where is Emily's cat?
> *B:* It's on the desk. It's black.
> *A:* It's big, isn't it?
> *B:* Yes, it is.

2 (1) his で「彼のもの」という意味。

(2) ミス注意!「祖父を訪問する」なので，動詞の後ろにくる形は he ではなく，him。

(3) your computer を1語で表すので，it を使う。

(4) ミス注意! 質問文の主語が Ms. Sato で，女性なので，答えるときは she を使う。

(5) those singers は複数形なので，「彼らを」を表す them を使う。

3 (1) 命令文は動詞で始まるので，主語は不要。

(2)「～してはいけない」は Don't で始まる命令文。

(3)「～しましょう」は Let's ～. で表す。

(4)「自分の買い物袋」は your own shopping bag で表す。

4 (1)「～の正面に」は in front of ～。

(2)「～の隣に」は next to ～。

(3)「～と…の間に」は between ～ and ….。

5 (1)「～に気を付ける」は watch ～。

(2)②「～を脱ぐ」は take off ～。

④「考え」は idea。

(3) them は，前の文の slippers を指す。

(4)「ティナとリオスさんはどこにいますか」という質問。1行目でティナが「ここに玄関があります」と言っている。「～に」は at を使う。

6 (1) 直後にBが「金曜日の午後」と答えているので，Aは「いつ？」とたずねているとわかる。

(2) ダンス教室は，金曜日の午後と土曜日の午前にある。

(3) 直後にBが「第2室」と答えているので，Aは「どこ？」とたずねているとわかる。

(4) 直後にBが「日曜日の午後にある」と答えているので，Aは「バレーボール教室はある？」とたずねているとわかる。

(5) 日曜日の午後はピアノの練習があるので，「体育館には行けない」ということになる。

Unit 6

p.70～71 ステージ1

Words チェック (1) 叔母，伯母 (2) 活発な
(3) **uncle** (4) **cousin** (5) **cook**
(6) **newspaper**

1 (1) **listens to music** (2) **plays baseball**
(3) **studies English**

2 (1) **reads** (2) **has**

3 (1) **lot of** (2) **very quiet** (3) **These days**
(4) **usually get up**

❹ (1) He runs every morning.
(2) Bob dances in the gym on Sundays.
(3) She uses this computer every day.
(4) Cathy and Ami go to school at eight.

❺ (1) He swims hard.
(2) Aki speaks English.
(3) Ken always gets up early.

WRITING Plus 例1 (1) My mother likes dogs very much. (2) She walks our dog every day.
例2 (1) Seiji likes playing basketball very much. (2) He practices basketball every day.

解説

❶ 主語がすべて3人称単数なので，動詞に -(e)s を付ける。
(3) ミス注意！ study は語尾の y を i に変えて -es を付ける。

❷ (1)主語が3人称単数なので，語尾に -s を付ける。
(2) ミス注意！ 主語が3人称単数のとき，have は has になることに注意。

❸ (1)「たくさんの～」は a lot of ～で表す。
(2)「とても」very は，「静かな」quiet を強調するので，very quiet という語順になる。
(3)「最近」は these days で表す。
(4)「起きる」は get up。usually は普通，一般動詞の前に置く。

❹ (1)(2)(3)主語が3人称単数なので，動詞に -(e)s を付ける。
(4)主語 Cathy and Ami は複数なので，goes を go にする。

❺ (1)主語が「彼は」なので，she が不要。
(2)主語 Aki は3人称単数なので，動詞は speaks となる。speak が不要。
(3)主語 Ken は3人称単数なので，動詞は gets となる。get が不要。

WRITING Plus (1)「好きなこと・もの」は〈主語＋likes ～.〉で表す。
(2)「毎日していること」は動詞に -(e)s を付けて表す。

ポイント 3人称単数現在形
・-s を付ける 例 eat → eats
・-es を付ける 例 go → goes
・y を i に変えて -es を付ける
例 study → studies
・不規則に変化 例 have → has

p.72～73 ステージ1

Words チェック (1)ボール (2)駅 (3) work (4) hospital

❶ (1) Tom eat / he doesn't[does not]
(2) Ms. Ito play the piano / she doesn't [does not]
(3) Does your brother sing well / he does

❷ (1)あなたのお姉[妹]さんは毎日テレビを見ますか。
(2)あなたのおじさんは野球をしますか。

❸ (1) Does / Yes (2) Do

❹ (1) Does she like milk? / Yes, she does. / No, she doesn't.
(2) Does your brother study science hard? / Yes, he does. / No, he doesn't.
(3) Does Mr. Sato go to the park every day? / Yes, he does. / No, he doesn't.

❺ (1) She has a cold. (2) My mom is in bed.
(3) His aunt lives in Tokyo.
(4) What do you want for your birthday?

❻ (1) right (2) Sorry (3) please

解説

❶ 主語が3人称単数の一般動詞の疑問文は〈Does＋主語＋動詞の原形～?〉となる。答えるときは，〈Yes, 主語＋does.〉または〈No, 主語＋doesn't [does not].〉を使う。
(1) Tom は男性なので，答えの文の主語は he を使う。
(2) Ms. Ito は女性なので，答えの文の主語は she を使う。
(3) your brother は男性なので，答えの文の主語は he を使う。

❷ ミス注意！「～は…しますか」という意味の疑問文。動詞は原形にすることに注意。
(1) watch TV は「テレビを見る」という意味。
(2) uncle は「おじ」という意味。

❸ (1)主語 Makoto は3人称単数なので，Does を選ぶ。「マコトは毎日，夕食を作りますか」という意味。he does を使って答えているので，Yes を選ぶ。
(2) Emiko and Kei は複数なので，Do を選ぶ。「エミコとケイは上手に英語を話しますか」という意味。

❹ (2) ミス注意！ studies の原形は study になる。

(3) ミス注意! goes の原形は go になる。

5 (1)「風邪をひいている」は have a cold で表す。

(2)「(ベッドで)寝ている」は in bed で表す。

(3)「～に住む」は live in ～で表す。

(4)「何が欲しいですか」を what do you want で表す。あとに for your birthday(誕生日に)を続ける。

6 (1) All right. は「わかりました」と納得したときに使う表現。

(2) Sorry. は「ごめんなさい」という意味。

(3)～, please. は「～をください」という意味。

ポイント 3人称単数の一般動詞の疑問文

・〈Does＋主語＋動詞の原形～?〉
「～は…しますか」

・答え方：〈Yes, 主語＋does.〉「はい，します」
〈No, 主語＋doesn't[does not].〉
「いいえ，しません」

p.74～75 ステージ1

Wordsチェック (1)心配する (2)容易に
(3) **sleep** (4) **need** (5) **same** (6) **give**

1 (1) **doesn't read a book**
(2) **doesn't play the piano**
(3) **Mr. Brown doesn't have a car.**

2 (1) **She doesn't come from China.**
(2) **My brother doesn't clear the table.**

3 (1) **He doesn't[does not] take a Japanese class.**
(2) **Steve doesn't[does not] watch TV.**
(3) **Yukari doesn't[does not] have a cat.**

4 (1) **little bit** (2) **give up**
(3) **very much** (4) **junior high** (5) **either**

5 (1)ウ (2)ア

6 (1) **washes the dishes / doesn't set the**
(2) **doesn't set the table / doesn't wash**

解説

1 主語が3人称単数の一般動詞の否定文は〈主語＋doesn't[does not]＋動詞の原形～.〉となる。

(1)「彼女は本を読みません」という意味。

(2)「ミカはピアノを演奏しません」という意味。

(3)「ブラウンさんは車を持っていません」という意味。

2 (1)「彼女は～ではありません」とあるので，She doesn't で文を始める。「中国出身」を表す come from China をあとに続ける。

(2)「私の弟は～しません」とあるので，My brother doesn't で文を始める。「食事の後片づけをする」を表す clear the table をあとに続ける。

3 (2) watches の原形は watch。

(3) ミス注意! has の原形は have。

4 (1)「少し」は a little bit。

(2)「諦める」は give up。

(3) like のような一般動詞を「とても」と強調するときは very much を文末に置く。

(4)「中学生」は junior high school student。

(5)否定文で「～もまた…しない」と言うときは，either を使う。

5 (1) Sure. は「もちろん」という意味。

(2) Don't worry. は「心配しないで」という意味。

6 (1) 2文目の末尾に table とあるので，表の set the table(食卓の用意をする)の欄を見ると，×が書かれている。よって，2文目は「彼は食卓の用意をしません」という文にする。残った1文目は wash the dishes(皿洗いをする)の欄を見ると，○が書かれているので，「ケンは皿洗いをします」という文にする。

(2) 2文目の末尾に the dishes, either とあるので，表の wash the dishes の欄を見ると，×が書かれている。よって，2文目は「彼女は皿洗いもしません」という文にする。残った1文目は set the table の欄を見ると，×が書かれているので，「リエは食卓の用意をしません」という文にする。

ポイント 3人称単数の一般動詞の否定文

・〈主語＋doesn't[does not]＋動詞の原形～.〉
「～は…しません」

p.76～77 文法のまとめ③

1 (1) **is** (2) **Is** (3) **doesn't have**

2 (1) **Tomomi isn't[is not] shy.**
(2) **They don't[do not] go fishing on Saturday.**
(3) **Does Jane study Japanese every day?**
(4) **Does he eat lunch with you?**
(5) **Where does Tom's father work?**
(6) **When does she go to the library?**

3 (1) **she doesn't** (2) **does / does**
(3) **does / She eats**

4 (1) **Tom[He] is[comes] from the U.S.**
(2) 例1 **Tom likes soccer[dogs].**
例2 **He likes soccer and dogs.**
(3) 例1 **Tom runs after school every day.**

例2 He drinks milk every morning.

《解説》

1 (1)主語 My aunt が3人称単数なので，be 動詞は is を使う。
(2)主語 that が3人称単数なので，be 動詞は is を使う。疑問文は is を主語の前に出す。
(3)主語 Emi が3人称単数なので，一般動詞の否定文は，動詞の前に doesn't を置く。

2 (1) is を使った否定文は，is のあとに not を置く。
(2) ミス注意! 主語が複数なので〈主語＋don't[do not]＋動詞の原形～.〉となる。
(3)(4)主語が3人称単数の一般動詞の疑問文は，〈Does＋主語＋動詞の原形～?〉の形にする。
(5) at a hospital(病院で)は，場所を表しているので，where を使い「トムのお父さんはどこで働いていますか」という文にする。
(6) in the morning(午前中に)は，時を表しているので，when を使い「彼女はいつ図書館に行きますか」という文にする。

3 (1) Does を使った疑問文に No で答えるときは，〈No, 主語＋doesn't[does not].〉で表す。
(2) ミス注意! When で始まる疑問文で主語が3人称単数なので，does が入る。答えの文は「(宿題)をする」を表す do に -es を付けることに注意。
(3) Ms. Kato は3人称単数。「カトウさんは昼食に何を食べますか」という意味。Yes / No ではなく，具体的に食べるものを答える。

4 (1)「～出身です」は is[comes] from ～。
(2)「犬が好き」と言うときは dog を複数形にする。
(3)「走る」は run,「放課後」は after school,「毎朝」は every morning,「～を飲む」は drink ～で表す。run や drink には -s を付ける。

p.78～79 ステージ1

Words チェック (1)トースト (2)パンケーキ (3) **breakfast** (4) **special** (5) **salad** (6) **tea** (7) **water** (8) **in total**

❶ (1) **Which, or / like** (2) **Which, or / please** (3) **Which, or / like**

❷ (1) **Can, have** (2) **total, dollars**

❸ (1)この帽子はいくらですか。
(2)それは 11 ドルです。
(3)あなたはすしと天ぷらのどちらが欲しいですか。
(4)このコンピュータは 1,200 ドルです。

❹ (1) **How much is this cake?**
(2) **Which would you like, donuts or ice cream?**

❺ (1) **Can** (2) **Which** (3) **else** (4) **please** (5) **How much** (6) 13 (7) **I'd** (8) 10

解説

❶ (1)答えが I'd (like) juice.(ジュースが欲しいです)なので，「牛乳とジュースのどちらが欲しいですか」とたずねていると考える。
(2)答えが Banana juice,(please). なので，「リンゴジュースとバナナジュースのどちらが欲しいですか」とたずねていると考える。
(3)犬とネコを比べているので，which(どちら)を使い，「犬とネコではどちらが好きですか」とたずねる文にする。

❷ (1)文末に ?(クエスチョンマーク)があるので，疑問文の形にする。Can I have ～? を使い，「～をいただけますか」という文にする。
(2) ミス注意! 「合計で」は in total。dollar は前の数字が複数なら dollars と複数形になる。

❸ (1) How much ～? は値段をたずねる表現。
(2) dollar(ドル)は通貨の単位。
(4) twelve hundred は 100 が 12 あるという意味。

❹ (1)「～はいくらですか」と値段をたずねるときは How much ～? を使う。
(2)「～と…のどちらが欲しいですか」は Which would you like, ～ or …? を使う。

❺ (1)「卵サンドをいただけますか」
(2)サンドイッチは「卵とキュウリ」「卵とベーコン」の2種類あるので，「どちらが欲しいですか」とたずねている。
(3)「ほかに何かありますか」
(4)～, please. で「～をください」という意味。
(5)「いくらですか」と値段をたずねている。
(6)メニューから，リサが選んだ「卵とキュウリのサンドイッチ」(7ドル)と「サラダ」(4ドル)と「コーヒー」(2ドル)の合計を計算する。
(7) I'd like ～. で「私は～が欲しいです」という意味。I'd は I would の短縮形。
(8)「ソーセージサンドイッチ」(7ドル)と「ヨーグルト」(3ドル)の合計を計算する。

ポイント 飲食店で使う表現
・Which would you like, ～ or …?
「あなたは～と…のどちらが欲しいですか」
・How much ～?「～はいくらですか」

p.80～81 ステージ1

Wordsチェック (1)ロサンゼルス (2)ケープタウン (3)シドニー (4)(ベッドで)寝ている (5) London (6) New York

❶ (1) What time is it in London? / It's eight o'clock.
(2) What time is it in New York? / It's eleven o'clock.
(3) What time is it in Sydney? / It's four o'clock.

❷ (1) at (2) the morning

❸ (1)もしもし。(こちらは)アキラです。
(2)マサコさんはいますか。
(3)明日，私に電話をかけなおしてください。

❹ (1) What time is it?
(2) What time is it in Los Angeles?
(3) What time do you get up every day?
(4) What time does Ben play tennis?

❺ (1) time for (2) It's, in
(3) in, afternoon (4) Is, bed

WRITING Plus (1)例 This, Naoko
(2) speak to (3) he's (4) call

解説

❶「何時ですか」と時刻をたずねるときは What time is it? と言う。「～では」と場所を付け加えるときは〈in＋場所〉として文末に置く。答えるときは It's ～. と時刻を言う。
(3) ミス注意！「4時」は four o'clock。four のつづりに注意。

❷ (1)「私は10時に寝ます」という意味の文にする。「～時に」と時刻を表すときは at を使う。
(2)「午前7時です」という意味の文にする。in があるので，「午前(に)」を表す in the morning とする。

❸ (1)電話で Hello. は「もしもし」という意味。自分の名前を言うときは This is ～. と言う。
(2) Can I speak to ～? は「～さんはいますか」という意味。Can I ～? は「～してもよいですか」。
(3) call ～ back は「～にかけなおす」という意味。

❹ (1)(2)「何時ですか」と時刻をたずねる文にする。
(3)「あなたは毎日何時に起きますか」とたずねる文にする。
(4) ミス注意！「ベンは何時にテニスをしますか」とたずねる文にする。plays を原形 play にする。

❺ (1)「～の時間」は time for ～で表す。
(2)「午前」は in the morning で表す。
(3)「午後」は in the afternoon で表す。
(4)「寝ている」は in bed で表す。

WRITING Plus (1)「～です」と自分の名前を言う。
(2) Can I speak to Kazuo? で「カズオさんはいますか」という意味。
(3) Sorry(ごめんなさい)と言っているので，カズオは電話に出られないとわかる。「彼は学校です」という文にする。at school で「学校で[に]」。
(4) later は「あとで」という意味。「あとで(電話を)かけてください」と言っている。

ポイント 時刻をたずねる疑問文
・What time is it?「何時ですか」
・答え方:It's[It is] ～.「～時です」

p.82～83 文法のまとめ④

[1] (1) Where (2) How many
(3) What sport (4) Which, or
(5) How much

[2] (1) Who's (2) Whose (3) Where
(4) When

[3] (1) How many cats do you have?
(2) When does Judy play basketball?
(3) How much is this book?
(4) What does he eat for breakfast?
(5) Whose car is that?

[4] (1) Which, or / like red (2) Why not
(3) What time / nine, morning
(4) Why, want / want to

[5] (1) I like spring[summer, fall, winter].
(2)例1 I usually eat breakfast at seven.
例2 I usually eat breakfast at seven fifteen.
(3)例1 I practice the piano (on Sundays).
例2 I go fishing (on Sundays).

《 解説 》

1 (1)「どこ」は where を使う。
(2)「いくつの～」は〈How many＋名詞の複数形～?〉で表す。
(3)「何の～」は what ～で表す。
(4)「～と…のどちらが好きですか」は〈Which do you like, ～ or …?〉で表す。
(5)「～はいくらですか」と値段をたずねるときは How much ～? を使う。

2 (1)「彼女はジョンのお母さんです」と答えているので，「あちらは誰(だれ)ですか」とたずねる文にする。
(2)「それは私のものです」と答えているので，「これは誰の自転車ですか」とたずねる文にする。
(3)「それは私の机の上です」と場所を答えているので，「あなたのかばんはどこにありますか」とたずねる文にする。
(4)「私はそれを日曜日にします」と時を答えているので，「あなたはいつテニスをしますか」とたずねる文にする。

3 (1)数をたずねる疑問文にするので，How many ～? を使う。
(2) ミス注意! 時をたずねる疑問文にするので，When ～? を使う。疑問文にするとき，plays を原形 play にすることに注意。
(3)値段をたずねる疑問文にするので，How much ～? を使う。
(4)「何を」とたずねる疑問文にするので，What ～? を使う。
(5)「誰の」とたずねる疑問文にするので，Whose ～? を使う。

4 (1)「どちらが好きですか」とあるので，Which do you like, ～ or …? の文にする。答えの文は，I like ～. とする。
(2)「どうして(～ないの)ですか」とたずねるときは Why not? を使う。
(3)時刻をたずねるときは What time is it? を使う。「朝の9時」は nine in the morning。
(4)理由をたずねるときは Why ～? を使う。「～したい」は want to ～で表す。

5 (1)質問は「あなたはどの季節が好きですか」という意味。I like ～. と季節を答える。
(2)質問は「あなたは普通，何時に朝食を食べますか」という意味。〈at＋時刻〉を使って答える。
(3)質問は「あなたは毎週日曜日に何をしますか」という意味。I に一般(いっぱん)動詞を続けて答える。

ポイント 疑問詞
- what(何)　・who(誰)　・whose(誰の)
- which(どちら)　・where(どこ)
- when(いつ)　・why(なぜ)
- how(どのように)　・how many(いくつ)
- how much(いくら)

p.84 Try! READING

Question (1)① **fly** ② **for, or**
(2) **I eat fish every day.** (3) **1. Yes, I can.**
2. No, I don't. **3. I like fish.**

Word Box BIG 1 (1)写真，絵 (2)歩く
(3)跳ぶ，跳びはねる (4)草，牧草

2 (1) **Look at** (2) **Turn, around**
(3) **bananas** (4) **don't, cheese**

解説

Question (1)① ミス注意! 「飛ぶ」は fly。「跳ぶ」を表す jump と間違(まちが)えないように注意。②「～の間」は for ～で表す。「4分か(または)5分」は four or five minutes で表す。
(2)「私は魚を毎日食べます」という文にする。
(3)1. 質問は「あなたは上手に泳げますか」という意味。1行目に I can swim well.(私は上手に泳ぐことができます)とある。2. 質問は「あなたはニンジンが好きですか」という意味。4行目に I don't like carrots.(私はニンジンは好きではありません)とある。3. 質問は「あなたは何が好きですか」という意味。4行目に I like fish.(私は魚が好きです)とある。

Word Box BIG 2 (1)「～を見る」は look at ～。
(2)「～の向きを変える」は turn ～ around。
(3) banana は数えられる名詞なので，「～が好き」と言うときには複数形にする。
(4) ミス注意! cheese は数えられない名詞なので，複数形にしない。

p.85 ステージ1

Words チェック (1)祖母 (2) **famous**

❶ (1) **name is Tom**
(2) **is[comes] from London**
(3) **He likes baseball.[His favorite sport is baseball.]**

❷ (1) **mother** (2) **famous writer**
(3) **She, smart** (4) **Her, are interesting**

解説

❶ (1)「彼の名前はトムです」を His で始める文で表す。
(2)「～の出身」は is[comes] from ～。
(3)「お気に入りのスポーツは野球」と考えて，favorite を使ってもよい。

❷ (1)「お母さん」は mother。
(2)「有名な作家」は a famous writer。
(3)「頭がいい」は smart。
(4) ミス注意！「おもしろい」は interesting。主語が books と複数形なので，be 動詞を are にする。

ポイント 人を紹介する文
・He[She] is ～.「彼[彼女]は～です」
・His[Her] name is ～.
「彼[彼女]の名前は～です」
・He's[She's] from ～. / He[She] comes from ～.
「彼[彼女]は～出身です」
・He[She] likes ～.「彼[彼女]は～が好きです」

p.86～87 ステージ2

❶ LISTENING イ
❷ (1) **likes** (2) **has** (3) **play** (4) **swim**
(5) **go**
❸ (1) **he doesn't** (2) **she does** (3) **I'd**
(4) **When does**
❹ (1) **Sachi has a lot of books.**
(2) **Where does your uncle live?**
(3) **What time is it in London?**
❺ (1) **in bed**
(2)②あら，まあ。
③ティナは風邪をひいているのですか。
(3) **No, she doesn't.**
❻ (1) **My father doesn't[does not] cook dinner.**
(2) **Does Emi study math every day?**
❼ (1) **My brother speaks English.**
(2) **He goes to the library on Sundays [every Sunday].**
(3) **She doesn't[does not] play basketball.**
(4) **Does your father read a newspaper? / Yes, he does.**
❽ (1) 例1 **Yes, he[she] does.**
例2 **No, he[she] doesn't[does not].**
(2) 例1 **I usually have dinner at 7.**
例2 **At seven o'clock.**

解説

❶ LISTENING B が She plays the flute.(彼女はフルートを演奏します)と言っている。この She はメアリーを指す。ピアノを演奏するのは A。

音声内容
A: Who's that?
B: She's my sister, Mary. She likes music very much.
A: Oh, really? I like music, too. Does she play an instrument?
B: Yes, she does. She plays the flute.
A: Cool! I play the piano. I want to talk about music with her.

❷ (1)主語 My mother は 3 人称(にんしょう)単数なので，動詞に -s を付ける。
(2)主語 He は 3 人称単数なので，have は has になる。
(3) ミス注意！主語 Tom and his brother は複数なので，動詞に (e)s は付けない。
(4) Does を使った疑問文なので，動詞は原形にする。
(5) doesn't を使った否定文なので，あとに続く動詞は原形にする。

❸ (1) Does ～? に No で答えているので，your brother を he に変えて he doesn't とする。
(2) Does ～? に Yes で答えているので，Jim's aunt を she に変えて she does とする。
(3)質問文は「あなたは～と…のどちらが欲しいですか」という意味。答えの文に like があるので，I'd like ～.(私は～が欲しい)を使う。
(4) After dinner. と時を答えているので，「いつ」とたずねていると考え，when を使う。he と一般(いっぱん)動詞 watch があるので，does を使った疑問文にする。

❹ (1)「たくさんの～」は a lot of ～で表す。
(2)「どこに」を表す Where で文を始める。あとに does を使った疑問文を続ける。
(3)「何時」と時刻をたずねるときは What time is it? を使う。あとに〈in＋場所〉を続ける。

❺ (1)「(ベッドで)寝ている」は in bed で表す。
(2)③ have a cold は「風邪をひいている」という意味。
(3) Does she ～? の疑問文に「いいえ」と 3 語で答えるので，No, she doesn't. とする。

6 (1)主語 My father は3人称単数。一般動詞 cook があるので，否定文は does のあとに not を続け，動詞は原形にする。
(2)主語 Emi は3人称単数。一般動詞 study に -(e)s が付いた studies があるので，疑問文は Does Emi ～? の形にする。動詞は原形にする。

7 (1)主語 My brother(私の兄)は3人称単数なので，「～を話す」を表す動詞 speak に -s を付ける。あとに English(英語)を続ける。
(2) ミス注意! He(彼)が主語になる。He は3人称単数なので，「行く」を表す動詞 go に -es を付ける。あとに to the library(図書館へ)を続け，最後に on Sundays[every Sunday] を置く。「毎週」とあるので，on を使う場合は Sundays と -s を付けることに注意。

8 (1)質問は「あなたの英語の先生は動物が好きですか」という意味。Yes / No で答える。
(2)質問は「あなたは普通，何時に夕食を食べますか」という意味。〈at＋時刻〉を使って答える。

p.88～89 ステージ3

1 LISTENING (1)イ (2)ウ (3)ウ

2 (1) **lives in** (2) **in, afternoon**
(3) **little bit** (4) **turn, around**
(5) **set, table** (6) **What time, take**

3 (1) **She doesn't[does not] like playing tennis.**
(2) **His father doesn't[does not] work at a museum.**
(3) **Does Keiko listen to music every day?**
(4) **What (color) do Yuki and Mika like?**
(5) **What time does Mr. Takei have lunch?**

4 (1) **junior high school**
(2)② **She takes classes with us.**
④ **She always smiles.**
(3)彼女は容易に諦めません。
(4)1. × 2. × 3. ○

5 (1) **gets up** (2) **cleans, does**
(3) **plays, with** (4) **washes, after**
(5) **goes, bed**

6 (1) **She's[She is] very famous.**
(2) **My brother likes (playing) baseball very much.**

解説

1 LISTENING (1)「何時ですか」という質問。ナンシーが It's one in the afternoon(午後1時です)と言っている。
(2)「ナンシーの昼食はいくらですか」という質問。ナンシーは I want to eat toast with bacon. I want to drink water, too.(私はベーコントーストが食べたいです。水も飲みたいです)と言っている。
(3)「トムは何が好きですか」という質問。トムは I like eggs.(私は卵が好きです)と言っている。

> **音声内容**
> *A:* It's one in the afternoon, Tom. I'm hungry.
> *B:* Me, too. Let's have lunch in this restaurant, Nancy.
> *A:* OK. I want to eat toast with bacon. I want to drink water, too.
> *B:* I like eggs. I want to eat an omelet and a salad. I don't want a drink.
> (1) What time is it?
> (2) How much is Nancy's lunch?
> (3) What does Tom like?

2 (1) ミス注意! 主語の My sister は3人称単数。動詞に -s を付けることに注意。
(3)「少し」は a little bit。

3 (1)(2)主語が3人称単数の否定文は，〈主語＋doesn't[does not]＋動詞の原形～.〉で表す。
(3)主語が3人称単数の疑問文は，〈Does＋主語＋動詞の原形～?〉で表す。
(4)「何(色)ですか」とたずねる疑問文にする。
(5)「何時に」と時をたずねる疑問文にする。

4 (1)「中学生」は junior high school student。
(2)②「彼女は私たちと授業を受けます」
(3) give up は「諦める」という意味。
(4)1. 2行目に「同じ学校に通う」とある。
2. 3行目に「彼女はアメリカ合衆国出身です」とある。

5 (2) ミス注意! 「宿題をする」は do ～'s homework。ここでは主語が He なので，does にする。
(3)「テレビゲームをする」は play video games。
(4)「夕食後に」は after dinner。

6 (1)「有名な」は famous。
(2)「～がとても好きです」は like ～ very much で表すことができる。

Unit 7

p.90~91 ステージ1

Wordsチェック (1)凧 (2)セーター
(3) holiday (4) made (5) bell (6) luck

1 (1) practiced judo (2) cooked dinner
(3) saw a bird

2 (1) listened (2) used (3) went

3 (1)①私は毎朝，トーストとリンゴ1個を食べます。
②私はトーストとリンゴ1個を食べました。
(2)①キミコは毎日午後に，皿洗いをします。
②キミコは，皿洗いをしました。
(3)①ケンは友達のトムに，毎日電話します。
②ケンは友達のトムに，電話しました。

4 (1) stayed home, watched (2) bought
(3) Happy New (4) got, present
(5) had, party at home (6) relaxed
(7) wrote

WRITING Plus
例1 (1) I visited my grandparents.
(2) I ate *sukiyaki* with them.
(3) I played *karuta* with my cousins.
例2 (1) I went skiing with my family.
(2) I studied hard.
(3) I played video games with my friends.

解説

1 (1)(2) practice, cook は規則動詞。過去形は語尾に -ed(-d) を付ける。practice はつづりが e で終わっているので，-d だけを付けて過去形にする。
(3) see は不規則動詞。過去形は saw。

2 (1)(2) ミス注意！ listen, use は規則動詞。use は語尾に -d だけを付けて過去形にする。
(3) go は不規則動詞。過去形は went。

3 every ～は「毎～」という意味。
(1) ate は eat の過去形。
(2)(3) wash, call は規則動詞。-ed を付けると過去形になる。

4 (1)「家にいる」は stay home。
(2)「買う」は buy で，不規則動詞。過去形は bought。
(3)定型表現として，そのまま覚える。
(4)「もらう」は get。過去形は got。
(5)「パーティーをする」は have a party。have の過去形は had。
(6)「くつろぐ」は relax。
(7)「書く」は write。過去形は wrote。

WRITING Plus 過去のことを表すので，動詞は過去形にする。

ポイント 一般動詞の過去形
・規則動詞→語尾に -ed または -d を付ける
・不規則動詞→それぞれ違った形に変える

p.92~93 ステージ1

Wordsチェック (1)(テレビ・ラジオの)番組
(2)哀れな，かわいそうな (3) know (4) long
(5) custom (6) bad

1 (1) Did you watch TV? / Yes, I did. / No, I didn't.
(2) Did Sayuri study math? / Yes, she did. / No, she didn't.
(3) Did Jiro see any birds in the zoo? / Yes, he did. / No, he didn't.

2 (1) I didn't[did not] eat any pancakes.
(2) Jim didn't[did not] go to school.
(3) He didn't[did not] watch that drama.

3 (1) listened to traditional
(2) By, way (3) stay up

4 (1) She didn't eat any rice cakes.
(2) What is a sign of long life?

5 (1)① No, she didn't[did not].
② she cooked traditional food
(2)① No, he didn't[did not].
② he had a party
(3)① No, she didn't[did not].
② she practiced calligraphy

解説

1 「～しましたか」は〈Did＋主語＋動詞の原形～?〉で表す。
(2) studied の原形は study。
(3) ミス注意！ saw は see の過去形。some を any に変えることに注意。

2 「～しませんでした」は〈主語＋didn't[did not]＋動詞の原形～.〉で表す。
(1) ミス注意！ ate の原形は eat。some を any に変えることに注意。
(2) went の原形は go。
(3) watch は規則動詞。

3 (1)「～を聞く」は listen to ～。listen は規則

動詞。「伝統的な」は traditional。

(2)「ところで」は by the way。

(3)「起きている」は stay up。

❹ (1)一般動詞の過去の否定文。

(2) of の使い方に注意。「～の…」は〈… of～〉。

❺ (1) cook は規則動詞。過去形は cooked。

(2) have は不規則動詞。過去形は had。

(3) practice は規則動詞。過去形は practiced。

ポイント 一般動詞の過去の疑問文・否定文

・疑問文：〈Did＋主語＋動詞の原形～?〉

・否定文：〈主語＋didn't[did not]＋動詞の原形～.〉

p.94 ステージ1

Wordsチェック (1)チャット，おしゃべり (2)まだ，なお (3) **hear** (4) **wish** (5) **secret** (6) **lucky**

❶ (1) **What a beautiful picture!**

(2) **What a boring movie!**

❷ (1) **had, fever** (2) **miss you** (3) **How cute** (4) **Get well**

解説

❶ (1) **ミス注意!** 〈What＋(a[an])＋形容詞＋名詞!〉の形を使う。単数の名詞があるので，前に a を付ける。

(2)「退屈な」は boring。

❷ (1) **ミス注意!** 「熱がある」は have a fever。過去の文なので，have を過去形の had にする。

(2)「～がいないのを寂しく思う」は miss～。

(3)名詞がないので，〈How＋形容詞!〉の形を使う。

(4)「よくなる」は get well。

ポイント 感嘆文

・〈How＋形容詞[副詞]!〉

・〈What＋(a[an])＋形容詞＋名詞!〉

p.95 ステージ1

Wordsチェック (1)すばらしい，見事な (2)興奮させる (3) **delicious** (4) **cookie**

❶ (1) **I was tired.**

(2) **The drama was interesting.**

(3) **You were a student.**

❷ (1) **hope** (2) **was hungry** (3) **were, yesterday** (4) **were in**

解説

❶ (1) am の過去形は was。「私は疲れていました」という意味にする。

(2) is の過去形は was。「その演劇はおもしろかったです」という意味にする。

(3) are の過去形は were。「あなたは学生でした」という意味にする。

❷ (1)「～(であること)を願い[望み]ます」は，I hope ～.「～」には〈主語＋動詞〉の文の形を置くことができる。

(2)過去の文。is の過去形の was を使う。

(3) **ミス注意!** 主語が複数の過去の文なので，are の過去形の were を使うことに注意。

(4) **ミス注意!** 主語が複数の過去の文なので，were を使う。「～を身に着けて」は in ～で表す。

ポイント be 動詞の過去形

・am，is の過去形→ was

・are の過去形→ were

p.96 ステージ1

Wordsチェック (1)世話 (2)授業 (3) **snow** (4) **wood** (5) **took** (6) **best**

❶ (1) **I look forward to the party.**

(2) **We look forward to seeing you.**

❷ (1)イ (2)ウ (3)エ (4)ア

解説

❶ (1)「～を楽しみに待つ」は look forward to～。

(2) **ミス注意!** look forward to の後ろに動詞がくるときは，動詞に -ing を付ける。

❷ (1)手紙の受取人の前には「親愛なる(～さん)」という意味で Dear を置く。

(2)手紙の初めに書く挨拶の文。

(3)本文の終わりには相手を思う気持ちを書く。

(4)手紙の結びの挨拶。

ポイント 手紙の書き方

①相手の名前，②本文，③結びの挨拶，④自分の名前の順に書く。

p.97 《文法のまとめ⑤

1 (1) **I played soccer yesterday.**

(2) **We studied English yesterday.**

(3) **Did you visit your aunt?**

(4) **He didn't[did not] buy that car.**

《 解説 》

1 (1) yesterday は「きのう」という意味なので，過去の文にする。

(2) **ミス注意!** study の過去形は，y を i に変えて -ed を付けることに注意。

(3)過去の疑問文は，主語の前に Did を置き，動詞を原形に変える。

(4)過去の否定文は，動詞の前に didn't[did not]を置き，動詞を原形に変える。

ポイント 一般動詞の過去の文
・動詞を過去形に変える。動詞には規則動詞と不規則動詞がある。
・疑問文：〈Did＋主語＋動詞の原形～?〉
・否定文：〈主語＋didn't[did not]＋動詞の原形～.〉

p.98 文法のまとめ⑤

1 (1) **was sleepy** (2) **Was, exciting**
(3) **Were you** (4) **weren't**

2 (1) **My cap was under the bed.**
私の帽子はベッドの下にありました。
(2) **Where were your pencils?**
あなたの鉛筆はどこにありましたか。
(3) **They were in my sister's pencil case.**
それらは私の姉[妹]の筆箱の中にありました。
(4) **Those pictures weren't[were not] beautiful.**
あれら[それら]の絵[写真]はきれいではありませんでした。

解説

1 (1)I am sleepy. を過去形にする。am の過去形は was。
(2)過去の疑問文なので，is の過去形の was を文頭に出す。
(3)主語が you なので，be 動詞は were を使う。疑問文なので，were を文頭に出す。
(4)ミス注意! 主語が複数の過去の文なので，were を使う。解答欄が 1 つなので，were not を短縮形 weren't にする。

2 (1)is の過去形は was。
(2) are の過去形は were。
(3) sister's ～は「姉[妹]の～」という意味。
(4) be 動詞 are のあとに not があるので，否定文。

ポイント be 動詞の過去の文
・am, is → was に，are → were に変える。
・疑問文・否定文の作り方は，be 動詞の現在の文と同じ。

p.99 ステージ1

Wordsチェック (1)写真 (2)数字 (3) **letter**
(4) **age** (5) **help** (6) **surprise**

❶ (1)12，20，13，遅れて
(2)カラフルな，クリスマスツリー，メッセージ，自分

解説

❶ 全体を日本語になおすのではなく，必要な情報を探す読み方をする。
(1)メールの Date(日付)の項を見る。
(2)ミス注意! メールの decorations(飾りつけ)の項を見る。「たくさんの」は a lot of なので，そのあとに続いている語 colorful に着目する。また，メールの a card(カード)の項にある，write ～ on …は「…に～を書く」という意味。a party hat(パーティーハット)の項にある，by yourself は「あなた自身で」という意味。

ポイント 必要な情報の読み取り方
・見出しや太文字などに注意して，大体の内容をつかむ。
・必要だと思われるところには線を引くなどして，速く情報を読み取る練習をしよう。

p.100～101 ステージ2

❶ LISTENING ウ，イ，エ，ア

❷ (1) **lived** (2) **went** (3) **bought** (4) **made**
(5) **Did** (6) **was** (7) **were**

❸ (1) **By the way, did she go to school?**
(2) **Tim has a fever.**
(3) **I look forward to the spring vacation.**

❹ (1) **What** (2)② **bought** ③ **went**
(3) 1. **Yes, she does.**
2. **She rang a (big) bell.**

❺ (1) **My sister played the piano yesterday.**
(2) **We weren't[were not] in the gym.**
(3) **They didn't[did not] see him at the station.**
(4) **Did you talk with Kenta yesterday?**
(5) **How many balloons did Aya get?**

❻ (1) **Yes, I did.[No, I didn't[did not].]**
(2)例1 **I studied math.**
例2 **I studied Japanese.**

解説

❶ LISTENING 過去の出来事を話している。動詞に注意して聞くと，行動がわかる。

♪ 音声内容

It was Sunday. Jim got up early and walked to the zoo. He likes animals very much. He saw some animals in the zoo. The koalas were very cute and he took their pictures. After that, he saw one big gorilla. It was cool. He took its pictures, too. He went home by bus. It was a nice Sunday for Jim.

2 (1)「住んでいる」live は，つづりが e で終わっているので，-d だけを付けて過去形にする。
(2)「行く」go は不規則動詞で，過去形は went。
(3)「買う」buy は不規則動詞で，過去形は bought。
(4)「作る」make は不規則動詞で，過去形は made。
(5)一般(いっぱん)動詞の過去の疑問文。Did が文頭にくる。
(6)「おもしろい」は形容詞なので，前に be 動詞がくる。過去の文で，主語が3人称(にんしょう)単数なので，be 動詞は was を使う。
(7)「疲れる」は形容詞。過去の文で，主語が複数なので，be 動詞は were を使う。

3 (1)「ところで」は by the way。「行きましたか」とあり，過去の文なので，do が不要。
(2)「熱がある」は have a fever。主語が3人称単数なので，have が不要。
(3)「～を楽しみに待つ」は look forward to ～。in が不要。

4 (1)エリが It's an *omamori* と具体的なものを答えているので，「それは何ですか」とたずねる文にする。
(2)②お守りは今持っているので買ったのは過去と考え，buy を過去形の bought にする。
③「私も行った」という意味になるので，go を過去形の went にする。
(3)1．「エリはお守りを持っていますか」という問い。ティナの問いかけに対し，エリは It's an *omamori*(それはお守りです)と答えている。
2．「ティナは，寺で何を鳴らしましたか」という問い。ティナの最後の発言に，I rang a big bell.(私は大きな鐘を鳴らしました)とある。

5 (1)過去の文にする。play の過去形は played。
(2)否定文にするには，were のあとに not を置く。
(3) ミス注意! saw は see の過去形。動詞の前に didn't[did not] を置く。saw を原形の see にすることに注意。
(4)疑問文にするには，文頭に Did を置く。動詞を原形にすることを忘れないようにする。
(5)数をたずねるときは，〈How many＋名詞の複数形＋疑問文の語順～?〉の形で「いくつの～?」という疑問文にする。got は get の過去形なので，助動詞は did を使う。

6 (1)「あなたはきのう，テレビゲームをしましたか」という質問。Yes または No で答える。
(2)「あなたはきのう，何を勉強しましたか」という質問。教科名を答えればよい。

p.102～103 ステージ3

1 LISTENING (1)ア (2)ウ (3)エ

2 (1) **made** (2) **ate** (3) **wrote** (4) **went**
(5) **was** (6) **were**

3 (1) **Did you buy a new computer?**
(2) **His father didn't[did not] work at the restaurant.**
(3) **Was Ms. Sato your neighbor?**
(4) **When[What time] did he call his uncle?**
(5) **What (subject) did you study?**
(6) **Where did they have a basketball game?**
(7) **When did Tim watch TV?**
(8) **How much was this book?**

4 (1)クリスマスと正月はどうでしたか。
(2)友達と一緒に浅草の有名な寺に行ったこと。
(3)③ **were** ④ **in**
(4)伝統的な美しい建物。着物を着た人々。

5 (1) **Dear** (2) **hope** (3) **was** (4) **ate[had]**
(5) **delicious**

6 (1) **Did you enjoy your[the] winter vacation?**
(2) **We had a party on December 10[10th].**

解説

1 LISTENING 選択肢に前もって目を通し，注意すべきことを予測して聞くようにする。

♪ 音声内容

(1) *A:* What time did you go to bed yesterday, Nancy?
B: At 11:00. How about you, Mike?
A: At 9:00. I was very tired.
B: I see. What time do you usually go to bed?
A: At 10:30.
Question: What time did Mike go to bed yesterday?

(2) *A:* Kumiko, do you usually come to school by bicycle?
B: No, Mr. White. I usually walk to school. But I came to school by bus yesterday.
A: Why?
B: I got up late yesterday.
Question: How did Kumiko come to school yesterday?

(3) *A:* Where did you go on New Year's Eve, Sachi?
B: I went to my grandparents' house, Kenji. They live in Kyushu. Where do your grandparents live?
A: They live with us in Tokyo. So I went to a temple with them.
B: Oh, that's good.
Question: Where do Kenji's grandparents live?

2 (1) ミス注意! 主語が３人称単数でも，動詞の過去形は１，２人称のときと同じ。make の過去形は made。
(2) eat の過去形は ate。
(3) write の過去形は wrote。
(4) go の過去形は went。
(5) is の過去形は was。
(6) are の過去形は were。

3 (1) ミス注意! 一般動詞の過去の疑問文は〈Did＋主語＋動詞の原形～?〉の形を使う。動詞を原形にすることを忘れないようにする。
(2)一般動詞の過去の否定文は〈主語＋didn't[did not]＋動詞の原形～.〉の形を使う。
(3)疑問文にするには Was を主語の前に置く。
(4)時刻をたずねるには What time で始まる疑問文にする。「彼は何時におじさんに電話しましたか」
(5) What を使って，「何を勉強しましたか」とたずねる文にする。
(6) Where を使って，場所をたずねる疑問文にする。
(7) When を使って，「いつテレビを見ましたか」とたずねる文にする。
(8) How much を使って，「いくらでしたか」とたずねる文にする。

4 (1)〈How＋be 動詞～?〉は「～はどうですか」と様子や状態をたずねる文。
(2)直前の文の内容を指している。
(3)③ beautiful(美しい)は形容詞なので，前に be 動詞が必要。主語が複数で過去の出来事を話している文なので，are の過去形の were が入る。
④ in ～で，「～を身に着けて」という意味。
(4)４つ目，５つ目の文で，目にしたものについて書いている。

5 (1)手紙の宛先の名前の前には，「親愛なる(～さん)」という意味で，Dear を書く。
(2)「元気ですか」と聞いた後なので，「元気だといいのですが」という意味にする。
(3)「うれしかった」と過去のことを述べているので，am の過去形の was が入る。
(4)「魚と餅を食べた」とあるので，eat の過去形の ate，または have の過去形 had が入る。
(5)「とてもおいしい」は delicious。

6 (1)過去の疑問文。「～を楽しむ」enjoy，「冬休み」your[the] winter vacation などを使う。
(2)「パーティーをする」have a party，「～に」〈on＋日付〉などを使い，過去形で書く。

Unit 8

p.104～105 ステージ1

Wordsチェック (1)列，行列
(2)そのとおりです。 (3) **album** (4) **choose**
(5) **kitchen** (6) **o'clock**

1 (1) **reading**
(2) **I'm studying**
(3) **I'm swimming in the pool.**

2 (1) **washing** (2) **running** (3) **cleaning**

3 (1) **I'm[I am] drawing a picture.**
(2) **He's[He is] talking with his uncle.**
(3) **They're[They are] trying calligraphy.**
(4) **Tomoko's[Tomoko is] helping her father.**
(5) **Mike and his friends are dancing together.**
(6) **My dog is drinking water.**

4 (1) **waiting in line** (2) **Get ready for**
(3) **looked out of**

5 (1) **is eating yogurt**
(2) **is watching a drama**
(3) **is setting the table**

解説

1 「私は～しています」は〈I'm[I am]＋動詞の -ing 形～.〉で表す。
(1) read はそのまま語尾(ごび)に -ing を付ける。

(2) study は studying となる。

(3) swim は語尾の m を重ねて -ing を付ける。

❷ be 動詞が空所の前にあるので，現在進行形の文。動詞の語尾に -ing を付ける。

(1) wash はそのまま語尾に -ing を付ける。「皿洗いをしています」

(2) ミス注意 run は語尾の n を重ねて -ing を付ける。「アキラは彼の友達と一緒に走っています」

(3) clean はそのまま語尾に -ing を付ける。「生徒たちは自分たちの教室を掃除しています」

❸「(今)～しています」は〈主語＋be 動詞＋動詞の -ing 形～.〉を使って表す。

(1) draw ～「～を描く」

(2) talks の s をとって -ing を付ける。

(3) try calligraphy「書道をやってみる」主語が複数なので，be 動詞は are を使う。

(4) helps の s をとって -ing を付ける。

(5) ミス注意 主語が複数なので，be 動詞は are を使う。dance の -ing 形は e をとることに注意。「マイクと彼の友達は一緒に踊っています」

(6)「私の犬は水を飲んでいます」

❹ (1)「並んで，列になって」は in line。現在進行形の文なので，wait を -ing 形にする。

(2)「～のための準備をする」は get ready for ～。命令文なので，動詞の get で文を始める。

(3)「～の中から外を」は out of ～。

❺ (1) eat yogurt は「ヨーグルトを食べる」。

(2) watch a drama は「ドラマを見る」。

(3) set the table は「食卓の準備をする」。

ポイント　現在進行形

・〈主語＋be 動詞＋動詞の -ing 形～.〉で表す。

p.106～107　ステージ1

Words チェック　(1)～を飾る，装飾する　(2)～を取り付ける　(3) far　(4) pretty

❶ (1) **Are you studying hard? / am**

(2) **Is she cooking breakfast? / she isn't**

(3) **Are they playing basketball? / they are**

❷ (1) **not watching**

(2) **I'm not studying**

(3) **I'm not writing a letter.**

❸ (1) **Are you listening to music now?**

(2) **What are they doing now?**

(3) **What are you drinking?**

❹ (1) **She isn't[is not] washing her car now.**

(2) **Is your brother running in the park?**

(3) **What are they doing?**

❺ (1) **putting up**　(2) **far, good**

(3) **Don't worry**

解説

❶ 現在進行形の疑問文は，be 動詞を主語の前に置く。答えるときは，〈Yes, 主語＋be 動詞 . / No, 主語＋be 動詞＋not.〉で答える。

(1)「あなたは熱心に勉強していますか」という文にする。

(2)「彼女は朝食を料理していますか」という文にする。

(3)「彼らはバスケットボールをしていますか」という文にする。

❷「私は～していません」は〈I'm[I am]＋not＋動詞の -ing 形～.〉で表すことができる。

(1) I'm のあとなので not を置き，watch を watching にする。

(2) study はそのまま語尾に -ing を付ける。

(3) write は語尾の e をとって -ing を付ける。

❸ (1)「～を聞く」は listen to ～。

(2)「何を」を表す What を文頭に置き，疑問文の語順を続ける。

(3) What で始まる疑問文にする。drink は「～を飲む」という意味。

❹ (1)否定文なので，is のあとに not を置く。

(2) Is を文頭に置き，疑問文の形を作る。

(3) ミス注意 下線部をたずねるには「彼らは何をしていますか」という文にする。

❺ (1) ミス注意「(壁に絵など)を取り付ける」は put up ～。現在進行形なので，putting にする。t を重ねて -ing を付けることに注意する。

(2) So far, so good.(これまでは順調です)は，文をそのまま覚える。

(3)「心配する」は worry。否定の命令文なので，〈Don't＋動詞の原形～.〉で表す。

ポイント　現在進行形の否定文・疑問文

・否定文:〈主語＋be 動詞＋not＋動詞の -ing 形～.〉

・疑問文：〈be 動詞＋主語＋動詞の -ing 形～?〉答えるときは，〈Yes, 主語＋be 動詞 .〉/〈No, 主語＋be 動詞＋not.〉で答える。

p.108～109 ステージ1

Wordsチェック (1)うわあ，やあ (2)～と思う
(3) cup (4) shirt (5) inside (6) glasses

❶ (1) look (2) looks kind
(3) This cat looks cute.

❷ (1)彼女は人なつこい[優しい]です。
(2)彼女は人なつこく[優しく]見えます。
(3)これらのテレビゲームはわくわくさせるように見えます。

❸ (1) looks sleepy (2) looks, heavy
(3) looks smart (4) look strong
(5) looked tired (6) Does, look hungry
(7) Does, look funny

❹ (1) What do you think?
(2) I had no idea.
(3) We're[We are] home.

WRITING Plus 例1 (1) Ikee Rikako
(2) She looks very tough.
例2 (1) Honda Keisuke
(2) He looks cool.

解説

❶ 〈look＋形容詞〉で「～に見える」という意味。
(1)「彼らは興奮して[わくわくしているように]見えます」
(2)「彼女は親切に[思いやりのあるように]見えます」
(3)「このネコはかわいく見えます」

❷ (1)(2) friendly は「人なつこい，優しい」という意味。
(3) video game は「テレビゲーム」。exciting は「興奮させる，胸をわくわくさせる」という意味。

❸ (1)「眠い」は sleepy。主語が3人称(にんしょう)単数なので，動詞に -s を付ける。
(2)「重い」は heavy。This box は3人称単数。
(3)「頭のよい」は smart。This dog は3人称単数。
(4)「強い」は strong。主語が Those students で複数なので，動詞に -s は付かない。
(5)過去の文なので，動詞 look を過去形 looked にする。「疲れた」は tired。
(6) 3人称単数の he が主語で，一般(いっぱん)動詞 look を使った文なので，Does を文頭に置いて疑問文にする。「空腹の(腹ぺこの)」は hungry。
(7)コメディアンなどについて，「おもしろい」と言うときは funny を使う。

❹ (1)「どう思いますか」
(2)「全く知らなかったです」
(3)「ただいま」主語が2人なので，we にする。

WRITING Plus (2)「どのように見えるか」は look を使って表す。

ポイント 「～に見える」の文
・〈主語＋look＋形容詞～.〉で表す。

p.110～111 文法のまとめ⑥

1 (1)①マサコは毎週日曜日に，ピアノの練習をします。
②マサコはピアノの練習をしています。
(2)①彼らは毎日，理科を勉強します。
②彼らは今，理科を勉強しています。

2 (1) eating (2) walking (3) running
(4) speaking (5) drinking (6) using
(7) doing

3 (1) am (2) he isn't (3) Are you
(4) What are

4 (1) is sleeping (2) am making[cooking]
(3) are taking (4) is she doing
(5) Are you speaking

5 (1) They are dancing together.
(2) What are you playing?
(3) Is Tom reading a book?
(4) We aren't[are not] studying math.
(5) What is Keiko doing?
(6) What are you writing?

6 (1) He's[He is] playing tennis with his friend(s).
(2) My father is washing his car now.

《 解説 》

1 (1)① on Sundays は「毎週日曜日に」という意味で，習慣を表す。② is practicing とあり，〈be 動詞＋動詞の -ing 形〉の形なので，現在進行形。「(今)練習しています」という意味。
(2)① every day は「毎日」という意味で，習慣を表す。② are studying とあり，現在進行形。「(今)勉強しています」という意味。

2 be 動詞があるので，現在進行形だと考え動詞は -ing 形にする。
(1)「私は今，昼食を食べています」
(2)「彼は犬の散歩をしています」
(3) ミス注意!「彼女は今，友達と一緒に走っています」run は語尾の n を重ねて -ing を付ける。

(4)「彼らは英語を話しています」

(5)「あなたはコーヒーを飲んでいますか」

(6) ミス注意!「私たちはこのコンピュータを使っていません」use は語尾(ごび)の e をとって -ing を付ける。

(7)「あなたは何をしていますか」

3 (1)現在進行形の疑問文に答えるときは，be 動詞を使う。

(2) your brother は he で受ける。

(3) Yes で答えているので，「あなたたちはカルタをしているのですか」とたずねる文にする。

(4)答えの文が「家の飾りつけをしています」で，疑問文に doing があるので，「彼らは何をしていますか」とたずねる文にする。

4 (1)「眠る」は sleep。主語が My brother で3人称(にんしょう)単数なので，be 動詞は is。

(2)「～を作る」は make，または「～を料理する」と考えて，cook を使う。

(3)「写真を撮る」は take pictures。take は語尾の e をとって -ing を付ける。

(4) What の後ろは疑問文の語順にする。

(5)「～を話す」は speak ～。

5 (1)主語が they で複数なので，be 動詞は are。dance は語尾の e をとって -ing を付ける。

(2) do をとって，主語 you の前に be 動詞 are を置き，一般(いっぱん)動詞 play を -ing 形にする。

(3)疑問文にするには，is を主語 Tom の前に出す。

(4)否定文にするには，are の後ろに not を置く。

(5)「掃除をしています」をたずねるには，「何をしていますか」という文にする。

(6)「手紙」をたずねるには，「何を書いていますか」という文にする。

6 (1)主語が He，動詞が play の現在進行形の文。

(2)主語が My father，動詞が wash の現在進行形の文。

ポイント 現在進行形の文

・肯定(こうてい)文：〈主語＋be 動詞＋動詞の -ing 形～.〉

・疑問文：〈be 動詞＋主語＋動詞の -ing 形～?〉
— 〈Yes, 主語＋be 動詞 .〉/
〈No, 主語＋be 動詞＋not.〉

・否定文：〈主語＋be 動詞＋not＋動詞の -ing 形～.〉

p.112～113 Try! READING

Question (1) **One day** (2) **caught**

(3)③**おまえはとてもおいしそうだ。**

⑤**おまえは，ただのネズミだ**

(4) **I am the king of the jungle**

(5)**ネズミと親友になれるかもしれないと思ったから。ネズミがいつか自分を助けてくれるかもしれないと思ったから。**

(6)**1．×　2．○　3．×**

Word Box BIG 1 (1)**ほえる** (2)**猟師**

(3)**叫び声** (4)**網，ネット** (5) **small**

(6) **hear** (7) **true** (8) **back** (9) **kept**

(10) **someday**

2 (1) **chewed on** (2) **got[ran] away**

(3) **keep，promise** (4) **heard** (5) **for help**

(6) **with** (7) **but**

3 (1) **You may eat this chocolate.**

(2) **You can be a great tennis player.**

(3) **Did the mouse climb up on the box?**

(4) **This is a small cat.** (5) **Get up early.**

(6) **Don't give up.**

解説

Question (1)「(過去または未来の)ある日」は one day。

(2)前の文が過去の文で，それと同じ時のことを言っているので，過去形にする。catch は不規則動詞で，過去形は caught。

(3)③〈look＋形容詞〉で「～に見える」の意味。

⑤ just ～は「ただ～だけ」の意味。

(4) ミス注意! I が主語，am が動詞。of は〈～of …〉で「…の～」と日本語とは逆の語順になる。

(5)3，4行目のネズミの発言が理由になる。

(6)1．ネズミが登ったのはライオンの背中。2．下から2行目で，ネズミが「私は約束します」と言っている。3．最初，ライオンはネズミを食べようとしていたので，仲がよかったわけではない

Word Box BIG 1 (2)動詞 hunt(狩りをする)に -er が付くと「～する人」という意味になる。

(6) hear は「(聞こうとしなくても自然に)聞こえてくる，～を聞く」という意味。listen to ～は「(聞こうと意識して)聞く」という意味。

(9) keep は不規則動詞で，「～を守る」という意味

2 (1)「～をかむ」は chew on ～。

(2)「逃げる」は get away[run away]。get の過

去形は got。
(3)「約束を守る」は keep one's promise。one's は「～の」という意味なので，この文の主語 you に合わせて your promise となる。
(4) hear の過去形は heard。
(5)「～を求めて」は for ～。「助け」は help。
(6)「～で」と手段や道具について言うときは，with ～で表す。
(7)「～だけれども」と2つの文を逆接の意味でつなぐときは，but を使う。

3 (1) ミス注意! may は助動詞で「～してもよい」という許可の意味を表す。助動詞のあとの動詞は原形にすることに注意。
(2) can は助動詞。are の原形は be。
(3)一般動詞の過去の文なので，疑問文にするには Did を文頭に置き，動詞を原形にする。
(4) small を cat の前に置いて，「小さいネコ」と cat を説明する言い方にする。
(5)命令文にするので，動詞で文を始める。
(6)「～してはいけない」という禁止の命令文は〈Don't＋動詞の原形～.〉で表す。

p.114 ステージ1

Wordsチェック (1)ハイキング (2)ピクニック
(3) warm (4) candy

1 (1) **It's very cold today.**
(2) **It was cool yesterday.**
(3) **It was sunny yesterday.**

2 (1) **Can, some** (2) **Here, are** (3) **Thank**

解説

1 天候について言うときは，it を主語にして It's[It is] ～. で表す。
(1)「今日はとても寒いです」
(2) ミス注意! yesterday があるので，過去形の was を使うことに注意。「きのうは涼しかったです」
(3)「きのうは晴れでした」

2 (1)「～してもいいですか」と相手に許可をもらうときは Can I ～? を使う。
(2) Here you are. は，定型表現としてこのまま覚える。
(3)「ありがとう」は Thank you. で表す。

ポイント リポートの仕方
・場所について言う：〈I'm[I am] in ～.〉
・天候について言う：〈It's[It is] ～.〉

p.115 ステージ1

Wordsチェック (1)才能ある人々 (2)説明会
(3) trip (4) topic (5) poster (6) different
(7) event (8) elementary

1 (1) **Welcome to** (2) **fall** (3) **stage**
(4) **danced** (5) **hard**

解説

1 (1)「～へようこそ」は Welcome to ～.
(2)「秋に学校祭があり」と書いてあるので，「秋」を意味する fall が入る。
(3)「舞台で」と書いてある。舞台は stage。
(4) ミス注意! last year とあり，去年のことなので，dance を過去形にすることに注意。
(5)「難しい」は hard。

ポイント 学校行事を紹介(しょうかい)する文
・「～へようこそ」は Welcome to ～. で表す。
・恒例行事や毎年のことは現在形で書く。
・去年など過去のことは過去形で書く。

p.116～117 ステージ2

1 LISTENING (1)イ (2)ウ (3)エ (4)ア

2 (1) **in line** (2) **get ready for** (3) **put up**
(4) **out of**

3 (1) **swimming** (2) **dancing** (3) **playing**
(4) **studying**

4 (1) **I'm[I am] not listening to music.**
(2) **Is he walking with his father?**
(3) **Where are they watching TV?**

5 (1)①イ ④ア ⑤ウ
(2)すべては[調子は]どうですか。
(3) **making**
(4)特別な写真アルバム
(5) **1. He's [He is] baking a cake (in the kitchen).**
2. His mother is (helping him).

6 (1) **My brother is washing his car now.**
(2) **What are you studying?**
(3) **I'm[I am] studying science now.**
(4) **She isn't[is not] cleaning her room now.**
(5) **This apple looks delicious.**

解説

1 LISTENING 電話を受けた人が誰(だれ)のことを話しているか聞き取る。This is ～ speaking.(こちらは～です)，Can I speak to ～?(～さんはいますか)などはよく使われる表現。

音声内容

(1) A: Hello. This is Sam. Can I speak to Bob?
B: Hi, Sam. He's shopping now.
A: All right. Thank you, Ms. White.
(2) A: Hello?
B: Hello, Mika. It's Mike. How are you?
A: Fine, thank you.
B: Can I talk to you now?
A: Sure. I'm eating lunch, but it's OK.
(3) A: Hello. This is Bill. Can I speak to Yumi?
B: Sorry, Bill. She's not at home. She's studying at the library.
A: I see. Thank you, Ms. Tanaka.
(4) A: Hello. This is Jeff speaking. Can I speak to Tom?
B: All right. He's playing video games in his room. Please wait.
A: Thank you, Ms. Brown.

❷ (1)「並んで」は in line。
(2)「～の準備をする」は get ready for～。
(3)「～を取り付ける」は put up～。
(4)「～の中から外へ」は out of～。

❸ (1) ミス注意! are があるので，現在進行形の文。swim を -ing 形にする。m を重ねて -ing を付けることに注意する。
(2) ミス注意! dance を現在進行形にするには，e をとって -ing を付けることに注意する。
(3) She's は She is の短縮形。現在進行形の文なので，play に -ing を付ける。
(4)現在進行形の文なので，study に -ing を付ける。

❹ (1)現在進行形の否定文は，be 動詞のあとに not を置く。
(2)現在進行形の疑問文は，be 動詞を主語の前に置く。
(3)「教室の中で」をたずねるには，where を使い，「どこで～していますか」とたずねる文にする。

❺ (1)それぞれの意味は，ア「それで，あなたは？」イ「もしもし」ウ「すごいね」
(2) How's は How is の短縮形。how は物や人の様子や状況をたずねるときに使う語。
(3)前に We're があるので，③の(　)をふくむ文は現在進行形の文。
(4)コウタたちはティナのために[の]特別な写真アルバムを作っている。
(5)質問は，1．「ニックは何をしていますか」，2．「誰(だれ)がニックを手伝っていますか」という意味。1．は，Nick を He で受けて答える。2．は下から２行目に「私の母親が手伝ってくれています」とある。これはニックの言葉なので，his mother が手伝っています，と答える。

❻ (1)現在進行形の肯定(こうてい)文。主語は My brother,「自分の車」は主語に合わせて，his car とする。
(2)現在進行形の疑問文。「何を～していますか」は〈What＋疑問文の語順～?〉で表す。
(3)現在進行形の肯定文。「理科」は science。
(4)現在進行形の否定文。主語が She なので，be 動詞は is を使い，後ろに not を置く。
(5) ミス注意!「おいしそうです」は「おいしそうに見えます」と言いかえる。「～に見える」は〈look＋形容詞〉で表す。主語が３人称(にんしょう)単数なので，look に -s を付ける。「とてもおいしい」は delicious。

p.118～119 ステージ3

❶ LISTENING (1) **summer festival**
(2) **Japanese drums**
(3) **red fish**

❷ (1) **Are they eating dinner?**
(2) **I am not[I'm not] sleeping.**
(3) **She's[She is] reading a book now.**
(4) **My dog is running in the park now.**
(5) **What are they playing in the gym?**

❸ (1) **no idea** (2) **far, good** (3) **you are**
(4) **Welcome to** (5) **look delicious**
(6) **you later**

❹ (1) **Here's a present for you.**
(2) **What's**
(3)特別なアルバムをティナにプレゼントすること。
(4)プレゼントについてどう思うか。
(5)⑤ **Tina's** ⑥ **was** ⑦ **special**
⑧ **album** ⑨ **We** ⑩ **looked**

❺ 例1 (1) **We have a school trip in spring.**
(2) **Last year, we went to Kyoto and visited some old temples.**
(3) **That trip was so exciting.**
例2 (1) **We have a school festival in fall.**
(2) **We sing, dance or play a drama on the stage.**
(3) **Last year, my class danced on the stage and I enjoyed it very much.**

解説

1 LISTENING 前もって(1)~(3)の文に目を通し，答えに関係するところを注意して聞くようにする。場所・出来事・周りの様子・リポーターの行動などを聞き取る。ポイントになる語はメモを取る。

音声内容

Hi, I'm Bob. I'm at Hikari Park in Kochi now. People are enjoying the summer festival here. A lot of people are dancing and some people are playing the Japanese drums. Everyone looks excited.

Oh, I can see a lot of small red fish in the water over there. Some people are standing or sitting near the fish. What are they doing? Oh, some people are trying to catch red fish with a small net. But they can't do it easily. It looks exciting. I want to try it, too. I'm waiting in line now. See you soon.

(1) What are people enjoying at Hikari Park?
(2) What musical instruments are some people playing?
(3) What does Bob want to catch?

2 (1)現在進行形の疑問文は，be動詞を主語の前に置く。「彼らは夕食を食べていますか」

(2)現在進行形の否定文は，be動詞のあとにnotを置く。「私は眠っていません」

(3)現在進行形は〈主語＋be動詞＋動詞の -ing形 ~.〉の形で表す。

(4) ミス注意! 主語がMy dogなので，be動詞はisを使う。動詞のrunはnを重ねて -ingを付けることに注意。「私の犬は今，公園で走っています」

(5)「バレーボール」をたずねるには，whatを使って「彼らは何をしていますか」という意味の疑問文にする。

3 (1)A:「新入生がいますね」 B:「全く知らなかったです」

(2)A:「すべてはどう？」 B:「これまでは順調です」

(3)A:「水をもらえますか」 B:「さあ，どうぞ」 A:「ありがとう」 Here you are. は人に何かを差し出すときに使う表現。

(4)A:「私の家へようこそ。どうぞ，入ってください」 B:「ありがとう」 Welcome to ~. で「~へようこそ」という意味。

(5)A:「お父さんがきのう，これらのクッキーを焼きました。一緒に食べましょう」 B:「まあ，とてもおいしそうですね」

(6)A:「あなたの家に3時に行けます」 B:「わかりました。またあとでね」 See you. は「さようなら」のあいさつ。後ろに，later(あとで)，tomorrow(明日)，などを付けることができる。

4 (1)Here's[Here is] ~. で「ここに~があります」という意味。

(2)直後にエリが「それは特別なアルバムです」と答えているので，ティナは「何が中に入っていますか」とたずねていることがわかる。

(3)直前の対話の内容までで，ティナの誕生日プレゼントとして，特別なアルバムを用意したことがわかる。そのことを指している。

(4)What do you think? は，相手の感想をたずねるときの表現。

(5)翌日の日記なので，ティナの誕生日のことは過去形で書かれている。
⑤「きのうはティナの誕生日でした」名前に 'sが付くと「~の」という意味になる。⑥~⑧「彼女への誕生日プレゼントは，特別なアルバムでした」⑨「私たちは彼女のためにそれを作りました」⑩「彼女はとてもうれしそうに見えました」

5 (1)月・季節・年などを使い，「~に」と言うときは，in ~で表す。恒例のことは，現在形で表す。

(2)「~に行った[行く]」「~をした[する]」など具体的に書く。

(3)「興奮させる」exciting，「楽しさ」fun，「おもしろい」interesting，「すごい」cool，「すばらしい」great, niceなどを使って書く。

定期テスト対策 得点アップ! 予想問題

p.130〜131 第1回 Let's Be Friends! 〜 Unit 2

1 LISTENING (1)ウ (2)イ (3)ア

2 (1) years old

(2) Here, go

(3) a little

(4) interested in

3 (1)オ (2)エ (3)ウ (4)イ (5)ア

4 (1) I am

(2)私はニューヨーク出身です。

(3) I like music and

(4) but

(5)1. ○ 2. ×

5 (1) I am a student.

(2) Can you make rice balls?

(3) I am[I'm] not Yagi Chika.

(4) Do you ride a unicycle?

6 (1)例1 I like pink.

例2 I like black.

(2)例1 It's[It is] March 10[10th].

例2 My birthday is December 1[1st].

解説

1 LISTENING (1)Do you 〜? の質問には do を使って答える。

(2)質問は「あなたはコーヒーが飲めますか」という意味。

(3)質問は「あなたは芸術家ですか」という意味。

音声内容
(1) I like music. Do you play the trumpet?
(2) I like coffee. Can you drink coffee?
(3) That's nice! Are you an artist?

2 (1)「〜歳」は，〜 year(s) old で表す。

(2)「さあ，行こう[始めよう]」とよびかけるときは，Here we go. で表す。

(3)「少し」は a little で表し，この文では swim の程度を説明している。

3 (1)相手が「私は〜ではありません」と否定の言葉を言ったときに，「なぜ〜ではないのですか」と理由をたずねる表現。

(2)「はじめまして」と言うときの表現。

(3)相手の言葉が聞き取れなかったときに使う表現

(4)「なるほど」「わかりました」と言うときの表現。

(5) repeat は「繰り返す」，after 〜は「〜の後に」

4 (1) I'm は I am の短縮形。短縮形はほかに，do not → don't，cannot → can't などがある。

(2) from 〜で，「〜出身」という意味。

(3) I like 〜. で，「私は〜が好きです」という意味 この文では「〜」にくる言葉が2つ(music と sports)あるので，この2つを and でつなぐ。

(4)「(ドラム)が演奏できない」「(ピアノ)が演奏できる」という，逆の意味の文をつなぐには「しかし，でも」を意味する but を使う。

(5)1. ティナは，I can swim and play the drums. と言っている。

2. エリは，I can play the piano と言っている。

5 (1) ミス注意! student は「学生」という意味で前に「1人」を表す a を付けることに注意。

(2) can を使った文の疑問文は，Can を主語の前に置く。「あなたはおにぎりが作れますか」

(3) I am 〜. の文を「〜ではありません」とするには am のあとに not を置く。

(4) ミス注意! 一般動詞 ride を使った文なので，疑問文にするには主語の前に Do を置く。文の最後に ?(クエスチョンマーク)を付けることを忘れないようにする。「あなたは一輪車に乗りますか」

6 (1)「あなたは何色が好きですか」という質問。I like ～. の形で，好きな色を答える。
(2)「あなたの誕生日はいつですか」という質問。「～日」は，1st, 2nd, 3rd, 4th, …のように，後ろに「～番目」を表す文字を付けてもよい。

p.132～133 第2回 Unit 3 ～ You Can Do It! ①

1 LISTENING (1)ア (2)ウ (3)エ (4)イ

2 (1) What do
(2) am, at
(3) course

3 (1) This box is too heavy.
(2) Do you like watching TV?
(3) How many apples do you have?
(4) I want to be a singer in the future.

4 (1)あなたは夏休みの間に何をしますか。
(2) I usually visit my grandparents.
(3)1. × 2. ○ 3. ×

5 (1) take, picture
(2) every year
(3) all over
(4) listen to

6 (1) I want to travel in Okinawa this spring.
(2) I like playing baseball with my friend(s).

解説

1 LISTENING それぞれ，どこかに行くのに，どんな手段で行くかを話している。
(1)(3)(4)〈by＋乗り物〉で，「～で」という意味。
(2) on foot は「徒歩で」という意味。

音声内容
(1) A: How do you go to school?
B: I usually go to school by bicycle.
(2) A: Do you go to the park by bus?
B: No, I go there on foot.
(3) A: I sometimes go to the zoo.
B: Oh, really? Do you walk there?
A: No. I usually go there by train.
(4) A: I usually go to the museum on weekends.
B: How do you go to the museum?
A: By bus.

2 (1)「サッカーを練習します」と答えているので，「何を練習しますか」とたずねる文にする。
(2) be good at ～で「～が上手だ」という意味。
(3) Yes のあとに of があるので，「はい，もちろん」という意味になるように，course を入れる。

3 (1) ミス注意 too heavy で「重すぎる」という意味。too を to と間違(まちが)えないように注意する。
(2)「～が好きですか」は Do you like ～? で表す。like のあとにくる動詞は，語尾(ごび)に -ing を付ける。
(3) ミス注意 数をたずねるときは，〈How many＋名詞の複数形＋疑問文の語順～?〉の形にする。名詞を複数形にすることに注意する。
(4) ミス注意「～したい」は〈want to＋動詞の原形〉で表す。am, is, are の原形は be。

4 (1) you の後ろの do は「～をする」という意味の一般動詞。during ～は「～の間に」という意味。
(2)主語が I，動詞が visit。usually のように，「頻度(ひんど)」を表す語は「一般動詞の前」または「be 動詞のあと」に置く。
(3)1. エリが夏休みに行くのは浜辺。2. just は「ただ～だけ」という意味。3. 3人は夏休みの予定について話している。

5 (1)「写真を撮る」は take a picture。
(2) every ～で「毎～」という意味。
(3)「世界中の［で］」は all over the world。
(4)「～を聞く」は listen to ～。

6 (1)「旅行する」は travel,「～したい」は〈want

to＋動詞の原形〉,「今年の春」は this spring。

(2) like のあとにくる play の語尾に -ing を付ける。

p.134〜135 第3回 Unit 4

1 LISTENING (1)ウ (2)イ (3)ア

2 (1) she is (2) He is (3) Who is (4) she isn't

3 (1) Is she your sister?

(2) Mr. White isn't[is not] an actor.

(3) Who's[Who is] that?

(4) Who's[Who is] his English teacher?

4 (1) who's (2) Maybe (3) can, well

(4) isn't he

5 (1) Let's play (2) can't[cannot] wait

(3) in, art (4) Nice to

6 (1) This is Kiyoshi. He's[He is] my classmate.

(2) She's[She is] a brave astronaut.

解説

1 LISTENING (1) A が Who's that?(あちらは誰ですか)とたずねているので,B は He[She] is ～.(彼[彼女]は～です)と答えればよいとわかる。続いて,A が Is he ～? とたずねており,話題の人物は男性とわかるので,He が主語の**ウ**を選ぶ。

(2)チャイムのあとに But(けれども)とあり,we are good friends (私たちは親友です)と続くので,チャイムのところにはそれとは逆の内容が入るとわかる。よって,**イ**の No, she isn't. (いいえ,違います)を選ぶ。

(3) B が「彼女はコメディアンですか」とたずねており,A が「はい」と答えているので,それに続く内容の**ア**「彼女は人気があります」を選ぶ。

音声内容

(1) *A:* Who's that?
B: (チャイム)
A: Is he strict?
B: Yes, he is. But he's kind.

(2) *A:* Is Keiko your classmate?
B: (チャイム) But we are good friends.
A: Can she play soccer?
B: Yes, she can.

(3) *A:* That's Erika.
B: Is she a comedian?
A: Yes, she is. (チャイム)
B: Really?

2 (1) Ms.～(～さん)は,女性の姓の前に置く。

(2) Mr.～(～さん)は,男性の姓の前に置く。

(3)「それは芥川龍之介です」と答えているので,Who is ～? でたずねる。

(4)「サトウさんはあなたの隣人ですか」「いいえ違います」。

3 (1) is の文を疑問文にするには,is を主語の前に出す。「彼女はあなたの姉[妹]ですか」

(2) is の文を否定文にするには,is のあとに not を置く。「ホワイトさんは俳優ではありません」

(3)「私のチームメイト」をたずねるには,who を使い,「あちらは誰ですか」という疑問文にする。

(4)「ヤマダ先生」をたずねるには,who を使い「彼の英語の先生は誰ですか」という疑問文にする。

4 (1) ミス注意! エリが「彼は新入生です」と答えているので,「あちらは誰ですか」とたずねる文にする。「～は誰ですか」は Who is ～? で表す( )が1つなので,短縮形の who's を使うことに注意。

(2)「もしかしたら」は maybe で表す。

(3)「よいバスケットボール選手です」を「バスケットボールを上手にできます」と言いかえる。

(4)〈～,「be 動詞＋not」の短縮形＋主語?〉の形にするので,isn't he を文末に加える。

5 (1)「～しましょう」は Let's ～。

(2)「待ちきれない」は can't[cannot] wait。

(3)「～に入っている」は in ～。

(4)「はじめまして」は Nice to meet you. で表す。

6 (1)「こちらは～です」は This is ～. で表す。2つ目の文は,日本語で「彼は」という主語を補う。

(2)「勇敢な」は brave,「宇宙飛行士」は astronaut。

p.136〜137 第4回 Unit 5 ～ Active Grammar ②

1 LISTENING (1) 11, 11 (2) 2, 3

(3)国語[日本語],数学 (4) 3,隣

(5)部屋履き,袋

2 (1)ウ (2)イ (3)ウ (4)ア (5)イ (6)ア

3 (1) Let's clean the classroom.

(2) Don't[Do not] talk to him.

(3) Whose cat is that?

(4) When do you do your homework?

(5) Where is[Where's] the nurse's office?

4 (1) **over there**
(2) **Where's the cafeteria?** (3) イ
(4) **Where do you have lunch?**
(5) **It's next to the swimming pool.**

5 (1) **Take off** (2) **in front** (3) **Watch, step**
(4) **between, and**

6 (1) **When do you study English?**
(2) **Where is[Where's] your computer?**

解説

1 LISTENING (1) November 11(11月11日)が学校公開日なので，学校に来て，と言っている。
(2) class は「授業」という意味。
(3) Japanese は「国語［日本語］」，math は「数学」という意味。
(4)「～階に」は「～番目の」という表現を使い，on the ～ floor で表す。next to ～は「～の隣に」という意味。
(5) bring は「～を持ってくる」という意味。

音声内容
Hi, Mom, please come to my school on November 11. That is my school open day. You can see the second and the third classes. We study Japanese and math in those classes. My classroom is on the third floor. It's next to the music room. Please bring your slippers and a bag. You can't wear your shoes in our school.

2 (1) visit は「～を訪問する」という意味。「彼らを」は them で表す。
(2)(　)の後ろに house という名詞があるので，その前にくる語は「～の」という形にする。
(3)(　)の後ろに語がないので，「～のもの」という形を選ぶ。
(4)〈名前＋'s〉で「～の」という意味。
(5) be 動詞が are なので，主語は複数形。
(6)「～曜日に」は，〈on＋曜日〉の形で表す。

3 (1)「～しましょう」は〈Let's＋動詞～.〉。
(2)「～してはいけません」は〈Don't＋動詞～.〉。
(3)「アキラの～」をたずねるには whose を使い，〈Whose ～＋疑問文の語順～?〉の形でたずねる。
(4)「夕食後に」をたずねるには when を使い，〈When＋疑問文の語順～?〉の形でたずねる。
(5)「職員室のそばに」をたずねるには where を使い，〈Where＋疑問文の語順～?〉の形でたずねる。

4 (1)「あそこ」は over there。there よりもさらに離れたところを指す。
(2)「～はどこですか」は Where is ～? で表す。3語で答えるので，短縮形の Where's を使う。
(3) ミス注意! cafeteria という語の代わりをする one を入れる。
(4)〈Where＋疑問文の語順～?〉の形にする。「あなたたちはどこで昼食を食べますか」
(5)「体育館はどこにありますか」という質問。1行目の2つ目の文を参照。Next to it の it は the swimming pool を指している。

5 (1)「～を脱ぐ」は take off ～。
(2)「～の正面に」は in front of ～。
(3) 電車の乗り口や建物の入口などで使われる表現。
(4)「～と…の間に」は between ～ and …。

6 (1)「いつ？」とたずねるには，〈When＋疑問文の語順～?〉の形を使う。
(2)「どこ？」とたずねるには，〈Where＋疑問文の語順～?〉の形を使う。

p.138～139 第5回 Unit 6 ～ You Can Do It! ②

1 LISTENING (1) **Yes, does** (2) **music**
(3) **Yes, can** (4) **music teacher**

2 (1) **comes** (2) **watches** (3) **studies**
(4) **goes**

3 (1) **He plays the guitar.**
(2) **She doesn't[does not] eat *natto*.**
(3) **Does Daiki read a newspaper?**
(4) **Where does your brother live?**
(5) **What time is it in New York?**
(6) **How much is this bag?**

4 (1) ① **she does** ③ **either**
(2) 彼女はよく眠ります。
(3) **Does she have friends?**
(4) 1. × 2. ○ 3. ○

5 (1) **It's, thirty** (2) **takes out**
(3) **has, cold** (4) **little bit**

6 **I'd[I would] like orange juice[hot tea].**

解説

1 LISTENING (1)「ケンジは犬を飼っていますか」という質問。He ～ walks his dog(自分の犬の散歩をします)と言っているので，Yes で答える。
(2)「ケンジはどの教科が好きですか」という質問。His favorite subjects are science and music.(いちばん好きな教科は理科と音楽です)と言っている。

(3)「ケンジはピアノを演奏できますか」という質問。He can play the piano very well.(ピアノをとても上手に演奏できます)と言っている。

(4)「ケンジは将来，何になりたいですか」という質問。He wants to be a music teacher(音楽の先生になりたいです)と言っている。

音声内容

Kenji is a junior high school student. He likes dogs very much. He usually gets up early in the morning and walks his dog. His favorite subjects are science and music. He can play the piano very well. He wants to be a music teacher in the future.

(1) Does Kenji have a dog?
(2) What subjects does Kenji like?
(3) Can Kenji play the piano?
(4) What does Kenji want to be in the future?

2 (1)主語が3人称単数なので，動詞に -s が付く。
(2) ミス注意! watch は -es を付けることに注意。
(3) ミス注意! study は y を i にかえて -es を付けることに注意。
(4) ミス注意! go は -es を付けることに注意。

3 (1)He は3人称単数なので，動詞に -s を付ける。
(2)主語が3人称単数の文の否定文は，〈主語＋doesn't[does not]＋動詞の原形～.〉にする。
(3)主語が3人称単数の文の疑問文は，〈Does＋主語＋動詞の原形～?〉にする。
(4)「東京に」をたずねるには where を使い，〈Where＋疑問文の語順～?〉の形にする。主語の your brother が3人称単数なので，Where のあとは does your brother live? となる。
(5)「ニューヨークは9時30分です」の下線部をたずねるには，What time で始めて，「ニューヨークは何時ですか」という文を作る。時刻を言うときの主語は，いつも it を使う。
(6)「このかばんは45ドルです」の下線部をたずねるには，「～はいくらですか」と値段をたずねる，〈How much＋疑問文の語順～?〉の形を使う。

4 (1)① Does ～? という疑問文には，〈Yes, 主語＋does. / No, 主語＋doesn't[does not].〉で答える。③3行目で，リオスさんが「彼女は学校に行きません」と言っており，それに続けてニックが「彼女はぼくと遊びません」と言っている。否定文が続くときは，「～もまた…しない」という意味を表す either を使うことがある。either を使うと，ニックの発言は「彼女はぼくと遊びもしません」となる。
(2) a lot は「よく，大いに」という意味。
(3)主語が3人称単数なので，疑問文は〈Does＋主語＋動詞の原形～?〉の形。has の原形は have。
(4)1．「ティナは毎日，学校に行っています」
2．「ニックとティナは一緒に遊びません」
3．「コウタ，エリ，ハジンはティナの友達です」

5 (1)時刻を言うときの主語は it。「～時…分」はそのままの語順で数字を並べる。
(2) ミス注意! 「ごみを出す」は take out the garbage。主語が3人称単数なので，take に -s を付けることに注意する。
(3)「風邪をひいている」は have a cold。主語が3人称単数なので，have を has にする。
(4)「少し」は a little bit。

6 「オレンジジュースと温かい紅茶のどちらが欲しいですか」という質問。I'd[I would] like～. の形で答える。

p.140～141 第6回 Unit 7 ～ Daily Life Scene 4

1 LISTENING (1)ウ (2)イ (3)ア

2 (1) **ate[had]** (2) **got** (3) **was** (4) **went** (5) **wrote** (6) **were**

3 (1) **What an interesting book!**
(2) **Did you have a fever yesterday?**
(3) **By the way, where's your car?**
(4) **Do your homework by yourself.**
(5) **I look forward to the summer vacation.**

4 (1)長野では雪がたくさん降りました。
(2)② **saw** ③ **took**
(3)1．**They live in Nagano.**
2．**It was so beautiful.**

5 (1) **Did you buy any books?**
(2) **He didn't[did not] like the atmosphere.**
(3) **Were these games boring?**
(4) **He wasn't[was not] a famous actor.**

6 (1) **I didn't know that[it].**
(2) **What did you eat?**

解説

1 LISTENING (1)マイクは友達のタロウと，午前中は勉強をして，午後はテニスをした。
(2)ジャックは姉[妹]のケイトと，午前中はテニスをして，午後は宿題をした。

(3)ボブは兄[弟]と，午前中はテニスをして，午後は勉強をした。

♪音声内容

(1) *A:* It was Sunday yesterday. What did you do, Mike?
B: I enjoyed tennis with my friend, Taro.
A: That's good! Did you study, too?
B: Yes! We studied in the morning and played tennis in the afternoon.

(2) *A:* What did you do yesterday, Jack?
B: I played tennis with my sister, Kate, in the morning. After that, we did our homework in the afternoon.

(3) *A:* I enjoyed camping yesterday. How about you, Bob?
B: My brother and I enjoyed tennis in the morning. It was fun. We studied in the afternoon.

2 すべて過去の文なので，動詞を過去形にする。
(1)「～を食べる」は eat または have で表す。eat の過去形は ate，have の過去形は had。
(2)「起きる」は get up。get の過去形は got。
(3) exciting は物や人について説明する語なので，「～です」と言うときは，be 動詞のあとに置く。is の過去形は was。
(4)「行く」は go。過去形は went。
(5)「～を書く」は write。過去形は wrote。
(6) tired は人について説明する語なので，「～です」と言うときは，be 動詞のあとに置く。They に続く be 動詞は are，are の過去形は were。

3 (1)「なんて～なんでしょう！」は How～! または〈What＋(a[an])＋形容詞＋名詞！〉で表す。interesting book の前には an が必要。
(2)一般動詞の過去の疑問文。〈Did＋主語＋動詞の原形～?〉で表す。
(3)「ところで」は by the way。そのあとに「,」を置いて，「～はどこですか」という文を続ける。
(4)命令文なので，動詞で文が始まっている。「自分で」は by yourself。
(5)「～を楽しみに待つ」は look forward to ～。

4 (1) there は直前の文の in Nagano を指している。「たくさんの雪を持った」は「たくさん雪が降った」とすると自然な日本語になる。
(2)この文は過去のことが書かれているので，②，③ともに過去形にする。see，take は不規則動詞。
(3) 1. ミス注意！質問は「祖父母はどこに住んでいますか」という意味。最初の文から，長野に住んでいることがわかる。2. 質問は「森の中のシカはどんな様子でしたか」という意味。4つ目の文に「とても美しかったです」とある。

5 (1) bought は buy の過去形。一般動詞の過去の疑問文は，〈Did＋主語＋動詞の原形～?〉で表す。
(2) ミス注意！liked は like の過去形。一般動詞の過去の否定文は，〈主語＋didn't[did not]＋動詞の原形～.〉で表す。
(3) be 動詞の疑問文は，現在形，過去形ともに，be 動詞を主語の前に置く。
(4) be 動詞の否定文は，現在形，過去形ともに，not を be 動詞のあとに置く。

6 (1) know は「知っている」という意味。「知らなかった」とあるので，過去の否定文にする。
(2)文のはじめに What を置き，疑問文の語順を続ける。過去のことをたずねているので did を使う。

p.142～144 第7回 Unit 8 ～ You Can Do It! ③

1 LISTENING (1)ウ (2)イ (3)ウ (4)イ

2 (1)イ (2)ウ (3)ウ (4)イ (5)ア (6)イ

3 (1) **I am** (2) **he isn't** (3) **I'm drinking**
(4) **Thank you** (5) **They're playing**
(6) **We're making**

4 (1) **Don't worry.** (2)これまでは順調です。
(3) **What are you** (4) 1. ○ 2. ×

5 (1) **I am swimming in the sea.**
(2) **He is dancing on the stage.**
(3) **We are not talking about him.**
(4) **Are the elementary school students studying Japanese now?**
(5) **What instruments are they playing now?**

6 (1) **wait, line** (2) **See you**
(3) **looks smart** (4) **keeps his**
(5) **last year** (6) **It's cool**

7 (1) **She's[She is] riding a horse.**
(2) **Are you relaxing at home?**
(3) **Those lions aren't[are not] sleeping now.**
(4) **What is Sam trying now?**

8 (1) **This salad looks delicious.**
(2) **I had no idea.**
(3) **Welcome to my[our] house.**
(4) **What do you think?**

解説

1 LISTENING (1)質問は「メアリーのお父さんは

何をしていますか」という意味。her father is decorating the room(部屋の飾りつけをしています)と言っている。

(2)質問は「メアリーのお母さんはどこにいますか」という意味。Her mother is cooking food in the kitchen.(台所で料理をしています)と言っている。

(3)質問は「誰(だれ)がメアリーのお母さんの手伝いをしていますか」という意味。Mary's brother, Tom, is helping her(トムが手伝っています)と言っている。

(4)質問は「家の中は寒いですか」という意味。it's warm inside(中は暖かいです)と言っている。

音声内容

Mary's family is getting ready for the Christmas party. Mary is cleaning the windows and her father is decorating the room. Her mother is cooking food in the kitchen. Mary's brother, Tom, is helping her in the kitchen. Mary's sister, Anne, is setting the table. It's very cold out of their house, but it's warm inside. They are very happy.

(1) What is Mary's father doing?
(2) Where is Mary's mother?
(3) Who is helping Mary's mother?
(4) Is it cold in their house?

2 (1) Jim は3人称(にんしょう)単数なので，be 動詞は is。

(2) I'm は I am の短縮形。am があるので，後ろの動詞を -ing 形にする。

(3) is があるので，後ろの動詞を -ing 形にする。

(4) ミス注意! yesterday があるので，過去の文。

(5) ミス注意! every day があるので，習慣を表す現在の文。

(6) now があるので，動詞を -ing 形にする。

3 (1) be 動詞を使って答える。

(2) your brother は he で受ける。

(3)「あなたは今，何を飲んでいますか」「コーヒーを飲んでいます」

(4)「プレゼントをどうぞ」「どうもありがとうございます」

(5) the students は they で受ける。

(6) you and your sister(あなたとあなたの姉[妹])は we で受ける。また，解答欄の数に合わせ，We are の短縮形 We're を使う。

4 (1)否定の命令文。Don't～. で表す。

(2)定型表現として，そのまま覚える。

(3)直後にリオスさんが「私たちは今ケーキの飾りつけをしています」と答えているので，「あなた(たち)は何をしていますか」とたずねる文にする。

(4) 1．ティナと彼女のお父さんは買い物中である
2．リオスさんはケーキの飾りつけをしている。

5 (1)「泳いでいます」とあるので，現在進行形の文。〈主語＋be 動詞＋動詞の -ing 形～.〉で表す。

(2)現在進行形の文。〈主語＋be 動詞＋動詞の -ing 形～.〉の形を作り，「舞台の上で」は文末に置く。

(3)現在進行形の否定文。〈主語＋be 動詞＋not＋動詞の -ing 形～.〉で表す。

(4)現在進行形の疑問文。〈be 動詞＋主語＋動詞の -ing 形～?〉で表す。

(5)「何の楽器」を表す what instruments を文頭に置き，疑問文の語順を続ける。

6 (1)「並んで」は in line。「待つ」は wait。

(2)「さようなら」という意味。later の代わりに tomorrow, next ～なども使える。

(3)「よさそう」は「よく見える」と言いかえられる。look ～で「～に見える」。主語が3人称単数なので，looks とする。

(4)「約束を守る」は keep one's promise。ここでは He が主語なので，his promise となる。

(5)「去年」は last year で表す。

(6)天候や時刻を言うときは，主語を it にする。

7 (1) ミス注意! 現在進行形は，動詞の部分を〈be 動詞＋動詞の -ing 形〉にする。rides の es をとってから -ing を付けることに注意する。

(2) are を主語 You の前に出して疑問文にする。

(3)否定文は，be 動詞のあとに not を置く。

(4)「サムは今，書道を試みています」の下線部をたずねるには，what を使い，「何を試みていますか」という文にする。

8 (1)「～そうだ，～に見える」は look ～で表す。

(2) idea は「考え，アイデア」という意味。

(3)「～へようこそ」は Welcome to ～. で表す。

(4)「どう思いますか」は What do you think? で表す。

6 5 4
D C B A